# 澳大利亚法律体系

Australian Society

An Introduction to Principle and Process

[澳]凯兰·哈迪(Keiran Hardy)◎著
张玉洁◎译

上海人民出版社

# 前　言

越来越多的大学生需要了解关于澳大利亚法律体系的基础知识，但是现有的大多数教科书都是为了对法学学生进行法学教育而编写的。对于非法律专业的学生而言，这些教科书可能会让人望而生畏。在法律学位教育中的常用词汇和概念——例如先例、普通法、分权、行政机关、司法审查——对于学习计划和兴趣迥异的学生来说则显得陌生。学生可能在学习这些概念之后不久就把它们遗忘了，因为他们会继续学习自己所选学位中的其他科目。

进入法律入门课程学习的学生在攻读另一个学位时，他们的期待往往是不明确的。学生们问自己（以及彼此）：如果我不打算成为一名法律人，那么我为什么需要学习法律？我需要知道如何阅读制定法和判例法吗？这门课程和我的其他专业课程有什么关系？如果在课程开始之时这些问题没有经过深思熟虑，那么许多学生会感到失落、困惑和脱节。对此我表示很遗憾，因为了解澳大利亚的法律制度而不必详细阅读判例法或制定法的好处是巨大的。

了解澳大利亚的法律制度对许多不同专业的学生——包括犯罪学、公共服务、心理学和联合医疗服务——来说是非常重要的。这些学生只需要以稍微不同的方式对待这个问题，即更多地关注整个法律体系，以及法律与社会如何互动。法律专业的学生也会思考这些问题，但在许多专业科目中，他们的重点是阅读制定法和判例法。其他专业的学生也应当熟悉这些法律文献，并知道如何找到和处理这些文献，不过他们不需要知道解释制定法或将判例法用作先例的详细技术方法。

法律专业的学生也需要能够较为容易地了解澳大利亚的法律和政治制度。法律专业的学生具有不同的背景：从事不同职业的成年学生、非英语背景的国际学生，以及几乎或根本不懂法律和政治知识的一年级本科生。

本书接下来的章节将用真实的、最新的例子向广大学生讲述澳大利亚的法律体系。每章的最后都总结了该章的要点，并提出问题以便读者进行讨论和复习。这些要点和问题能使读者巩固对最重要内容的记忆，并促进深入的批判性思考。对关键术语的界定贯穿于每一章的各个部分。

参考文献列表中主要罗列了那些有可用内容的资源，大多数都可以通过网络搜索轻松找到。这些列表应当被视为进一步阅读的建议，不应当被忽略。结合本书阅读这些资料（最好在完成每一章后）将加深学生对澳大利亚法律和政治的了解。教师不妨将这些文献资源指定为课外阅读资料，并在课程网站上提供材料链接。

本书的一个主要目的是为完全不了解法律的学生提供一部真正的入门读物。许多教科书声称它们的目标也是如此，但是仍然写得很难为刚开始学习的大学生所接受。虽然我已尽一切努力以入门性的方式介绍所有概念，但是可能会存在同样的问题。这并不意味着本书的内容就没有挑战性，因为所有的学习都必然会突破个人知识范围和思考方式的界限。

本书第一部分向学生介绍澳大利亚法律的基本特征。该部分以一个介绍性的导论开始，解释法律做什么、什么是法律，以及为什么学习法律是重要的。第一章和第二章解释制定法、判例法和法院。第三章讨论政治和媒体与法律制定过程的联系。

第二部分讨论澳大利亚法律体系背后的理论、原则和历史。第四章解释自由主义、民主和法治等重要概念。第二部分的其他章节讨论正义的不同含义、人权保障、原住民和法律等问题。

第三部分阐述刑事司法制度，包括刑事犯罪、警察权、保释、刑事审判和量刑。

第四部分是本书的最后一部分，对两项当代法律改革进行案例研究：网络犯罪和反恐。这些研究建立在学生们在整本书中所学到知识的基础上。该部分强化法律不是一套固定规则的观念。相反，法律制度会在应对新的威胁、道德的变化，以及社会上的其他事件的过程中不断发展和调整。

因此，本书并非简单地是关于当前法律体系是什么。本书还关涉议会、政治、法官、媒体和更广泛的社会如何塑造法律的问题。法律体系不是一成不变的，而是随着新法的颁布和解释，以及旧法的修订或删除而不断发展的。例如，在我的研究领域中，联邦议会就不断更新法律，以应对恐怖主义的威胁。

本书讨论与个人权利和正义有关的重要问题，例如议会能否颁布侵犯人权的法律，以及澳大利亚的法律制度是否对原住民给予了充分承认。这些问题归属于法学界所称“公法”——政府法——的旗帜下。公法规定议会、高等法院和政府行政分支的职能和权力。了解公法对于理解澳大利亚作为一个国家和民族是如何“运作”的至关重要。

我希望学生们在阅读最后的案例研究时，会因他们掌握到理解当代法律改革问题的能力而受到鼓舞。在阅读本书之后，他们应当能够理解许多他们此前不知道(甚至可能没有听说过)的语词和概念。如果我能做到这一点——即使对一部分读者来说——我也会为本书将法律教育拓展到更广泛的读者中而感到骄傲。

凯兰·哈迪

2019年于布里斯班和黄金海岸

# 目录 CONTENTS

## 第二部分　权利、理论和历史

**第三部分　刑事司法**

**第四部分　案例研究**

# 图表目录

# 第一部分

# 法律、政治和媒体

# 导论　社会中的法律

在本导论中，读者将了解：

- 法律是做什么的？
- 法律是什么？
- 为什么学习法律非常重要？ 3

本章并非从对法律的专业定义开始，而是从有关法律在社会中的作用的一些实际例子开始。接下来，本章将进一步解释法律是什么，以及为什么学习澳大利亚的法律制度对许多不同专业的大学生很重要等问题。

## 第一节　法律是做什么的？

法律做许多实际的事情，帮助我们的社会正常运转。法律所做的最常见的事情之一就是设立刑事罪名。谋杀、强奸和持械抢劫等**刑事犯罪**都由法律界定。法律规定对犯下这些罪行的人进行何种惩罚。一些罪行，比如轻微的袭

> **刑事犯罪**：根据法律应当受到惩罚的行为

击或者危险驾驶相较于谋杀、持械抢劫和其他严重罪行来说，行为人被判处的刑罚相对较轻；相反，实施严重犯罪行为的人可能会被判处终身监禁。

法律赋予警察调查这些犯罪行为的权力。法律允许警察搜查房屋、搜集证据和逮捕嫌疑人。重要的是，法律规定了在何种情况下以及如何使用这些权力，以保护嫌疑人和其他社区成员的权利。

法律允许我们做许多普通的事，即便我们通常不把这些事情与法律联系起来。例如，法律为购买商品和服务提供了框架。签订有法律保障的协议对于诸如购买汽车或房子之类的重大交易尤其重要。其他常见的例子与家庭有关。婚姻是法律承认的正式协议。分居的父母可以申请离婚，法院将帮助他们确定哪方家长拥有对孩子的监护权。还有一些其他常见的例子与我们的工作有关。例如，法律除了规定我们的工资如何给付外，还规定税金的收缴和退休金的支付。

法律也在有纠纷的时候保护我们。当我们受到伤害时，它允许我们寻求救济，比如要
4 求他人支付一笔钱作为**赔偿**。**救济**是由法院发出的一项命令，它帮助我们实现一项权利或纠正一项错误。例如，假设购物中心的员工没有贴上“小心地滑”的牌子，结果某人滑倒受伤了。有关过失行为的法律就会允许此人向购物中心管理人员索要赔偿，以便支付医疗费用。或者想象一下，某人在网上购物后支付了货款，但是这家公司没有寄出货物。关于合同和消费者保护的法律会规定，此人有权要求公司交付产品或予以退款。

**赔偿：**用以修复损害的金钱

**救济：**通过实现一项权利或纠正一项错误来执行法律的法院命令

虽然这里仅列举了几个例子，但足以说明法律在澳大利亚社会中起着至关重要的作用，而且法律与社会有着基本的关联。

## 第二节 法律是什么？

从上面的例子可以看出，法律可以做很多不同的事情。如果法律能做这么多事情，那么法律到底是什么？

从本质上讲，法律是一系列**调整**人们行为的正式规则。在接下来的章节中，读者将了解到我们可以在哪里找到这些规则——在立法、判例法和《澳大利亚宪法》中——但是当下，这个定义已经足够了。**规则**是一条声明、原则或指示，说明某人能做什么或不能做什么，以及必须如何做。

> **调整：**控制、允许和引导行为

> **规则：**一条声明、原则或指示，说明某人能做什么或不能做什么，以及必须如何做

所谓“调整”行为，首先是指法律控制人们的行为。刑事罪名规定是最明显的例子，因为此类规则禁止我们做某些事情。刑法也阻却我们实施违反规则的行为。例如，一名青少年可能想从商店偷一件物品，但是后来决定不偷，因为他知道自己可能会因为偷 5
窃而受到惩罚。

调整行为也包括允许人们做某事。法律可以规定人们可以做什么，什么时候可以做，以及必须如何做。例如，法律允许警察在向法官申请**搜查令**后搜查嫌疑人的房屋，并且规定警察进入房屋后可以进行哪些行为（更多关于警察权力的讨论，参见第八章）。

> **搜查令：**法官签发的允许警察使用特殊权力的命令

法律是规定这些条件和要求的规则，但是法律并非规定所有规则。一条规则要成为法律，必须满足一定的条件。法律并非是由任何人一时兴起而创制的。例如，父母可能会告诉他们的孩子，他们在午夜十二点之前必须回家，或者他们只能在下午玩一个小时的电脑游戏。这些都是规

则，而且可以通过处罚来保证其得到严格执行，但它们不是法律。法律是由议会权威颁布或由法院发布的规则（有关这方面的更多信息，参见第一章和第二章）。

重要的是，要理解法律不是完全静止或固定的。许多法律已经存在了很长时间，但是它们并没有像十诫那样传承给我们，永远刻在石头上。相反，法律是动态的，它们经常变化。当议会修改法律，以及当法官解释这些法律并将其适用于新案件时，就会发生这种情况。

法律随着时间的推移而变化这一观点可能很难理解。学生们通常认为，法律是一个由严格的、特定的规则组成的体系，学习法律的目的就是学习这些规则是什么。有些律师甚至也可能以这种方式来对待法律，这是有充分理由的。为了在法庭上为一个案件进行有效的辩护，律师需要
6 详细了解当前的规则是什么。

一个更周全的方式是，思考法律如何随着时间的推移而发展，以及法律的制定和修改过程如何受到社会不同群体和利益的影响。当议会通过新的法案时，这一过程会受到政治内讧、公众舆论、媒体报道、人权问题、政府调查，以及一系列其他团体、机构和组织的深刻影响。

如果这个观点现在看起来没有什么意义，那也没有关系，因为制定法律的过程将在下一章予以详细解释。现在的重点是，读者不仅应当了解法律是什么，还应当了解法律是如何制定的。

### 第三节　为什么法律非常重要?

法律之所以重要，是因为它有助于我们的社会正常运转。但是，法律不仅仅是一系列权威、实用的规则。法律之所以重要，也在于其告诉我们，我们所生活的社会的价值观和道德观。例如，我们有禁止谋杀、强奸

和袭击的法律，因为这些行为会对他人造成严重伤害。偷窃是违法的，因为未经他人允许拿走他人的财产是不诚实和不道德的。

这些道德规训似乎显而易见，但这往往是因为我们不认为将某种行为规定为犯罪能够告诉我们更多。刑法中的**抗辩理由**——例如正当防卫、挑衅或精神错乱等——告诉我们，什么时候应该免除某人的犯罪责任，或者是否应该适用较轻的惩罚（读者可以在第八章中了解更多）。读者是否认为，如果一个人被激怒后在愤怒的情绪中杀人，他应当因过失杀人而受到较轻的惩罚，而不是因谋杀而被判处终身监禁？屋主应当被允许杀死一个试图抢劫他们的入侵者吗？如果是，那么在什么情况下他才被允许？ 7

**抗辩理由**：关于一个人无罪的观点

将澳大利亚的法律与其他国家的法律进行比较，也能够给我们提供有趣的见解。你能想象生活在一个丈夫或妻子欺骗你就是犯罪的国家吗？欺骗配偶在道德上是错误的，但在澳大利亚，政府不会因此惩罚你。在其他国家，通奸可能会被判处死刑，处死的方法可能包括投石致死和斩首[阿内兹（Aneez）和西里亚尔（Sirial），2015]。

这些情况告诉我们，不同的国家对一夫一妻制和法院应当能够执行的惩罚有着不同的观念。这也反映出，澳大利亚的法律不是“既定的”，总是有关于法律应当是什么的重要问题。这些问题既是全球性的，也是地方性的。

在澳大利亚，围绕法律应当是什么，仍然存在许多困难的道德问题。安乐死依旧是一个有争议的问题，不同的人在协助绝症患者自杀是否合法的问题上持有不同意见。2017 年，维多利亚州成为澳大利亚第一个将安乐死合法化的州，那里的成年人患者如果只有不到 6 个月的生命，有能力作出决定，并且正在经历着“无法忍受的痛苦”，那么他/她可以选择安乐死[安德森（Anderson），2017]。

堕胎——终止未出生胎儿的生命——问题也引起了很大的争议。许多人在胎儿是否拥有“生命权”和这一权利如何与女性选择终止妊娠的权利进行平衡的问题上持不同意见。直到 2018 年，昆士兰州才废除了将试图堕胎视为犯罪的法律[斯米(Smee)，2018]。在新南威尔士州，堕胎仍然是一种可能被判处十年监禁的罪行。

换句话说，随着道德和价值观的改变，法律也会随之改变。2017 年，澳大利亚修订了婚姻法，允许同性伴侣结婚。在此之前，法律将婚姻定义
8 为“在一个男人和一个女人之间”(形成的关系)。这使得澳大利亚法律无法将同性结合视为婚姻。实现这一法律变革并非易事，也花费了很长时间，因为社会上的不同群体对是否应当进行这一法律修订存在着巨大的分歧[斯图尔特(Stuart)，2017]。

法律不断变化的性质意味着政府要利用它来应对许多社会问题，刑法尤其如此。例如，针对自行车黑帮、网络犯罪、“一拳击倒”醉酒袭击和恐怖主义，澳大利亚出台了新的刑法规定。在纽约和华盛顿的“9·11”事件之前，澳大利亚联邦层面没有任何法律规定恐怖主义是一种犯罪。现在，我们有超过 75 项旨在预防和打击这一威胁的立法(读者可以在第十二章中读到更多关于澳大利亚反恐法律的内容)。

新法律中的许多规定都对人权产生了影响。**人权**是所有人都应享有的核心自由或应受到的保护。这些权利包括自由权和公平审判权，以及免受酷刑、奴役和歧视的权利。

**人权**：每个人都应当得到的核心保护

与大多数人的看法相反，澳大利亚联邦层面没有明确保护人权的文件[威廉姆斯(Williams)和雷诺兹(Reynolds)]。澳大利亚的根本性法律文件——**《澳大利亚宪法》**——只保护有限的权利，包括由陪审团审理的权利、宗教自由和暗含的政治交流自由(读者可以在第六章中读到更多关于这些权利的内容)。除此之外，澳大利亚几乎没有法律防止议会侵犯人权。

**《澳大利亚宪法》**：澳大利亚的根本性法律文件

这可能会令许多人感到惊讶，但是这确实是澳大利亚的法律制度最显著的特点之一。之所以令人惊讶，是因为总体而言，澳大利亚的生活水平较高，其民主制度也健康有效。我们不是一个饱受战争蹂躏、在其间人 9
权受到严重侵犯的国家，因此或许有许多人认为，一些联邦层面的法律文件确保了这一点。在流行文化中提到的其他国家的人权保护，比如美国罪案剧中的犯罪嫌疑人“诉诸第五修正案”，也可能会让许多澳大利亚人相信我们这里也有类似的文件[莱恩（Ryan）]。不过，澳大利亚联邦层面并没有此类文件。

如果没有宪法对人权的保护，那么通过法律制度以其他方式保护人权就更为关键。想象一下，生活在一个警察可以随时敲你的门或者监听你的电话交谈内容，或者政府成员可以犯下谋杀罪并逍遥法外的国家的情况。有一个包含既定规则的法律体系可以保护我们免受这些权力滥用的侵害。这是**法治**的一个重要方面。关于法治，我们将在第四章中进行讨论。

**法治：**国家应当依法治理以避免权力滥用的原则

不幸的是，在我们的社会中仍有一些群体缺乏基本的人权保障，其中包括澳大利亚原住民、无家可归者和身体或智力残疾者。第六章探讨了在澳大利亚，人权的法律地位以及获得更大保护的可能性。

一个主要的问题是，法律制度可能会固化原住民的不利地位。原住民约占澳大利亚人口的3%，但占全国入狱人口的27%（澳大利亚法律改革委员会，2017 年）。这种明显的差距也反映在原住民医疗、教育和就业方面。澳大利亚联邦政府的“弥合差距”（Close the Gap）运动旨在减少这些机会和结果上的差异，但是更多的工作还有待开展（澳大利亚联邦政府，2018 年）。 10

要充分了解澳大利亚原住民的不利处境，关键是要了解英国是如何殖民澳大利亚的，以及澳大利亚的法律和政府制度是如何形成的。1992

年，具有里程碑意义的马博案（*Mabo*）裁决推翻了认为澳大利亚是“未被占领的土地”的无主土地（terra nullius）理论。然而，澳大利亚法院不承认原住民主权，当时的《宪法》甚至没有提到原住民或托雷斯海峡岛民。这些问题将在第七章中予以探讨。

从所有这些例子中应当能够清楚地看到，法律不仅仅是一系列需要学习的规则，法律还是澳大利亚社会的基本组成部分。事实上，我们甚至可以说，法律在创设我们生活在其中的社会方面发挥着重要作用。它决定了罪犯何时入狱、公民之间的争端如何解决，以及我们社会中的弱势群体在多大程度上免受歧视。

了解法律对于了解澳大利亚作为一个国家和民族如何“运作”至关重要。无论是法律人还是非法律人，这是任何人所接受教育的重要组成部分。了解澳大利亚的法律制度是成为知情公民的一个基本要求。

这并不意味着读者需要知道如何详细阅读判例法和制定法——这是法律人多年来一直在训练、整个职业生涯都在不断发展的一项技能。不过，读完这本书后，读者将熟悉制定法和判例法、在哪里可以找到这些法律材料，以及如何阅读它们。读者将了解法律是如何制定的，《宪法》的重要性，以及自由、民主、正义和人权等基本原则。读者将了解刑事司法制度的不同阶段，从逮捕到起诉、保释、庭审以及判刑。读者也将了解澳大
11 利亚政府是如何制定新的法律来应对网络犯罪和恐怖主义的。这是澳大利亚（和世界）最近正在进行法律改革的两个主要领域。

法律对个人来说也很重要，因为它会影响个人的职业生涯，不管他/她决定从事什么职业。新的法律是由政府提出的，不同政党组建的政府可能会倾向以不同的方式触及个人的职业领域。法律的改变可能意味着，在工作中个人有新的或不同的权力可以使用。法律可能会要求你以不同的方式作出决定，或者你的部门或机构可能需要接受正式调查。

想象一下你离开了大学，开始了一份新的工作——警察。起初，你可

能在一个相信应当扩大警察权力和限制嫌疑人权利的政府之下工作。然而，在政府重选之后，你会发现自己在一个完全不同的政府之下工作，这个政府保护嫌疑人、限制警察权力，并对警察腐败情况展开调查。在这两个政府之下，你当警察的经历会大不相同。

或者想象一下，你的新工作是社会工作者。一开始，你可能会在一个增加福利金、改善残疾人就业机会的政府工作。在政府重选之后，新政府则可能会将关键资源从你每天关心的人身上转移走。

对法律的修改将反映出这些对待警务和社会工作的不同方式。了解立法过程背后的政治运作有助于帮助读者明白其职业生涯中可能遇到的一些压力。政治压力会随着职位的升迁而变得愈发明显，但是它们已经越来越与各个层次的员工相关。

这本书的首要目的不是解释法律将如何影响个人就业。不过，接下
来的章节将向读者介绍澳大利亚的法律体系，并解释制定和修改法律的 12
过程如何受到政治、媒体和其他团体及利益相关者的影响。这将帮助读
者了解法律在澳大利亚社会中的重要作用。

祝读者好运！

## 本章要点

- 法律是一套调整人们行为的规则。法律做许多重要的、实际的事情，它反映我们所生活的社会的道德和价值观。
- 读者不需要详细阅读判例法和制定法来了解澳大利亚的法律体系。了解澳大利亚的法律制度将有助于读者了解澳大利亚作为一个国家和民族是如何“运作”的。
- 法律不断变化的性质意味着政府要用它来应对许多不同的社会问题。新的和不断变化的法律也可能对个人所选择的职业有所影响。

## 讨论题

1. 你如何向一个不知道法律是什么的人解释法律？
2. 你觉得与法律有关的哪些道德问题最为有趣？

13 3. 法律的修改可能会对你未来的工作产生怎样的影响？

# 第一章 制定法

在本章中，读者将了解：

- 澳大利亚第一大法律渊源：制定法
- 在哪里可以找到制定法，以及如何阅读制定法
- “管辖权”的含义和重要性
- 行政立法，也被称为二级立法或授权立法 14

澳大利亚法律有两个主要渊源：制定法和判例法。在这些地方我们可以找到构成法律的规则。本章解释其中的第一个来源：读者将了解什么是制定法，在哪里可以找到以及如何阅读制定法。一个重要的概念是**管辖权**，即制定法发生作用的地理区域。

**管辖权**：法律发生作用的区域

## 第一节 制定法是什么？

**议会**：由当选的议员组成的论坛

制定法是一个文件，其中包含经由**议会**

审议、表决和批准的规则。经由议会审议、表决和批准意味着这些规则是澳大利亚法律的一部分。议会是由**众议员**和**参议员**组成的论坛，众议员和参议员是我们在选举过程中投票选举的、代表我们制定规则的从政者。这种议会体制是澳大利亚民主制度的决定性特征（关于民主制度的更多内容，参见第四章）。

> **众议员**：被选入众议院的议员

> **参议员**：被选入参议院的议员

堪培拉有一个**联邦议会**，每个州和地区也各有一个议会。我们把堪培拉的议会称为“联邦议会”，但是这个中央议会和几个州议会之间的权力划分才是实际上所谓的**联邦**政府**体制**（关于联邦制的更多内容，参见第四章）。我们也把联邦议会称为“**共和国议会**”，因为它代表了不同州联合（“共和国”）形成的一个国家，这个国家就是澳大利亚。

> **联邦议会**：位于堪培拉的澳大利亚议会

> **联邦体制**：由一个国家政府和几个州或地区政府组成的政府体系

> **共和国议会**：位于堪培拉的澳大利亚议会

澳大利亚议会的主要工作是审议和批准制定法。制定法可以创设新的规则、改变现有的规则，或者删除不应再适
15 用的规则。改变现有规则就是**修改**法律。删除或撤销一项规则被称为“**废除**法律”。

> **修改**：改变法律

> **废除**：删除或撤销法律

议会批准的某部制定法也被称为“**法案**”（Act）或“**法令**”（statute）。当立法获得议会批准并成为澳大利亚法律的一部分时，我们就说它已经**颁布**了。

> **法案/法令**：一部制定法

> **颁布**：使议案成为法律

实际上，制定法是一份文件，告诉我们关于某一问题的规则是什么。每一部制定法都是由名称、颁布的年份和颁布的议会加以命名。制定法律的议会会告诉我们法律的管辖权范围，这

是规则发生作用的地理区域。位于堪培拉的联邦议会颁布的规则适用于整个澳大利亚，而州或地区议会颁布的规则只适用于该州或地区（否则，昆士兰州可以为新南威尔士制定规则，反之亦然）。

例如，规定新南威尔士州刑法内容的制定法的名称如图 1.1 所示：

**图 1.1：引用制定法**

制定法以编号的**条**罗列规则。条下分款和项（这也是法律特别难以阅读的部分原因）。款用括号、数字、小写字母和（如果条足够长）小写罗马数字表示。 16
例如，1900 年《刑法》（新南威尔士州）第 18 条规定了谋杀和过失杀人罪：

> **条**：制定法中的一个规则

**第 18 条　界定谋杀和过失杀人罪**

（1）

（a）如果被告人的作为或不作为导致他人的死亡，且该作为或不作为是在漠不关心人类生命、意图杀害或意图对他人造成严重的身体伤害的情况下实施的；或者，在被告人或他/她的同伙企图在犯罪期间或犯罪后立即实施可被判处终身监禁或者 25 年监禁的犯罪时，因作为或不作为导致他人死亡，那么被告人的行为成立谋杀。

（b）所有其他应受惩罚的杀人行为都应当被视为过失杀人。

第 18 条有一个简短的标题，告诉我们这一条界定谋杀罪和过失杀人罪。第(1)(a)款告诉我们,在何种情况下,一个人的行为成立谋杀罪。第(1)(b)款告诉我们,不属于谋杀但因非法行为导致的死亡(“杀人”)将被归类为过失杀人(因非故意或过失导致他人死亡的行为人应当受到刑事处罚)。

对谋杀罪或过失杀人罪判处的最高刑罚(分别为终身监禁和 25 年监禁)载于该制定法的其他地方(第 19A 条和第 24 条)。

## 第二节　制定法如何产生?

上一节展示了澳大利亚各级议会颁布的数千部法律中的一个小例子。仅在 2018 年,联邦议会就通过了 170 部制定法,每部制定法都包含
17 许多具体规则。更不用说州议会和地区议会颁布的数量更多的法律了。

要使一部制定法得以颁布,该文件必须经过一个特殊的程序。制定法首先以**议案**的形式出现,议案基本上是最终通过的文件的草案。议案是一项提议,要求议会审议并批准一部新的法律。议案是由受过专门训练的法律人根据政府成员和政府机构的意见起草的。

**议案:**立法提案

第一步是将该议案提交给议会,即将该议案正式提交议会审议。尽管议案通常是由政府提交的,但实际上其可以由任何议员提交给议会。政府是在最近一次选举中赢得多数席位的政党(有关政党和选举的更多内容,参见第三章)。

**院:**议会中的一个议院

在澳大利亚的各级政府中,大多数议会都由两**院**组成。院即房间,也被称为**室**,议员们在这里开会审议立法。由两院组成的议会被称为**两院制**议会(意思是“两室”)。在两院

**室:**审议制定法的大房间

**两院制:**由两院组成的议会

制议会中，两院根据下文介绍的程序审议和批准同一部制定法。联邦议会的两院是**众议院**（又称**下院**）和**参议院**（又称**上院**）。

除昆士兰州外，澳大利亚所有州的立法机构都是两院制的。州议会通常称其为立法 18
会议（下院）和立法委员会（上院）。立法委员会的成员被称为议员（而不是在联邦一级的参议员）。昆士兰州、北领地和首都领地的立法机构是一院制的，这意味着只有一个议院负责审议和批准立法。

> **众议院：**联邦议会的下院

> **下院：**众议院的另一个名称

> **参议院：**联邦议会的上院

> **上院：**联邦参议院的另一个名称

## 一、议案通过的程序

我们之所以称议会两院为“下院”和“上院”，与议会批准议案的程序有关。议案要获得批准并成为法律，必须在议会两院进行三次**审读**（在一院制立法机构中，议案只需获得一个议院的批准）。审读是议会审议法案的几个阶段。每一次审读都以表决结束，只有多数议员投赞成票，议案才能进入下一个阶段。对议案的审议由**议长**组织，议长是被选出来主持会议、确保议案审议按照议会规则（称为**议事规则**）的规定进行的议员。只有在赞成票和反对票票数相等的情况下，议长才参与投票，在这种情况下议长的投票是决定性的。

> **审读：**议会审议议案的步骤

> **议长：**被选出来主持会议、确保议案审议按照议事规则的规定进行的议员

> **议事规则：**议会的议事规则

一读通常是议员同意将会更详细地审议议案的一个形式性步骤。更多的实质性审议发生在二读和三读。在这两个阶段，议员们详细审议立
法的各个条文，并就如何对议案的规则进行修改提出建议。 19

议案通常是由政府的高级成员，也就是**部长**们提出的(关于部长的更多内容，参见第三章)。二读开始时，有关部长会进行发言，解释议案的目的和内容。这叫做**二读发言**。二读发言是议会记录的重要组成部分，也是法律研究的有益资源。

> **部长**：政府的高级成员

> **二读发言**：部长在议会中的讲话，概述议案的目的和内容

通常情况下，议案会被先提交到下议院。[①]在下议院三读之后，通过的议案会被提交到上议院。在上议院三读之后，它将成为法律。

议案要成为正式的“议会法”并成为澳大利亚法律的一部分，还必须经由总督签署。这一过程被称为**御准**。**总督**是女王[②]在澳大利亚的代表。女王是澳大利亚的**国家元首**，所以所有的立法都必须经过她的同意。如今，这一程序只是一种形式，不过它仍然是立法过程中重要的最后阶段。

> **御准**：总督签署议案使之成为法律

> **总督**：女王在澳大利亚的代表

> **国家元首**：主权国家的最高代表

议会审议和颁布议案的整个过程见图 1.2。这个图呈现的是联邦众议院和参议院的立法过程。

## 二、委员会审议阶段

议案审议程序中的另一个重要部分是**委员会审议阶段**。在二读和三读之间，议案可
20 以提交至议会委员会进行更详细的审议。议会委员会是一个由众议员或参议员组成的小

> **委员会审议阶段**：是议会审议议案的一个阶段，在该阶段，议案会被提交给一个委员会以便进行公开征求意见和更详细的审查

---

① 议案也可以首先在参议院进行审议，在这种情况下，议案先在上院进行三读，然后“通过并递交”至下院。唯一不能在参议院提出的议案是确保政府预算和收入的财政法案。

② 译注：2022 年 9 月 10 日之后，“女王”应为“国王”。

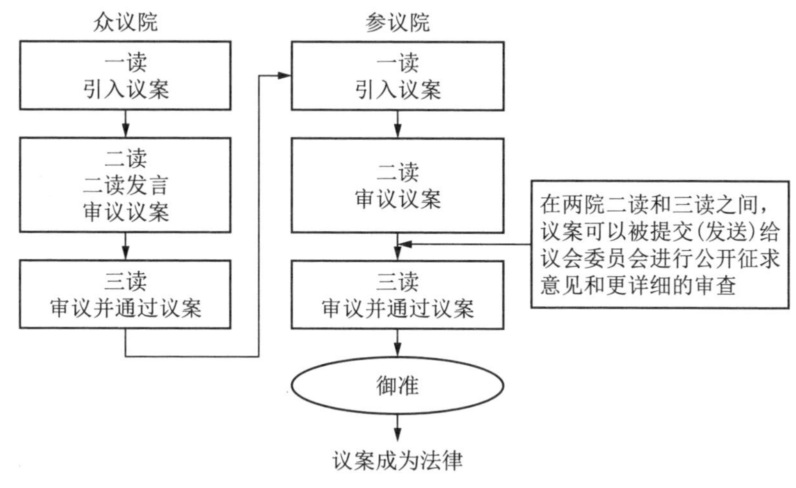


**图 1.2:通过议案的程序**

组，他们分别开会，对议案进行更详细的审议。有些委员会只由下院的成员组成，有些委员会只由上院的成员组成，**联合委员会**则同时拥有两个议院的代表。

**联合委员会:**由参众两院议员组成的议会委员会

委员会审议阶段的一开始，议会会将议案提交(发送)给适当的委员会(委员会有研究不同类型立法的经验)。委员会随后会公开征求意见，并呼吁人们提交书面材料。这是我们民主制度的一个重要组成部分，因为它使澳大利亚的每个人都有机会参与到立法过程中。我们可以向议会委员会提交书面文件，就我们认为法律应当是什么提出自己的意见。书面文件可以是一封信的形式，也可以是一份包括详细研究在内的实质上的书面报告。通常，许多提交至议会委员会的材料来自政府机构、学术 
界、人权团体和专业组织(例如代表法律界的组织)。

委员会收到书面意见后，会举行公开听证会，邀请一些公民和组织亲自提交意见。这一过程被称为“向委员会提交证据”或“作为证人出席”，尽管这和在法庭上提供证据并不完全相像。相反，委员会询问证人他们认为议案应当包含什么内容，证人有机会对这些问题作出回答，并口头阐述他们提交的书面意见。这些听证会内容会被记录下来作为议会公共记录——**《议会议事录》**——的一部分。

> **《议会议事录》**：对议会进程的记录

委员会审议这些书面和口头意见，并向议会提出关于议案的建议。委员会通过提交一份详细的书面报告来完成这一过程。**提交**（table）文件是指，将文件正式提交议会记录（该短语来自将文件放在议会会议厅中央的桌子上的行为）。这份书面报告为议会进一步审议议案提供基础。委员会的建议可能会被纳入议案，也可能不会被纳入议案。在此过程之后，议案将在其余的程序中继续推进。

> **提交**：将文件正式提交议会记录

## 第三节　从哪里能够找到制定法？

法治的一个关键要素是法律要予以公开（关于法治的更多内容，参见第四章）。幸运的是，这意味着制定法能够相对容易地在网上找到。在澳大利亚有两个寻找制定法的主要地方：澳大利亚法律信息研究院（**AustLII**）和相关的政府网站。

> **AustLII**：澳大利亚法律信息研究院，澳大利亚制定法和判例法的在线数据库

22 AustLII（austlii.edu.au），即澳大利亚法律信息研究院，是一个关于澳大利亚和新西兰法律的综合在线数据库，由新南威尔士大学（UNSW）和悉尼理工大学（UTS）的学者运营维护。该网站囊括了澳大利亚所有司法管辖区的立法，以及议案和解释性备忘录等相关材料。

**解释性备忘录**是附随于每项议案的一个文件，解释该议案所包含的内容。这有助于我们理解非常技术性和难以阅读的议案。读者可以根据制定法的标题或管辖区域或颁布的年份进行搜索和

> **解释性备忘录**：附随于议案的文件，解释该议案所包含的内容

浏览。

联邦、州和地区政府也各自运营和维护着自己的制定法和相关材料的在线数据库。联邦政府网站是 legislation.gov.au，州政府网站是 legislation.qld.gov.au，legislation.nsw.gov.au，legislation.vic.gov.au（以此类推）。

严格地说，这些政府网站是“官方”的选择，但是 AustLII 仍然具有很高的权威性，而且也更容易进行检索。如果读者需要参考法律规定，那么 AustLII 就是和维基百科或其他互联网资源不同的资源，维基百科等资源往往并不可靠，通常不用于学术研究。相反，AustLII 非常可靠。当读者从 AustLII（或政府网站）引用法律资料时，仅仅需要确保引用的是相关的制定法或判例法，而不是网站本身即可。这些网站更多的是寻找法律的门户，而不是法律的直接出处。

如果读者喜欢浏览 HTML 版本的立法，那么 AustLII 尤其好用。读者可以在其中单击并查看法律的各个条文。如果需要在学习笔记或作业中写下法律规定，读者也会发现 AustLII 上的内容更容易复制和粘贴。
如果读者想要的是正式的版本，或者读者更喜欢浏览可以保存并下载到 23
计算机上的 PDF 文档，那么政府网站更值得推荐。

在浏览这些网站时，有些术语可能是读者不熟悉的。**现行制定法**（Consolidated Acts）为读者提供最新的和最完整的制定法版本，包括最近所作的所有修改。**系列制定法**（Numbered Acts）列出不同年份颁布的同一制定法，包括修改了先前法律措辞的制定法。系列制定法有助于准确了解对某部法律已作了哪些修改。

> **现行制定法**：最新的和完整的制定法版本

> **系列制定法**：不同年度颁布的同一制定法

读者可以直接在谷歌搜索制定法的标题、管辖范围和立法年份。在大多数情况下，AustLII 和政府网站将出现在搜索结果的最上方。尝试搜索"新南威尔士州"刑法"1900"这几个关键词，读者会看到，第一个结果来自 AustLII，第二个结果来自新南威尔士州政府网站。

## 第四节　如何阅读制定法？

在阅读制定法时，读者应当注意它的引用方式，然后浏览法律的整个结构。一部制定法包括条、款、项。读者只有阅读制定法的各个部分之后，才能够了解制定法的组成要素。

### 一、引用

阅读制定法首先要注意的是制定法的标题、颁布年份和管辖范围。标题反映规则涉及的主题范围。制定法可能的管辖范围会出现在括号中，如下：

联邦＝(Cth)

新南威尔士州＝(NSW)

昆士兰州＝(Qld)

维多利亚州＝(Vic)

24 西澳大利亚＝(WA)

南澳大利亚＝(SA)

塔斯马尼亚＝(Tas)

北领地＝(NT)

首都领地＝(ACT)

以下是一些来自不同辖区的制定法实例。读者可以想一下，这些制定法解决什么问题？是哪个议会颁布的？读者应当尝试在网上搜索，看看是否能够在AustLII或政府网站上找到这部制定法的副本。

2001年《公司法》（澳大利亚联邦）[Corporations Act 2001 (Cth)]

2002年《执法（权力和责任）法》（新南威尔士州）[Law Enforcement(Powers and Responsibilities) Act 2002(NSW)]

1977年《证据法》（昆士兰州）[Evidence Act 1977(Qld)]

2006年《人权和责任宪章》（维多利亚州）[Charter of Human Rights and Responsibilities Act 2006(Vic)]

1951年《工人赔偿法》（首都领地）[Workers Compensation Act 1951(ACT)]

## 二、条、款、项

**章**：在制定法中，由几个小节组成的部分

**节**：在制定法中，由几个条文组成的部分

一旦找到一项立法，读者应当浏览它的整体结构，并研究其是如何分**章**（parts）和**节**（divisions）的。章和节类似于将制定法分成不同类别规则的副标题。

章是最大的组成部分，由几个小节组成。例如，2002年《执法（权力和责任）法》（新南威尔士州）第四章规定了与警察搜查权有关的规则。第四章中的几个小节分别涉及对人身、汽车、船只和飞机的搜查。大多数制定法以介绍性的“第一章”开始，这一章会列出该制定法和其他一般规则中使用的关键术语的定义。

一个小节包含多个单独的条文（或规则），这些条文从制定法的开头

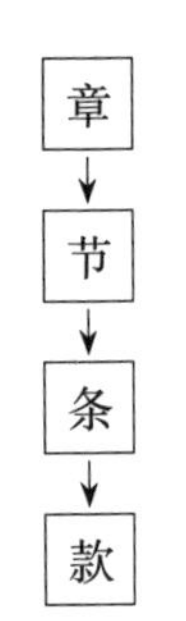


**图 1.3:制定法的结构**

到结尾按顺序编号。通常我们以字母“s”指代条
25 文(s16 或 s22)。

一开始,知道这一点可能会让人感到困惑,即一个条文是一个单独的规则,而章和节将这些规则分别组织到制定法文件的更大的“部分”中。图 1.3 呈现了制定法的这种结构,从章到节,从节到条和款。

### 三、法律的构成要素

读者在阅读法律条文的时候,主要任务是找出法律的**构成要素**。这些都是法律的组成部分或成分。读者可以把它们想象成是一系列的法律检验或问题。它们为确定该规则应如何适用于提交法院审理的个案提供依据。

> **构成要素:**法律检验的组成部分或成分

这里,我们再次列出 1900 年《刑法》(新南威尔士州)的第 18 条,但是这一次突出显示谋杀罪的构成要件。

**第 18 条　界定谋杀和过失杀人罪**

(1)

(a) 如果因被告人的**作为**或不作为**导致**他人的**死亡**,且该作为或不作为**是在漠不关心人类生命、意图杀害或意图**对他人**造成严重的身体伤害的情况下实施的**;或者,在被告人或他/她
26 的同伙企图在犯罪期间或犯罪后立即实施可被判处终身监禁或者 25 年监禁的犯罪时,因作为或不作为导致他人死亡,那么被告人的行为成立谋杀。

(b) 所有其他应受惩罚的杀人行为都应当被视为过失杀人。

为了做到这一点，我们剥离一些无关的词语，提出一个定义谋杀罪的公式，这样我们就可以据此推衍出一个人是否实施了这种罪行。把这些加粗的字词拼成一个句子，我们可以得出以下结论：

> 行为……导致……死亡……是在漠不关心人类生命、意图杀害或意图造成严重的身体伤害的情况下实施的。

这使我们能够得出一个可行的谋杀罪定义，这一定义是我们可以在法庭上用以检验（当事人行为）的。稍许调整并重新表述一下，我们得到了以下定义：

> 谋杀行为是当个体意图杀害、意图造成严重的身体伤害，或漠不关心人类生命之时，导致他人死亡的作为或不作为。

我们也可以用更具有逻辑性或数学化的形式来呈现，这样我们就可以清楚地看到规则的"构成要素列表"。如果读者正在准备法律专业的学习笔记，那么这项技术将帮助读者确切地知道如何将法律适用于个案。一个人若要被判处谋杀罪，我们需要：

1. （犯罪嫌疑人）导致（他人）死亡的作为或不作为；以及
2. 故意杀害；或者
3. 故意造成严重身体伤害；或者
4. 对人类生命漠不关心。

"像律师一样思考"的一个主要部分是识别法律的构成要素，并以一种允许个人将规则适用于个案的方式，有逻辑地架构这些要素。例如，读

27 者可能需要完成一项作业或一个考试问题，其中包含一些假设事实，据此行为人的行为可能会被认定为谋杀。为了确定此人是否有罪，读者需要研究上述构成要素，并确定，根据事实，这些要求中的每一项是否“真实成立”。

### 四、哪部制定法？

到这里为止，读者可能会想，之前的一切都很好，但是我如何知道应当阅读哪部制定法和哪些条文呢？好消息是，大多数时候，读者的授课教师会告诉读者应当阅读哪些法律。教师将帮助读者解释规则并列出它们的构成要素。

在大学阶段的后期，读者可能需要为一篇研究论文或类似的作业寻找法律依据。为此，你可以阅读学术资料（如书籍和期刊文章）以寻找相关法律的名称。你也可以通过制定法的标题在网上进行检索。如果你只知道大概的主题领域，那么可以在 AustLII 或政府网站上浏览或搜索相关立法。

## 第五节　行政立法

在讨论判例法之前，先提一下**行政条例**对我们理解澳大利亚的法律体系十分有帮助。行政条例是由政府的主要成员——部长——而不是议会制定的法律规范（有关部长的更多内容，参见第三章）。

行政条例被称为**次级立法**或**附属立法**，因为制定这些法规的权力是由主要或“一级”立法提供的。行政条例也被称为**委托立法**，因为议会将制定这些法规的权力“委托”（移

**行政条例：**由部长而不是议会制定的法律规范

**次级立法：**行政条例的另一个名称

**附属立法：**行政条例的另一个名称

**委托立法：**行政条例的另一个名称

交)给了部长。 28

在读者攻读学位期间,可能不会花太多的时间研究行政条例。但是,未来的许多工作都会要求读者在实践中阅读、理解和使用行政条例,尤其是在政府部门工作时。

行政条例为法律的含义及其应当如何在实践中适用提供了更多的细节。这是必要的,因为制定法不可能罗列出关于某条规则的每一个可能的细节。修改条例也比在议会中修改法律更加快速和容易。

例如,航空安全立法禁止我们携带"武器"通过机场的安全检查站。这部制定法不可能列出每一种可能的武器,也不可能随着时间的推移不断更新这一列表。因此,内政部长在 2005 年《航空运输安全条例》(联邦)中罗列出了一份更长的武器禁止清单(包括刀具、爆炸物等)。

我们以与制定法类似的方式引用行政条例,即包括标题、年份和管辖范围。行政条例的结构与制定法类似,只是其中编号的规则被称为"规"(regulations)而不是"条"(例如,我们称"第 12 规"或"12 规")。读者可以通过浏览和搜索 AustLII 或相关政府网站,以类似制定法的方式找到行政条例。

## 本章要点

- 制定法是一份包含由议会颁布的法律规范的文件。制定法最初以议案的形式出现,只有在上下两院通过三读之后,议案才能成为法律。议案经总督御准后,即成为议会法和澳大利亚法律的一部分。
- 制定法包含规定具体规则的条文。这些条文集合成为章和节。 29
- 读者阅读制定法时应当寻找其中关键词语的定义,并寻找解决法律问题所需的"构成要素"(步骤或成分)。例如,读者可以阅读制定法的一个条文,找出"谋杀罪"的含义,以及在何种情况下,某个人会被视为实施了这种罪行。

## 讨论题

1. 你能找到 2015 年《加强网络安全法》(联邦)[Enhancing Online Safety Act 2015(Cth)]的副本吗？它的各个章节的名称是什么？其中的一些条文是关于什么的？

2. 议案成为议会法的过程是什么？你能把这个过程画成流程图或图表吗？

3. 你能找到 2014 年《反恐立法修正案(外国战斗人员)议案》(联邦)[Counter-Terrorism Legislation Amendment (Foreign Fighters) Bill 2014(Cth)]通过过程中的部长二读发言吗？负责这一议案的部长是谁？引入这项法律的目的是什么？修正案提出了哪些重要变化？

30 4. 管辖范围是什么？为什么管辖范围对于制定法非常重要？

# 第二章　判例法

在本章中，读者将了解：

- 澳大利亚第二大法律渊源：判例法
- 澳大利亚法院的位阶体系
- 先例约束原则，这一原则指导法律推理过程
- “司法管辖权”的含义和重要性 31

在澳大利亚，我们发现法律的第二个地方是判例法。本章解释什么是判例法，在哪里可以找到判例法，以及如何阅读判例法。本章阐释澳大利亚法院的位阶体系，以及法院如何通过“先例约束”原则将法律适用于新的案件。本章再次讨论**管辖范围**的概念，这一概念不仅指法律生效实施的地理区域，也指法院审理不同类型案件的权力。

**管辖范围：**法律生效实施的地理区域，以及法院审理不同类型案件的权力

## 第一节　什么是判例法

判例法是指法院发布的文件，其中载有法官在个案中的推理。一个

**案件**，也被称为一个**事项**，是双方（如双方当事人或团队）到法院解决争议时形成的。这可能是一对夫妇为孩子的监护权而争吵，也可能是两家公司在一份商业合同上持有的意见有分歧。如果某人被指控实施了犯罪行为，那么双方是政府（称为**王室**）和被指控之人（称为**被告人**）。我们称澳大利亚的诉讼制度为**对抗式司法制度**，因为双方当事人就像"对手"，他们在法庭上互相竞争。

> **案件**：由法院解决的双方之间的法律纠纷

> **事项**：表示案件的另一个术语

> **方**：法律案件中的一方

> **王室**：当政府是法律案件一方当事人时，我们对它的称呼

> **被告人**：在刑事案件审理过程中，被指控实施了犯罪行为的人

> **对抗式司法制度**：当事人互相反对的诉讼制度

案件由一名**法官**或治安官——一名经验丰富的法律人——主持，其职责是充当仲裁员或裁判员，并决定如何解决争端。在更复杂的案件中，往往会有多名法官一同审理。
32 如果有多名法官，那么结果由多数法官决定。被多数人"否决"的法官的意见被称为**异议判决**（或仅仅是异议）。

> **法官**：被任命处理法律争议的、有经验的法律人

> **异议判决**：法庭中的少数意见

在案件的最后，法官（或多个法官）会撰写一份文件，称为判决书。**判决书**是一份理由陈述书，解释法官如何以及为什么以特定的方式裁决案件。

> **判决书**：解释法官如何以及为什么以特定的方式裁决案件的公开陈述

判例法指澳大利亚各地不同法院作出的判决的集合。判例法也被称为**普通法**，这是一个古老的英国术语，指的是全国各地"普遍"（common）的判决。

> **普通法**：判例法的另一个名称

判决对于理解制定法中词语的含义至关重要。例如，在上一章中，我们看过了 1900 年《刑法》（新南威尔士州）第 18 条，该条界定了谋杀罪。这一条规定告诉我们，如果一个人在故意杀人或故意伤害他人时造成他

人死亡,或者在持有对人类生命漠不关心的心态时的行为造成他人死亡,他将被认为犯有谋杀罪。但是,我们怎么知道这些词语的真正含义呢?

在法庭上,律师们就这些词语的含义进行辩论,他们代表当事人向法庭提交关于制定法应当如何解释的**陈述意见**(准备好的意见)。法官的一项主要职责就是确定相关法律词语的含义,以便解决争议。法官的解释和推理随后会在判决书中公布,成为制定法规定的规则的一部分。因此,将制定法和判例法结合起来阅读是理解两者含义的关键。 33

> **陈述意见:**法庭上提交的准备好的法律意见

当一个判决中包含一些重要内容的时候,我们会用一些特殊的短语来解释法官所说的话。我们会说法官**判决指出**(held)了什么,而不是法官说了什么或得出了某个结论。我们将澳大利亚最高级别的法院或高等法院的法官称为"大法官"(如果他们被任命为该法院的最高级别法官,则称之为"首席大法官")。我们在他们的姓氏后面加上一个"J"来表示他们的身份,如果有多名大法官的话加上"J.J.",如果是首席大法官,则加上"C.J."。例如,布伦南大法官(Brennan J.)在著名的马博案判决中指出,无主土地的概念"源于对原住民的歧视性诋毁"(更多关于马博案的内容,参见第七章)。

> **判决指出:**我们用以指称法院作出判决的内容

读者可以简单地说"法庭"作出了一些决定,尽管这有些不太准确。但事实上,读者应当说哪位法官判决指出了哪些结论。不过,如果读者指的是大多数法官都认可的一项一般原则,那么可以说"高等法院判决指出……"或者"维多利亚州最高法院判决指出……"。例如,在马博案中高等法院判决指出,原住民部族和群体可以提出对原住民土地所有权的有效主张,即主张他们对土地享有传统所有权。

## 一、先例

判决是**先例约束原则**的基础。先例约束

> **先例约束原则:**一项原则,意味着法院应当对具有相似事实的案件作出同样的判决

原则是法律体系的首要逻辑。这一原则意味着，法庭应当依据先前判决中使用的规则和理由对下一个提交审理的类似案件进行裁决。换言之，如果两起类似的纠纷被提交至法院审理，那么法院应当对这些案件作出相同的判决。这样做的目的是一致和公平：我们不希望出现这样一种法律制度，即类似案件中的两方当事人在法庭上获得一份与法庭前一周作
34 出的截然不同的判决。

详言之，先例约束原则要求下级法院必须适用上级法院在先前类似案件中的判决。我们称之为**具有约束力的先例**，这意味着下级法院必须适用上级法院的判决理由：下级法院没有选择不这样做的可能。先例约束原则的法律专业术语是 **stare decisis**，在拉丁语中是“遵循已作出的决定”的意思。

**具有约束力的先例：** 下级法院必须遵循上级法院的判决

**stare decisis：** 先例约束原则的拉丁文表述（意指“遵循已作出的决定”）

## 二、法院位阶

我们所说的下级法院和上级法院，是指澳大利亚法院体系中不同级别的法院。图 2.1 列出了澳大利亚法院的位阶体系：

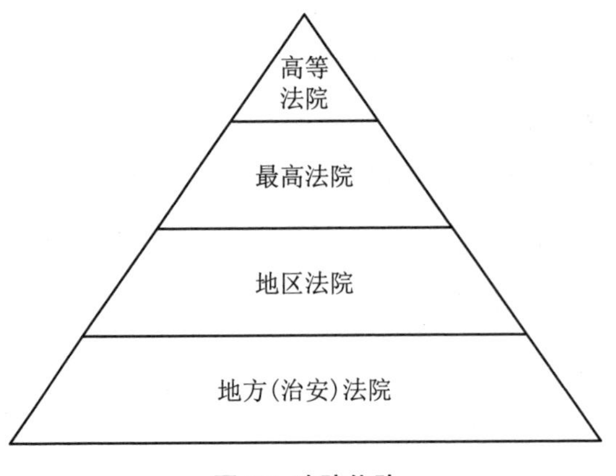


**图 2.1：法院位阶**

位阶体系从最底层开始是**地方法院**，也被称为治安法院。每个州都有许多这样的法院，它们审理绝大多数案件。例如，在昆士兰州，有130个治安法院，他们审理该州95%的案件(昆士兰州法院，2017)。地方法院审理涉及小额资 35
金的纠纷和轻微违法行为(如商店盗窃和酒后驾车)。

**地方法院**：法院位阶体系中最底层的法院

此类轻微案件由治安法官主持审理，他决定如何解决争端，或者被起诉之人是否有罪。**治安法官**类似于地方法院的法官。治安法官可以审理涉及更严重罪行的案件，但是他们仅仅在将这些案件“交付”给上级法院之前进行简短的审理(有关交付审判听证会的更多信息，参见第九章)。

**治安法官**：地方法院的法官

其次是**地区法院**，它们类似于区域性的法院。地区法院的数量少于地方法院，但在各州之内仍有许多地区法院(在昆士兰州，有32个地区法院)。地区法院审理的案件涉及数额较大的金钱和更严重的犯罪行为，如抢劫、强奸和欺诈。地区法院审理案件由法官而不是治安法官主持。在地区法院，由**陪审团**(而不是法官)决定一个人是否有罪。

**地区法院**：第二层级的法院，审理最严重的刑事案件和涉及大量金钱的纠纷

**陪审团**：一个由(通常是12个)公民组成的小组，审理案件并根据事实作出裁决

每个州的最高级别的法院都是**最高法院**。在最高法院，法官审理的案件涉及大量金钱和非常严重的犯罪行为，如谋杀和贩毒。最高法院还审理对地区法院就法律问题作出的裁决提起的上诉。当事人对下级法院应当如何判决一个案件存在分歧时会进行**上诉**，该案件将被提交给上级法院以解决这一问题(读者可以在第十章中阅读到更多有关上诉的内容)。

**最高法院**：各州的最高级别法院

**上诉**：在上级法院提出的对下级法院判决的异议

最后，澳大利亚**高等法院**位于法院体系

**高等法院**：澳大利亚最高级别的法院

36 的最高处。顾名思义，高等法院是澳大利亚最高级别的法院。该法院并不像其他法院一样审理金钱纠纷或刑事诉讼。相反，它审理具有公共重要性的事项和其他州内的最高法院未能解决的复杂法律问题（关于高等法院的更多内容，参见第六章）。

法院位阶体系意味着地方法院必须遵循所有上级法院的判决，地区法院必须遵循最高法院和高等法院的判决，最高法院必须遵循高等法院的判决。从理论上讲，高等法院甚至不必遵循自己先前的判决，尽管在实践中它通常会这样做，除非有充分的理由推翻自己[哈丁（Harding）和马尔金（Malkin），2010]。

## 三、管辖权

管辖权概念指法律生效实施的地理区域，这对于理解判例和法院位阶体系如何相互作用非常重要。高等法院的判决适用于澳大利亚的任何地方，但是一个州的判决不适用于任何其他州（即使是最高法院的判决）。

不过，一个州的法院在作出判决时可以参考其他州法院作出的判决。这些判决被称为**有说服力的先例**（相对于有约束力的先例）。法官并不必须适用这一先例，但是他们可以借鉴先例来形成自己的理由。

> **有说服力的先例：**先前的判决可能被其他法院遵循

就法院而言，管辖权还有另外一个含义：审理不同类型案件的权力或权威。地方法院和地区法院有权审理严重程度不同的案件。州最高法院分为刑事庭和民事庭，前者审理涉及严重犯罪的案件，后者审理涉及财
37 产、合同和其他财务事项的纠纷。最高法院还有一个上诉庭，审理对下级法院判决的上诉案件。

高等法院有两种不同的管辖权：初审管辖权和上诉管辖权。**初审管辖权**作为高等法

> **初审管辖权：**高等法院首次审理宪法案件的权力

院的权力，源自《澳大利亚宪法》和 1903 年《司法法》(联邦)的授权，包括审理宪法案件、涉及州与州之间争端的案件以及联邦作为一方当事人的案件。初审管辖权意味着高等法院可以对这些案件进行(第一次)初审。《宪法》第 73 条赋予高等法院的**上诉管辖权**是高等法院审理对下级法院判决提起的上诉的权力。高等法院是澳大利亚最高级别的法院，一旦它对上诉进行了审理，那么即使某人不同意上诉结果，也没有更高级别的法院可以上诉。高等法院针对上诉案件的裁决被认为是“最终的和决定性的”(《宪法》第 73 条)。

**上诉管辖权：**法院审理对下级法院判决的上诉的权力

向高等法院上诉需要**特别的上诉许可**，这就类似于获得案件得以审理的特别许可。在决定是否审理上诉案件时，高等法院会考虑该案件是否具有公共重要性、是否会解决不同州法院之间的意见分歧，或者是否符合“司法行政的利益”。这些要求载于 1903 年《司法法》(联邦)的第 35A 条。

**特别上诉许可：**案件由高等法院审理的许可

在上述基本位阶体系之外，澳大利亚还有审理离婚和监护案件的家事法院，以及审理土地利用规划和环境保护案件的环境法院。 38

如果法院意图回答不属于其职权范围内的法律问题，那么法院可能是在其管辖范围之外行事。因此，向法院提起诉讼的人必须知道哪个法院有权审理他们的案件，这一点非常重要。

在这个意义上，管辖权实质上是指法律中不同的问题领域。主要的区别在于刑法和**民法**(也称为**私法**)。**刑法**涉及对刑事犯罪的指控，而民法涉及公民或公司之间的私人纠纷，通常是财务问题。

**民法：**涉及公民或公司之间的私人纠纷——通常是财务问题——的法律领域

**私法：**民法的另一个名称

**刑法：**涉及对刑事犯罪的指控的法律领域

我们通过这样的区分对法院公布的判决进行分类。其中有刑法判决和民法判决，民法判决中有与合同法、物权法、公司法、家事法、环境法等领域相关的判决。其中还有宪法和行政法判决，这些法律领域属于**公法**（政府法）。在法律专业课程中，这些不同的法律分支通常会作为单独的课程或学科领域。

图 2.2 呈现了澳大利亚判例法的这些主要分支。**合同法**涉及当事人之间的协议（通常是以货币交换货物或服务）。**侵权法**涉及尚未构成犯罪的疏忽和伤害行为（例如，由于公司员工没有张贴“小心地滑”标志，顾客可
39 能在超市滑倒受伤）。**财产法**涉及土地、房屋所有权、拍卖和租赁协议中的纠纷。**行政法**要求政府成员对自己的决定负责。

**公法**：政府法

**合同法**：涉及双方或多方之间有拘束力的协议的法律领域

**侵权法**：涉及尚未构成犯罪的伤害行为的法律领域

**财产法**：涉及土地、房屋所有权、拍卖和租赁协议中纠纷的法律领域

**行政法**：在这个法律领域中，政府成员被要求对自己的决定负责

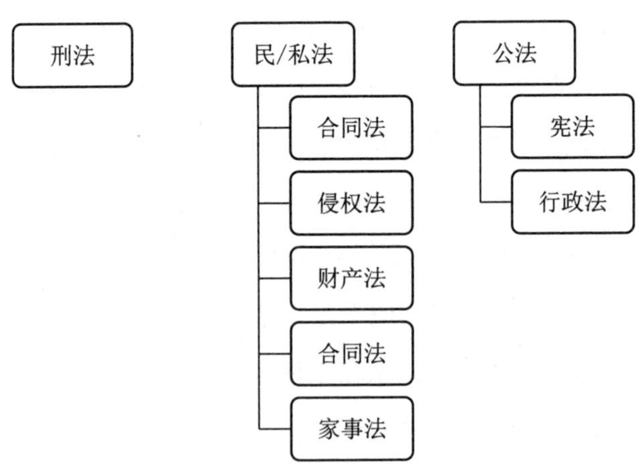


**图 2.2：判例法的主要分支**

## 第二节　从哪里能够找到判例法?

读者可以通过类似于寻找制定法的方式找到判例法，因为大部分判例都可以在网上找到。在 AustLII 上，读者可以搜索和浏览澳大利亚所有法院和司法管辖区的判例法。在大多数情况下，该网站都能够满足读者的需求。不过，读者所在大学的图书馆也会订阅一个法律数据库[通常是**律商联讯**(LexisNexis)]。读者可以通过搜索大学图书馆的网站找到律商联讯。

**律商联讯**：可以通过大学图书馆查阅的判例法数据库

刚开始接触律商联讯，可能会觉得它有点难以使用，但一旦读者掌握了窍门，就可以访问法院发布的官方法律报告（相比之下，AustLII 以 40
HTML 的方式呈现判决）。读者可以将这些判决下载为 PDF 格式的文件，并保存到计算机里。事实上，这些才是读者应当在作业中引用的版本。

越来越多的判决可以直接在法院网站上获得，但是这些判决可能是不完整的。如果读者试图寻找某个法院最近判决的摘要，那么直接访问法院网站可能是一个有效的策略。

在谷歌上搜索判例法不如在谷歌上搜索制定法可靠，因为在诉讼的许多不同阶段，案件会有相似的名称和判决。通常很难从网络搜索中得知哪个判决才是应当阅读的那个。

有关使用律商联讯等数据库的建议，读者可以浏览大学图书馆网站或联系图书馆的工作人员，查看哪些教程或其他帮助形式可供学生使用。图书馆的工作人员可以帮助学生在他们的在线数据库和纸质馆藏中找到相关信息，但是他们的服务经常被低估，也经常存在使用不足的情况。图书馆工作人员会提供很多帮助，特别是当你查找可能很难找到的法律资料时!

## 第三节　如何阅读判例法？

在阅读判决书时，读者应当首先注意它的引用方式和判决书顶部的提示词。读者阅读判决书是为了获取两项内容：(1)案件的重要事实；(2)法官在作出决定时诉诸的规则和推理。

### 一、引用

阅读判决时，首先要注意案件名称、公布年份及其法律报告的引用方式。

41 式。这里的判决指的是这样的文件：

| 托马斯诉莫布雷(Thomas v Mowbray) | (2007) | 43 | 共和国(CLR) | 237 |
| --- | --- | --- | --- | --- |
| • 案件名称/当事人名称 | • 年份 | • 卷号 | • 法律报告/管辖范围 | • 页码 |

**图 2.3：引用判例法**

这个案件的标题告诉我们双方当事人的名字是什么。在刑事案件中，其中一方是“R”，意思是皇室（“R”代表 Rex 或 Regina，拉丁语的“国王”和“女王”）。下一个在括号里的是判决书公布的年份。

引用格式的其余部分告诉我们在法院作出的法律报告卷中判决所在的位置。第一个数字是卷号，最后一个数字是判决书第一页的页码。在这两个数字之间的是公布判决的法律报告的名称。澳大利亚一些主要司法管辖区的官方法律报告有：

共和国法律报告（“CLR”）

联邦法律报告（“FLR”）

新南威尔士州法律报告（“NSWLR”）

昆士兰州法律报告（“QLR”）

维多利亚州法律报告（“VR”）

因为澳大利亚有众多法院和裁判所，所以官方法律报告要比这里罗列得多很多。**裁判所**是一个准法庭，实际上是政府行政机关的一部分（有关行政部门的更多内容，参见第三章）。裁判所根据事实而不是法律审理法律纠纷。裁判所通常有权审理特定类型的案件（如租赁 42
纠纷、对精神疾病患者拘禁的质疑或移民问题）。

> **裁判所：**准法庭，政府行政机关的一部分，通常审理特定类型的案件

对法律报告的引用实际上是对判决书的纸质卷的引用。读者可以在大学图书馆的大部头书目中找到这些法律报告，它们看起来像是古老的百科全书。如今，大多数人在网上寻找判例法。不过，适用于纸质书卷的引文系统仍然有其作用。这一点很重要，即在撰写文章时，引用判例法的方式与通常引用书籍、书籍章节或学术期刊文章的方式相同。不同之处在于，引用法律案件时，不引用作者姓名和学术期刊名称，而是引用当事人姓名、法律报告名称和卷号。

由于人们开始转向使用线上的判决书，判例法被越来越多地以一种**简化**的方式（medium-neutral citation）进行**引用**。这是一种简化的、不太正式的引用，通常用于线上资源。

> **简化引用：**一种简化的、不太正式的引用，通常用于线上资源

| 托马斯诉莫布雷（Thomas v Mowbray） | ［2007］ | 联邦高等法院（HCA） | 35 |
|---|---|---|---|
| • 案件名称/当事人名称 | • 年份（方括号） | • 法院 | • 页码 |

**图 2.4：简化引用**

该引用告诉我们判决的标题、年份、法院和页码，但是没有告诉我们在纸质法律报告中的卷号。它也告诉我们年份，但是使用方括号而不是圆括号。在读者撰写的文章中，简化引用仍然是一种可以接受的引用判例法的方式。有时，如果官方报告尚未公布，那么这是唯一可用的引用
43 方式。

## 二、提示词

> **提示词**：这是在判决书一开始出现的一系列关键词，总结案件的来龙去脉

在阅读引用格式之后，读者应当阅读一下判决顶部的一系列**提示词**。提示词是一个简短的关键词列表，可以让读者了解这个案件的来龙去脉。如果读者正在研究判例法，并且需要知道一个案件是否相关，那么提示词尤其有用。

读者可以在图 2.5 中看到马博案判决的提示词和其他特殊之处。

澳大利亚联邦高等法院

| 类型 | 管辖范围 | 数据库 | 年份 | 引用格式 |
|---|---|---|---|---|
| 案件 | 共和国 | 澳大利亚联邦高等法院 | 1992 | [1992]HCA23 |

马博诉昆士兰州第二案（“马博案”）[1992]HCA23；(1992)175CLR1(3 June 1992)

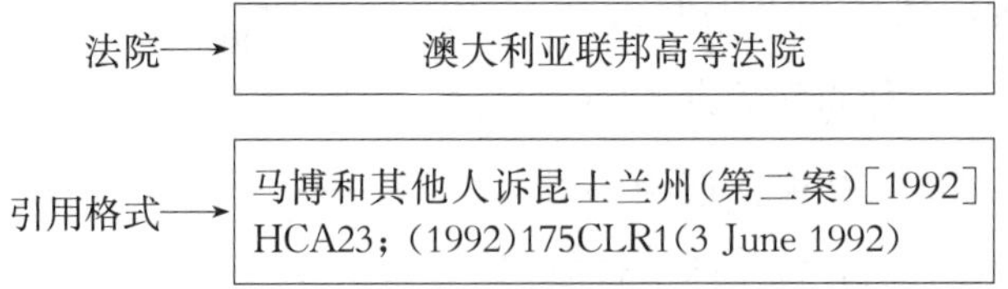


联邦法院 92/014
原住民—宪法—不动产
澳大利亚联邦高等法院

法官⟶ 首席大法官梅森（Mason C.J.）(1)大法官布伦南（Brennan）(2)迪恩（Deane）(3)道森（Dawson）(4)图希（Toohey）(5)戈德龙（Gaudron）(3)和麦克休（McHugh）(1)

提示词——→

提示词
原住民—原住民土地所有权—是否因土地被吞并而消灭—澳大利亚对普通法的承袭—对原住民土地所有权的影响—无主土地—该原则是否适用于澳大利亚。
宪法(昆士兰州)—殖民地对普通法的承袭—对原住民土地所有权的影响—通过殖民吞并土地—无主土地—该原则是否适用于澳大利亚—昆士兰州议会消灭原住民土地所有权的权力。
不动产—使用权和房地产—在新南威尔士殖民地的适用—对原住民土地所有权的影响—原住民所有权留存的土地—是否包括皇室土地—1962年《土地法》(昆士兰州)—“皇室土地”。

听证时间——→

听证
堪培拉,1991年5月28—31日;1992年6月3日。

判决书开始——→

判决
首席大法官梅森和大法官麦克休:我们同意大法官布伦南作出判决的理由,以及他作出的宣告。

**图 2.5:澳大利亚法律信息研究院(AustLII)网站上的马博案判决** 44

## 三、案件事实和判决理由

在接下来的判决书中,读者主要阅读两个内容:

1. 案件的重要事实;
2. 应当被适用于未来案件的规则和理由。

案件的事实非常重要,因为根据先例原则,这些事实将使我们知道,未来的案件是否会得出类似的结果。阅读一个案件的事实听起来很容易,但往往是相当困难的。事实部分可能很长、很复杂,并且贯穿于整个判决之中。除此之外,尤其困难的任务是找出哪些事实对法官的推理来说是重要的,哪些事实不重要。我们称前者为确定案件的**重要事实**。例如,在一起抢劫

> **重要事实:**判决中与先例有关的最重要事实

案中，被告人 28 岁且拥有一家小企业这一事实不太可能是非常重要的，但与抢劫相关的情况（例如被告人是否使用了武器）将是至关重要的。

读者的第二个主要任务是找出应当适用于未来案件的规则和理由。在阅读判例法时，重要的是要理解，法官们也在制定规则，这些规则是澳大利亚法律的一部分。然而，判例法中的规则是以法官冗长的理由陈述的形式表达的，而不是立法中整齐的条和款。在这方面，阅读判例法比阅读制定法更难。读者需要在许多页的判决书文本中识别出一条规则，而这些文本通常难以阅读。这就像大海捞针一样。攻读法学学位的主要任务是将判例法中的规则浓缩成更简短的、能够更容易地适用于未来案件的法律表达。

判决中的规则被称为**判决理由**（ratio de-
45 cidendi，在拉丁语中，这意味着“决定的理由”）。我们通常将其简称为理由（ratio）。理由是书面判决中的关键规则和推理。如果一个案件由多名法官作出裁决，那么理由由大多数法官作出裁决的规则组成。

**判决理由**：判决书中的关键规则或推理，必须作为先例适用（指“决定的理由”）

根据先例约束原则，判决理由事实上是来自同一司法管辖区的下级法院在未来的案件中所必须适用的。例如，一个合同法判决可能认定双方当事人之间的协议在何种情况下有效，以及何种情况属于对协议条款的违反。这些规则应当被同一管辖区的下级法院适用。在一个刑法判决中，判决理由可能会指明在性侵犯案件中，一个人“同意”进行性行为意味着什么。最近的一个例子是，R 诉拉撒路斯案（R v Lazarus［2016］NSWCCA 52），在该案中，新南威尔士州刑事上诉法院澄清了被告人认为被害人不同意进行性行为的含义。该案涉及悉尼 Soho 酒吧老板的儿子在小巷强奸一名 18 岁女孩阿克兰（Ackland）。新南威尔士州的地方法院和地区法院必须遵循拉撒路斯案的判决，除非高等法院将该判决推翻。

判决书也会包含法官的许多其他陈述，这些陈述对判决并不重要。

这些都被称为**附随意见**（obiter dicta，拉丁语，指“顺便说的话”），通常被简称为 obiter。附随意见是附带的评论，对下级法院没有先例式的拘束力，但是在将来的案件中可能有所帮助。

> **附随意见**：法官所说的、并非判决理由、但可能与未来案件有关的内容（意思是“顺便说的话”）

早年，法学院里的一个典型练习方式是写案件笔记，总结案件中的重要事实和判决理由。有时，此类作业要求学生对法官的判决作出批判性的评论（例如，通过分析法官的逻辑推理是否合适，以及判决是否与之前 46
的案件判决一致）。

学术期刊会发表案件笔记，帮助读者了解**判例法**在不同问题领域的新发展。读者可以通过大学图书馆网站在学术期刊上找到案件笔记，也有一些线上资源来帮助我们撰写案件笔记。蒙纳什大学图书馆网站（蒙纳什大学图书馆，2018 年）和澳大利亚法律专业学生博客和在线社区 survivelaw.com（Survive Law，2014 年）就是两个很好的线上资源。

> **判例法**：澳大利亚各地发布的判决书的合集

## 本章要点

- 判例法指法院公布的判决。判决书是法官以特定方式判决案件的理由的书面陈述。
- 判例法之所以重要，是因为先例约束原则。先例约束原则意味着法院必须适用上级法院在先前类似案件中作出的判决，具体通过适用先前判决中的判决理由（判决的原因）进行。
- 就法院而言，管辖范围不仅指法律适用的地理区域，还指法院审理不同类型案件的权力。

## 讨论题

1. 你能找到卡泰布诉戈德温案[Al Kateb v Godwin(2004)219 CLR 562]的副本吗？看完该案的关键词，你觉得这个案子是关于什么的？

2. 在法院位阶体系中，法院的层级有哪些？各个法院审理什么类型的案件？

3. 有约束力的先例和有说服力的先例有什么区别？

4. 在阅读判决书时，你应该寻找的两项主要内容是什么？

47 5. 什么是管辖范围？为什么管辖范围对判例法很重要？

# 第三章　政治和媒体

在本章中，读者将了解到：

- 议员如何被选入议会
- 澳大利亚的不同政党
- 行政机关的重要性
- 政府和媒体之间的关系
- 媒体监督政府权力的重要性 48

本书的一个关键前提是，法律不仅仅是一系列技术规则。法律反映了我们的道德和价值观，无论是好是坏，而且我们的道德和价值观是由社会上不同的群体和利益集团塑造的。要充分理解这一点，就有必要深入研究澳大利亚政治和媒体的作用。由于媒体在让澳大利亚的议员承担责任方面起着关键作用，所以它常常被称为**第四阶层**。这是一个古老的术语，指除了神职人员、贵族和平民作为王国的三个阶层之外，媒体是让政府负责的第四个阶层。

**第四阶层：**用于指代媒体的短语，因为它在让政府负责方面发挥着重要作用

## 第一节　政治

法律显然受到不同群体和利益集团的影响，因为澳大利亚的议员是主要的立法者。提出和批准每一项立法的是议会中的民选代表。

许多议员都拥有法律学位，但议会不是专业的立法机构。相反，它们是由我们在选举时投票选出的旨在治理我们国家的代表组成的论坛。浏览每日新闻能够反映出我们的议员们围绕新立法进行辩论的频率，以及法律如何反映社会问题。

本节将详细介绍议会的组成、澳大利亚的议员是如何当选的、不同类型的政党以及行政机关的影响。本节将以联邦议会为例，不过每个州和地区都有类似的制度。

### 一、议会两院

49 议会两院是众议院和参议院，其席位由各政党成员占据。政党是一个有着特定信念和价值观的组织，它把自己的成员推举进议会。

#### （一）众议院

众议院（下院）有 150 个席位。这些席位的选举每三年举行一次，届时整个议院的成员都将被替换（尽管许多候选人会再次赢得席位）。赢得众议院多数席位的政党组成**政府**。该党的领导人称为**总理**，他是政府和澳大利亚国家的领导人。拥有第二多数议席的政党被称为**反对党**。

**政府**：在众议院赢得多数席位的政党

**总理**：政府的领导人

**反对党**：在众议院拥有第二多数议席的政党

**偏好投票**：众议院议员选举使用的投票制度，候选人赢得选区 50% 以上的多数票当选

众议院议员是根据**偏好投票**制度选举产生

的。这意味着，候选人是基于获得了特定地理区域50％以上的多数票而当选的。每一个确定的区域都是一个**选区**。澳大利亚各选区的实际规模之间差别很大，不过城市地区的选区通常覆盖几个大型郊区，每个郊区大约有15万人参加投票。

> **选区：**选举一名众议院议员的特定地理区域

根据1918年《联邦选举法》(联邦)，所有18岁以上的澳大利亚人都必须在联邦选举中投票。联邦选民名册由澳大利亚选举委员会(AEC)负责。选举委员会组织选举，以确保选举公平和依法进行。 50

澳大利亚实行**强制投票**制度。任何未能在联邦选举中投票的人都必须支付20澳元的罚款。这并不多，但足以确保大多数澳大利亚人(超过90％)前往投票站投票(澳大利亚选举委员会，2016年)。有一种观点认为，强制投票是反民主的，因为它迫使人们做出选择。然而，联邦高等法院认为，强制投票只会让人们前往投票站，在登记册上勾上自己的名字，而不会强迫人们选择支持某个政党[法德森诉布里杰案(Faderson v Bridger(1971)126 CLR 271)]。任何不想支持任何一个政党的人都可以投出无效票，此类票不会被计算在有效选票内。

> **强制投票：**惩罚不参加选举的人的制度

在选举时，偏好投票制度要求选民按照优先顺序为其选区的候选人编号。对于自己最喜欢的候选人，投票者在候选人前面的方框中写入"1"，然后继续对其他候选人进行编号，直到他们最不倾向的选择。投票者必须为每位候选人编号，否则选票无效。最终的编号取决于有多少位候选人竞争这个席位。众议院选票的样本可以参见图3.1。 51

在偏好投票制度中，一个候选人是否赢得席位取决于其是否获得多数票(50％)。通常，候选人是否获得多数票是根据**第一偏好投票**(每个人的第一位偏好)进行计算的。如果在所有选民投票中，对几位候选人的第一偏好均不足50％，那么就会开始计算剩下的偏好(从第二位偏好开始)，直到有候选人赢得席位。

> **第一偏好投票：**在选票上标为"第一号"的选择

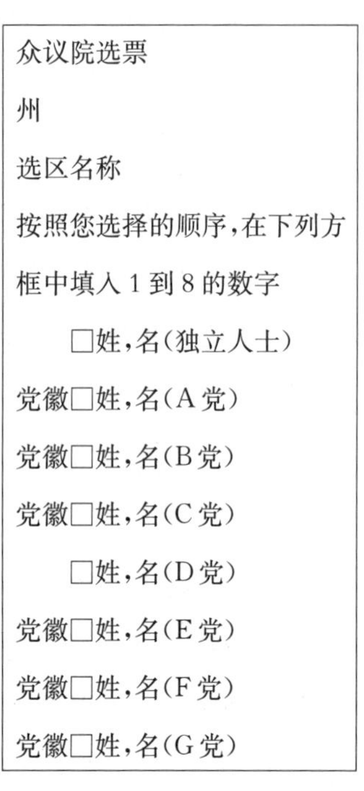
众议院选票

州

选区名称

按照您选择的顺序，在下列方框中填入 1 到 8 的数字

□姓，名（独立人士）

党徽□姓，名（A 党）

党徽□姓，名（B 党）

党徽□姓，名（C 党）

□姓，名（D 党）

党徽□姓，名（E 党）

党徽□姓，名（F 党）

党徽□姓，名（G 党）

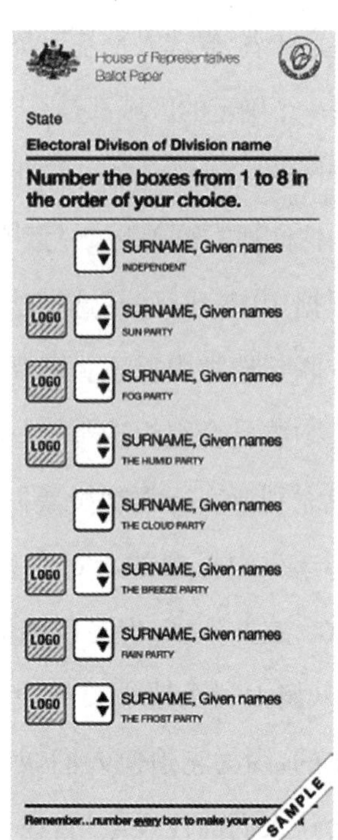


**图 3.1：众议院议员选票实例**

这种投票制度意味着两大政党（工党和自由党）在下议院占据主导地位。这是因为大多数选民会把工党或自由党列为他们前序的偏好之一。更加偏好由两个政党轮流执政的政府被称为**多数制**政府。

> **多数制：**由两个政党主导的政府制度

（二）参议院

参议院（上院）只有 76 名议员。被选入参议院的议员被称为**参议员**。每个州有 12 名参议员，每个地区有 2 名。

> **参议员：**被选入参议院的议员

与众议院的投票制度相比，参议院的投票制度更为复杂。以下几部分将解释参议院议员的分批选举、比例投票制度、参议院议员选举投票程序，以及为何这一过程愈发复杂的原因。读者可以在表 3.1 中看到对众议院和参议院选举制度之间主要差异的一个总结。

**表 3.1：众议院和参议院比较**

| | 众议院 | 参议院 |
| --- | --- | --- |
| 议　院 | 下院 | 上院 |
| 颜　色 | 绿色 | 红色 |
| 成员数量 | 150 人 | 76 人 |
| 投票方式 | 偏好 | 比例 |
| 当选基准 | 多数 | 配额 |
| 成员代表 | 选区 | 州 |
| 组　成 | 由工党和自由党主导(多数制) | 平衡小党和独立人士的权力 |

1. 分批的选举

在一次联邦选举过程中，只有一半的参议员被替换。在下一次联邦选举中，另一半将被替换。这种分批选举意味着参议员的任期为六年。因此，尽管政府和首相每三年可能更换一次，参议院却更加稳定。 52

唯一的例外是**双重解散**重选。如果参议院一再拒绝通过在下院已经通过的法案，那么这种情况就会发生。双重解散是一种特殊程序，旨在打破立法无法在联邦议会通过的僵局。这种程序是必要的，因为一个不能确保立法在议会获得通过的政府无法有效地统治澳大利亚人民。

**双重解散：**议会两院均被解散的特别选举程序

双重解散的程序载于《澳大利亚宪法》第 57 条。如果参议院拒绝通过下院已经批准的法案，三个月后同一法案又被下院批准却再次被参议院否决(换言之，参议院在三个月的“冷却”期后再次拒绝同一法案)，那么双重解散就可以启动。如果发生这种情况，那么首相可以要求总督**解散**议会两院。这意 53
味着参众两院(包括整个参议院)都会被解散，新的议会组成由澳大利亚人民投票表决。这是唯一一种在联邦选举中参议院成员被全部替换的情况。

**解散：**解散议会的一整个议院，并对其成员进行重新选举双重解散很少发生：在澳大利亚历史上只有七次。最近的一次是在2016年，在参议院否决了两项有关建筑业就业条件和问责制的法案后，总理马尔科姆·特恩布尔（Malcolm Turnbull）启动了这一程序。这是自1987年以来，近三十年来首次使用该程序。如果在双重解散后仍然陷入僵局，那么总督可以要求议会两院举行联合会议。这种情况也非常罕见，只在1974年发生过一次。

2. 比例投票制

参议院议员选举依靠的是一种不同的投票制度，称为**比例投票**。在比例投票制中，候选人的当选取决于他们是否获得了所需的**配额**票数（百分比或比例），而不是50%的多数票。确切的配额取决于选民人数和需要选出的参议员人数，但通常在14.3%左右。

**比例投票：**参议院议员选举时使用的投票制度，候选人获得达到配额的票数比例即可当选

**配额：**确定的票数百分比

候选人仅需获得较小比例的投票就可以被选入参议院，是因为候选人是代表各个州和地区当选的。在每一次联邦选举中，昆士兰州人民投票选出他们州的六个人，新南威尔士州人民投票选出他们州的六个人，以此类推（记住，每次只有一半的参议院成员重新选举）。这些席位由不同的政党按照得票比例分配。

与偏好投票一样，投票给参议院议员也需要选民按偏好顺序对候选人进行编号。根据对选民第一偏好（每个人的第一位偏好）的计算达到所
54 需配额的候选人将自动当选。随后计算剩余的偏好，直到选出所有此次应当选数量的议员。读者可以在下文中阅读到更多关于如何填写参议院选票的信息。

参议院选举的偏好分配在数学上比偏好投票更为复杂，因为它涉及从任何已经获得超过配额票数的候选人那里以减少的价值转移剩余选票

的问题。

例如，假设一位名叫亚历克斯(Alex)的候选人在一个州获得30%的选票，但她只需要14%的选票就可以达到配额并赢得一个席位。在这种情况下，16%的选票就是多余的，对于她当选来说毫无必要。如果将这些选票计算给亚历克斯，那就白白浪费了。为了避免这种情况发生，这16%的选票应当根据选民的偏好分配给其他候选人。

但是有一个问题：我们如何决定投给亚历克斯的哪些选票让她当选，哪些是额外的呢？解决办法是把亚历克斯的所有选票都转移到其他候选人身上，但这些选票的价值要按比例降低。这种**转移价值**实质上是多出来的选票与总票数的比率。

**转移价值**：当超过配额的选票被重新分配给其他候选人时，选票经缩减后的价值

比例投票十分复杂，如果读者不完全理解这一点，那也没关系。如果读者想了解更多有关比例投票和配额的内容，请访问澳大利亚选举委员会(2017年)和澳大利亚科学院(2016年)的网站。

需要记住的重点是，比例投票为**小党**(除工党和自由党以外的政党)和**独立人士**(不属于任何政党的人士)赢得议会席位提供了更大的机会。这是因为候选人只需要获得比 55
50%多数小得多的配额就可以当选。如下文所述，这一程序旨在确保参议院能够代表多种选民利益，而不仅仅是两大政党的利益。

**小党**：除工党和自由党以外的政党

**独立人士**：非政党成员的民选代表

3. 参议院议员选举的投票程序

参议院议员选举要为每个州和地区选举多个候选人，这意味着参议院的选票在尺寸上要大得多，也要复杂得多。具体而言，它有一条水平分界线：界线上方是政党名单，界线下方是更长的候选人名单。读者可以在图3.2中看到参议院选票的样本。

参议院议员选票
州—选举 6 名参议员

| | | | | | | | |
|---|---|---|---|---|---|---|---|
| 您可以下列两种方式中的一种进行投票<br>要么：<br>在分界线之上<br>按照您选择的顺序对其中至少 6 个框进行编号（第一位选择填写 1） | A<br>党徽<br>□<br>a 党 | B<br>党徽<br>□<br>b 党 | C<br>党徽<br>党徽<br>□<br>c /d 党 | D<br>党徽<br>□<br>e 党 | E<br>党徽<br>□<br>f 党 | G<br>□ | |
| 要么：<br>在分界线之下<br>按照您选择的顺序对其中至少 12 个框进行编号（第一位选择填写 1） | a 党<br>□姓名<br>a 党<br>□姓名<br>a 党 | b 党<br>□姓名<br>b 党<br>□姓名<br>b 党<br>□姓名<br>b 党 | c/d 党<br>□姓名<br>c 党<br>□姓名<br>d 党 | e 党<br>□姓名<br>e 党<br>□姓名<br>e 党 | f 党<br>□姓名<br>f 党<br>□姓名<br>f 党<br>□姓名<br>f 党 | □姓名<br>□姓名 | 无党派<br>□姓名<br>独立人士 |

来源：©澳大利亚联邦，2017 年

**图 3.2：参议院议员选票实例**

直到 2013 年，还存在着两种截然不同的投票方式：简单方式和困难方式。简单方式就是**在分界线之上**进行投票，即在选民支持的政党前面填入数字 1，而
56 不填写表格的其余部分。困难方式是**在分界线之下**进行投票，即按偏好顺序对每一位候选人进行编号。考虑到参议院的议员候选人名单可能超过一米长，有 100 多名候选人（其中许多候选人不为选民所知），使用后面这种投票方式投票无疑是一项艰巨的任务。

**在分界线之上**：用于描述选民在投票选举参议院议员时，表明自己对政党的偏好的短语

**在分界线之下**：用于描述选民在投票选举参议院议员时，表明自己对候选人的偏好的短语

在分界线之上进行投票使选民不需要做额外的工作，但这种投票方式有一个隐藏的问题，即如果选民在一个政党旁边的方框里填入 1，那么他实际上是在填写表格的其余部分。可是这一过程只有根据政党在幕后

谈判达成的**偏好交易**才能完成。偏好交易是获得第一位偏好的政党同意将该选民的剩余偏好分配给其他政党的协议。换句话说，政党可以决定选民的偏好如何分配。

> **偏好交易：**政党之间通过谈判达成的协议，以分配除选民第一位偏好之外的其他偏好

例如，如果一个选民在工党旁边的方框里填入 1，那么他就把剩余的偏好（2、3 等）分配给了绿党和其他政党，即便他本人甚至可能并不知情。有明确倾向的选民可能会发现各个政党就分配他们的偏好达成了何种交易，但是这需要在澳大利亚选举委员会网站上查阅复杂的表格。大多数选民仍然不知道他们的偏好是如何被分配的（甚至不知道他们的偏好已经被分配）。

偏好交易对于相对不知名的候选人来说是有价值的，如果他们能让一个更受欢迎的政党给他们分配选民偏好的话。这一策略曾在 2013 年的联邦选举中引发了巨大争议，当时有几名独立候选人在获得极小比例的选民第一位偏好后当选。这些候选人被批评缺乏从政经验，而且几乎不了解国家所面临的重大问题。尽管如此，他们还是能够通过从其他更受欢迎的政党处获得偏好投票而达到配额数。 57

其中一名独立人士是代表澳大利亚汽车爱好者党的里奇·缪尔（Ricky Muir）。缪尔在获得 0.51%的选民第一位偏好投票后当选。在一次电视采访中，缪尔显然感到很困惑，尽管他在参议院中处于举足轻重的位置（决定性票之一），但他对气候变化或移民等重要问题一无所知。

参议院选举投票程序在 2016 年大选之前进行了变更，以阻止这种情况再次发生[托马森（Thomsen），2016 年]。我们仍然“在分界线之上”或“在分界线之下”进行投票，但现在这两种选择没有太大区别。选民可以“在分界线之上”投票，即根据个人偏好给 6 个政党编号。选民也可以“在分界线之下”投票，即给至少 12 名候选人（而不是所有候选人）编号。

现在的这种程序降低了“全有或全无”投票方式的风险。原先的投票

方式意味着，选民必须在分界线上方填入一个数字（并由他人决定自己的剩余偏好如何分配）和在填写整个表格之间做出选择。新的程序也减轻了那些想在分界线之下投票的选民的负担，因为他们只需要选出 12 名候选人。不过，这一改进后的制度并不完美：各政党仍然会达成分配选民剩余偏好的交易，候选人仅获得一小部分选民第一位偏好但赢得参议院席位的可能性仍然存在。

### 4. 参议院议员选举方式的益处

比例投票和分批选举使得参议院议员的选举投票制度非常复杂。不过，这一切都有着非常重要的作用。

由于参议院的选举周期和投票制度与众议院不同，同一政党在议会两院均获得多数席位的情况非常少见。这意味着参议院对政府权力起着
58 重要的制约作用。还记得第一章中讨论过的立法程序吗？一项议案需经议会两院以各自多数票通过才可能成为法律。如果在参议院拥有多数席位的政党和在众议院中拥有多数席位的政党不同，那么新的立法提案不会自动获得上院批准。这是澳大利亚政治制度的一个重要特点，有助于维护政府责任制。

一个政府在议会两院都拥有多数席位的罕见情况下，其基本上可以批准自己提出的每一项议案，无需获得其他党派的支持。2004 年至 2007 年间，霍华德（Howard）政府就出现了这种情况。在此期间，政府颁布了一些有争议的法律，包括工作选择立法——该立法使得雇主更容易解雇他们的工人——以及许多新的反恐法律（有关澳大利亚反恐法律的更多内容，参见第十二章）。

更常见的是，参议院是否通过立法取决于政府、反对党、小党和独立人士之间艰难的谈判和妥协过程，尤其是在小党和独立人士占据着**举足轻重的位置**的情况下。这意味着决定性的投票是由小党和独

> **举足轻重的位置：**议会一院（通常是参议院）中的决定性投票

立人士共同掌控的，因为两大党都没有赢得多数席位。当举足轻重的位置由小党和独立人士占据时，就会使得更多不同的声音影响法律的制定。不过，这也使得制定法律的过程更加复杂，而且它赋予小党和独立人士的权力大小与其从民众手中获得的选票不成比例。

## 二、政党

几乎所有的议会议员都是某个政党的成员。政党是一个具有一套特定思想和信念的组织，它将自己的成员推选为议会成员。一些议会议员 59
是独立的，这意味着他们是作为个人而不是政党的代表。

澳大利亚两个主要政党是**自由党**和**工党**。要了解这些政党和其他政党的理念，以及他们内部的不同派别，了解“左翼”或“右翼”的含义是很有帮助的。这是一个过于简单的区分，但**左翼**通常意味着一个人更加激进，而**右翼**通常意味着一个人更加传统和保守。**激进**或**保守**是关于一个人愿意在短时间内接受多少社会或经济变化的说法。持左翼观点的人倾向促进平等、人权，以及少数民族和弱势群体的利益，即使这会损害经济的发展，而持右翼观点的人则倾向于强调调控好经济、保护我们的民族同一性和维护传统家庭价值观的重要性。

**自由党**：中右翼政党，澳大利亚两大政党之一

**工党**：中左翼政党，澳大利亚两大政党之一

**左翼**：持有更激进的政治观点

**右翼**：持有更传统和保守的政治观点

**激进**：愿意接受重大的社会或经济变化

**保守**：不愿意接受重大的社会或经济变化

这些都是粗略的区别，因为人们会在一系列问题上持有不同的观点，不过读者可能会认识一些朋友或议员，他们属于上述描述中的某一种。移民是一个容易引发激烈争论的领域。我们应当通过欢迎难民入境来保

护难民的权利（左翼），还是应当通过限制移民来保护我们的民族同一性
60 （右翼）？这是一个对非常复杂问题的过于简单的描述。不过其目的仅仅在于向读者展示，在政府应该接受变革还是维持现状这一问题上，不同的人的政治观点可能会有很大分歧。

处于“中间”（也被称为**中间派**）意味着一个人倾向持有在左翼和右翼极端之间相对居中的立场。他们在某些问题上可能持有左翼观点，在其他问题上可能持有右翼观点，通常会经过深思熟虑后在这两个立场之间达成妥协。

> **中间派**：在左翼和右翼政治观点之间的人

下文介绍澳大利亚的主要政党。由于这些政党有着不同的信念和价值观，议会及其制定的法律看起来可能会非常不同，这取决于哪个政党在选举时被投票选出。

（一）工党

工党是澳大利亚的两大政党之一。它通常被认为是中左翼政党，这意味着它的观点一般是左翼的，但也相当温和。也可以说，该党有一些持有相当强烈左翼观点的党员，而另一些党员则是中间派，此外还有一个被认为是“右派”的更为保守的派系。

**派系**是政党内部的一个半组织化团体，其成员倾向一起制定策略并投票，因为他们对该政党应当如何促进其规划和目标的实现有着共同的看法。两大政党内部派系的存在，意味着很难将它们简单地归类为“左翼”或“右翼”。在移民和反恐等重大问题上，主要政党的观点越来越一致，这使得这种区分更加无益。不
61 过，这些概念有助于我们了解在何种情况下两大政党的观点会有所不同，以及它们内部的不同派系。

> **派系**：一个政党内部的半组织化团体，其成员倾向一起制定策略并投票，因为他们的想法是一致的

工党是澳大利亚历史最悠久的政党。它成立于 1901 年第一届联邦

议会期间，当时殖民地的几个工党联合起来组成了一个联邦工党（Labor Party）。[1]各殖民地的工党成立于19世纪90年代，在澳大利亚早期为保障工人的权利而参与竞选。这一传统一直延续到今天，工党与工会运动保持着密切联系。

除了支持保障工人的权利外，工党通常还以支持增加卫生和教育经费为由参与竞选。该党旨在通过“让城市的高层人士支付他们应予支付的份额”（澳大利亚工党，2019年）将自己与自由党区别开来，后者在传统上支持企业多于支持工人。

工党任期最长的总理是鲍勃·霍克（Bob Hawke），他在1983年到1991年间担任这一职位。最著名的领导人之一是高夫·惠特兰（Gough Whitlam），他在1972年至1975年间担任总理，曾被总督约翰·克尔爵士（Sir John Kerr）解雇——这一事件尽人皆知。

2010年，工党总理陆克文（Kevin Rudd）在朱莉娅·吉拉德（Julia Gillard）成功挑战该党的领导权后被罢免总理职务。2013年，陆克文再次挑战吉拉德的领导权并夺回了总理职位，但随后在联邦选举中败给了托尼·阿博特（Tony Abbott）的自由党。

这些“陆克文—吉拉德—陆克文”的岁月提醒人们，澳大利亚公众在
选举时给一个政党而不是一个候选人（如在美国总统选举中）投票。总理
不过是赢得下院多数席位的政党的领导人。该党的领导人可以改变，即 62
使改变时此人正担任总理。

历史上，对党内领导权的挑战（被媒体称为**党内改选**）是由该党内的党员多数票决定的。近年来，工党和自由党都对此设置了额

**党内改选**：举行投票程序竞争一个政党内部的领导权

① 1912年，受美国劳工运动的影响，工党的拼写改为美式拼写。
澳大利亚英文拼写习惯应为Labour，Labor是美式拼写。——译注

外的障碍，以减少再次发生类似领导层变动的可能。

### （二）自由党

自由党是澳大利亚的另一个主要政党。它成立于1944年，尽管其根源可以追溯到早期澳大利亚议会中的反工党团体。任期最长的两位自由党总理是罗伯特·门齐斯爵士（Sir Robert Menzies，1939—1941，1949—1966）和约翰·霍华德（John Howard，1996—2007）。2018年，自由党领导人马尔科姆·特恩布尔（Malcolm Turnbull）在党内改选后被免去总理职务。

自由党通常被认为是中右翼政党，这意味着它的一些成员更加倾向右翼观点，而另一些则更加倾向中间路线。该党的理念通常被描述为社会保守主义和经济自由主义的结合。这意味着，该政党更倾向支持传统价值观和制度以及自由经济市场。

一些自由党议员认为自己与支持言论自由等个人权利的古典自由主义传统更加紧密地结合在一起（读者可以在第四章中阅读更多关于自由主义哲学的内容）。这造成了党员、派系和领导人之间关系紧张，即该党是更自由还是更保守。

自由党有支持企业的传统，与澳大利亚的其他政党一样，许多大企业
63 是该党的捐助者。该党倾向**小型政府**，即主张政府应尽量少地干预公民生活的理念。理论上，这意味着更少的税收、更少的官僚主义作风和更激烈的经济竞争。

> **小型政府：**政府应当对商业和公民的生活进行最小限度干预的理念

自由党在反恐和边境保护问题上的态度非常强硬。霍华德政府在2002年至2007年间出台了大多数在澳大利亚颇有争议的反恐法律。该党最近的移民政策以“主权边界行动”（Operation Sovereign Borders）为主导，这是一项旨在阻止人口走私的安全行动，其口号是“阻止船只”（澳

大利亚自由党,2018 年)。

（三）民族党

当我们提到“自由党政府”时,通常是指自由党和**民族党**的联盟。**联盟**是两个或两个以上政党决定在议会中共同投票的同盟。这意味着,他们的席位可以在选举时计算在一起,以增加两党的人数。

> **民族党:**中右翼政党,通常和自由党组成联盟

> **联盟:**政党之间形成的、在议会中共同投票的同盟

自由党和民族党之间的联盟非常强大,我们经常只提到“联盟”,意思就是两个政党的联合。当联盟在下院拥有多数席位时,自由党的领导人是总理,民族党的领导人是副总理。

自由党和民族党一起投票是因为他们都是政治派别中的中右翼,但他们在竞选时有着截然不同的选民基础和偏好。 64

1920 年,民族党变成澳大利亚国家党,并继续为农村和地方社区的权利参与竞选。该党主张加强区域经济,包括为澳大利亚农民提供支持、推动大都市以外的就业和经济发展等。

（四）绿党

与工党和自由—民族党联盟相比,澳大利亚绿党(通常称为**绿党**)被认为是一个“小党”,因为他们的成员较少,在议会中赢得的席位也少得多。不过,由于民众对两大政党日益不满,绿党在澳大利亚政治中的地位日益重要。在 2016 年的联邦选举中,绿党赢得了下院 1 个席位和参议院 9 个席位。

> **绿党:**一个具有影响力的小党,主张保护环境

绿党成立于 1992 年,当时是由许多不同的“绿色”团体在联邦层面联合起来形成的。**绿色政治**是指通常支持环境保护、使用可再生能源、动物权利、非暴力和社会正义的团体。澳大利亚绿党的第一位联

> **绿色政治:**通常支持环境保护、可再生能源、动物权利、非暴力和社会正义的政治观点的团体

邦领导人是医生鲍勃·布朗(Bob Brown)。布朗领导了澳大利亚最重要的环保运动之一,即反对修建会淹没塔斯马尼亚州的富兰克林河大坝。

（五）小党和独立人士

除了工党和自由党、民族党和绿党,许多其他小党和独立候选人也在联邦选举中争夺席位。这有助于议会中的意见和投票利益的多样性。然
65 而,小党和独立人士可能有着相当具体的、有时是有争议的目标。如果小党和独立人士在参议院占据着举足轻重的位置,这可能会使法律制定的协商过程变得更加复杂。

保林·汉森(Pauline Hanson)领导的单一民族党是一个强烈反对移民的右翼政党。该党成立于 1997 年,在脱离政坛很长一段时间后,汉森的领导使得该党在 2016 年的选举中赢得了 4 个参议院席位。2017 年,汉森在联邦参议院会议时身着伊斯兰罩袍引发了巨大争议。

在 2013 年的联邦选举中,亿万富翁矿业大亨克莱夫·帕尔默(Clive Palmer)为帕尔默联合党(PUP)赢得了下院的 1 个席位和参议院的 3 个席位。其中两名参议员很快从该党辞职,成为独立人士,该党也因此解散。

其他独立人士则更倾向中间路线,有些人可能会在议会任职很长时间。安德鲁·威尔基(Andrew Wilkie)自 2010 年起就开始作为丹尼森选区(Denison)(霍巴特附近)的代表议员。威尔基曾经是一名反对伊拉克战争的情报**告密者**。他一直在争取增加医院资金,支持同性婚姻的法律改革,并推动解决赌博问题的扑克机改革。

**告密者:**揭露实施了不法行为的政府或其他组织的成员

## 三、行政机关

**行政机关:**在实践中执行(使用)法律的政府部门,包括女王、总督、总理、部长和政府部门

在议会中影响力最大的群体不是政党,而是政党的一部分。**行政机关**是指在下院占

据多数席位的政党的高级成员。这些成员包括总理（该党领导人）和其他政府高级成员，也就是**部长**。部长由总督根据总理的建议任命，负责政府在不同问题领域的政 66
策。这些问题领域被称为**职务**（portfolio）。

> **部长：**政府的高级成员，负责一个特殊的政策领域

> **职务：**被交给部长负责的政府政策领域

主要的部长包括财政部长（负责澳大利亚的预算和财政）、总检察长（负责法律和司法）、外交部长（负责澳大利亚与其他国家的关系），以及国防部长、教育部长、卫生部长和环境部长。

所有这些高级部长被统称为**内阁**。内阁经常开会，以确定政府在不同问题上的立场。**集体责任**原则意味着，所有内阁部长必须公开支持整个团体已经达成一致的立场，即使他们个人不同意。因此，内阁内部的讨论是严格保密的。此外，还有一些负责不那么重要领域的部长，这些人不是内阁的成员。

> **内阁：**负责国防、财政和教育等重要事务的高级部长会议

> **集体责任：**规定内阁成员必须公开支持整个内阁达成的政策立场的原则

内阁部长们对提交给议会的法律有着巨大的影响力。通常是内阁部长提出属于各自政策领域（如国防、卫生或教育）的议案。这意味着澳大利亚的法律基本上是历届内阁的政治规划（无论是新的刑法、改善残疾人的权利、支持同性婚姻，还是任何其他领域的法律）。这就是为什么在联邦选举中政府更替是一件大事的主要原因。

严格来说，行政机关是一个比内阁宽泛得多的概念。它指的是在实践中“执行”（使用）立法的整个政府部门（读者可以在第四章中了解到更多
相关内容）。政府的行政部门上至总督和女王，下 67
至在政府部门（即公共服务部门）工作的每一名雇员。读者可以在图 3.3 中看到组成行政机关的人

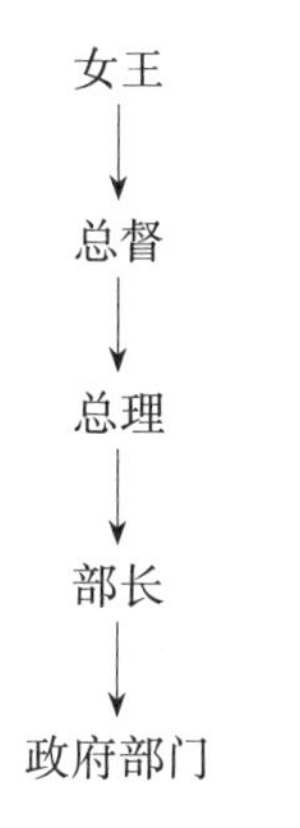


**图 3.3：政府的行政分支**

员列表。

然而，实际上，对澳大利亚颁布的法律影响最大的是内阁。总督（作为女王的代表）在签署立法方面基本上仅起象征性的作用。公共服务部门对法律的颁布没有直接影响，仅在实践中运用法律。

### 四、选举投票很重要

我们在选举时通过投票做出的民主选择非常重要。它之所以重要，是因为执政的政党会确定制定新法律、修订现有法律和废除法律的规划。它之所以重要，是因为在参议院拥有多数席位的政党与众议院不同，参议院对政府权力起着关键的制约作用。

在选举之后，读者可以通过向议会委员会提交针对该委员会询问撰写的报告或写信给当地的议员来影响立法进程。联邦议会的许多立法可能不会直接影响到读者，但一旦有所影响，读者有权发言。例如，澳大利
68 亚的元数据法律提出了一个重要问题，即在何种情况下政府机构能够从电信运营商（如 Telstra 和 Optus①）处获取涉及我们电话和短信的数据。读者可以在第十二章中阅读到更多关于这些法律的内容。

## 第二节　媒体

要充分了解立法、议会和政治，还必须考虑媒体在澳大利亚社会中的作用。**媒体**是指向公众传播信息的广播和出版公司群体。我们越来越多地通过互联网和社交媒体平台（如推特和脸书）接触媒体。

> **媒体：**向公众传播信息的广播和出版公司群体

① Telstra 和 Optus 是澳大利亚两大电信运营商。——译注

我们通过大型媒体公司了解澳大利亚和世界各地的大多数公共活动。在澳大利亚，主要的媒体公司包括澳大利亚广播公司（ABC）、特别广播服务公司（SBS）、天空新闻，以及费尔法克斯媒体和新闻集团旗下的许多不同的报纸。这些公司经常对澳大利亚的政治活动进行报道，包括法律可能的修改。这就是我们对政府工作的理解的通常来源。

重要的是，媒体也有着影响公众对政府行为看法的巨大能力。这一点在选举期间尤为重要，因为在选举期间，公众舆论可以直接影响议会的组成。

鉴于二者之间的相互作用，政府和媒体有着密切但往往紧张的关系。政府依靠媒体向公众介绍其建议和政策。为此，议会大厦有一个**记者席**，有 250 多名记者、编辑、摄像师和其他媒体工作人员在此工作（联邦议会记者席，2019 年）。然而，媒体不仅仅是政府的喉舌。媒体 69
在选择报道内容和报道方式拥有最终决定权。

> **记者席**：在议会大厦工作的 250 多名记者和其他媒体工作人员

媒体在让政府为自己所做的错事负责方面也起着至关重要的作用。澳大利亚广播公司（ABC）作为国家层面的广播公司，尤其如此。1983 年的《澳大利亚广播公司法》（联邦）第 6 条规定了该广播公司的章程。章程指出，澳大利亚广播公司的职能是提供独立于政府的高标准新闻。澳大利亚广播公司也有责任播出具有教育性的节目，反映我们的文化多样性，并促进海外对澳大利亚的认识。

澳大利亚广播公司和其他媒体公司通过采访政府高级官员，询问他们对法律和政策提出的修改建议，并追究政府的责任。特别是，澳大利亚广播公司（ABC）播出了一些重要的涉及公共事务的节目，例如“问与答”（Q&A）。这是一个电视论坛，在其中公众可以直接向议员提问。问与答节目的功能就像一个“人民议会”。

基于这一角色，澳大利亚广播公司经常被指责为对政府持有偏见，尤其是对自由党持有偏见。2015 年,前总理托尼·阿博特(Tony Abbott)称问答节目是“滥用私刑的左翼暴徒”[格里菲斯(Griffiths),2015 年]。他认为,该节目的目的主要是拷问自由党议员,让他们在广播中难堪。阿博特和特恩布尔政府对澳大利亚广播公司资助的削减,使得自由党和国家广播公司之间一直存在冲突。

在政治谱系的另一面,新闻集团也经常被指责为偏爱自由党,而对工党持有偏见。新闻集团是一家与默多克(Murdoch)家族有联系的大型媒体公司。它拥有和经营着天空新闻、《澳大利亚人》《每日电讯报》《信使邮
70 件》和许多其他报纸和杂志。在 2013 年联邦选举之前,新闻集团在头版头条刊登了“把这群暴徒赶出去”的标语,敦促澳大利亚人在即将到来的选举中投票反对工党。

在这种媒体环境下,有两点至关重要。第一,媒体公司是自由的,独立于政府。新闻自由被联合国视为健康、有效民主的一项核心内容(人权事务委员会,2011 年)。这需要由政府资助和支持,但是立场独立的国家媒体公司持续发挥作用。

第二,我们必须能够从各种来源获取信息,这样才能够实现观点和意见的平衡。任何一家公司都不应当在媒体界占有太大份额,否则舆论可能会受到太大的影响。

澳大利亚颁布了一些重要的法律,以规制大型公司对媒体的掌控,但这些法律的作用最近被削弱了。在近期对这些法律进行修改之后,费尔法克斯传媒公司(旗下拥有《悉尼先驱晨报》《时代》和其他主要报纸)被第九频道(一家免费的商业电视网)收购。这关系到澳大利亚的新闻自由和媒体报道质量,因为这一改变意味着,更多的广告和其他商业需求将减少用于严格调查性新闻的时间和资金。

最后,社交媒体已经成为政治和选举的一个核心方面。现在大多数政客都有一个推特账户或脸书主页,通过这些账户可以有效地与民众沟

通，尤其是在选举期间。这方面的一个重要例子是美国前总统奥巴马 2008 年的竞选活动，此次活动非常依赖社交媒体。现在，奥巴马在推特上仍有 1 亿多粉丝。最近，唐纳德·特朗普(Donald Trump)当选美国总统引发争议的原因有两个：对于特朗普左右舆论的情况，脸书数据可能产生了一定的影响，且据称俄罗斯通过使用分裂性内容“欺负”脸书。考虑 71
到许多选举结果都是由所有选票中很小比例的选票决定的，社交媒体可能在决定谁将是我们下一任政治领导人方面发挥重要作用。

## 本章要点

- 议会两院的席位均由政党成员占据，他们在选举过程中被投票选出。参议院采用和众议院不同的投票制度，称为比例投票，该制度为小党和独立人士当选提供了更大的机会。
- 部长是政府的高级成员，负责国防、卫生和教育等不同的政策领域。部长是政府行政机关的一部分，他们对制定哪些法律具有重大影响力。
- 媒体在报道政府活动和追究议员责任方面起着至关重要的作用。澳大利亚的媒体公司经常被指责存在偏见，这佐证了新闻自由和媒体所有权多元化的必要性。

## 讨论题

1. 你认为自己持有左派观点还是右派观点？你的朋友和家人呢？

2. 你认为小党和独立人士应当在参议院中占据举足轻重的位置(决定性的投票)吗？

3. 为何说参议院是政府权力的重要制约力量？

4. 政府的行政分支是什么？为什么它对澳大利亚的法律制定很重要？

5. 你可以在推特和脸书上找到哪些澳大利亚议员？他们有多少粉丝？与美国总统和英国首相等海外政治领导人相比，他们的个人履历
72 如何？

# 第二部分

# 权利、理论和历史

# 第四章 基本原则

在本章中，读者将了解到：

- 自由主义
- 民主
- 联邦制
- 权力分离
- 法治 75

澳大利亚的法律和政府体系建立在许多重要原则之上。在这一章中，我们将考察其中的五个：自由主义、民主、联邦制、权力分离和法治。这些都是决定澳大利亚法律制度设计的重要指导理念。

这并不意味着法律制度总能成功地维护这些理念。我们应当通过询问澳大利亚的法律体系是否符合这些基本原则来批判性地思考法律。

## 第一节 自由主义

**自由民主**：自由主义与民主相结合的政府制度

澳大利亚是一个**自由民主**国家。这意味着它是一个建立在自由主义原则基础上的民主国家。

**自由主义**是一种强调个人应当免受政府干涉的政治哲学。它植根于 17 世纪英国和法国的哲学理论，在一个被称为启蒙时代的历史时期。**启蒙时代**是继中世纪和文艺复兴之后的时期。在这个时期，宗教思想转向了理性和科学。人们开始日益关注自由、宪制和政教分离理念。

> **自由主义：**强调个人免受国家干涉的政治思想体系

> **启蒙时代：**中世纪和文艺复兴之后的历史时期，人们从宗教思维转向科学理性思维

在 1689 年撰写《政府论》的英国哲学家约翰·洛克(John Locke)，被认为是自由主义的奠基者之一。其他著名的自由主义哲学家包括让-雅克·卢梭(Jean-Jacques Rousseau，他于 1762 年出版了《社会契约论》一书)和约翰·斯图尔特·密尔(John Stuart Mill，他于 1859 年出版了《论自由》一书)。

自由主义哲学家认为，个人拥有重要的权利和自由，如私有财产、自
76 由和言论自由，这些权利和自由应当受到保护，免受**国家**的干涉("国家"是政治哲学中用来指代政府的词语)。他们认为，国家对私人生活的影响应该受到法律的限制，人们应当可以随心所欲地行事，除非他们的行为会伤害他人。这被称为**伤害原则**(密尔，1859 年)，是刑法的一个基础性关键理念。刑法规定了我们不能实施的行为，但除此之外，我们可以自由地做任何令我们高兴的事情。

> **国家：**政治哲学中用来指代政府的词语

> **伤害原则：**只有在行为给他人造成伤害的时候法律才应当予以禁止的理念

卢梭(1762)通过**社会契约**的理念解释这些权利和自由的来源。社会契约是一个假想的协议，是我们这些生活在政府统治之下的

> **社会契约：**假想的协议，是我们这些生活在政府统治之下的公民之间达成的

公民之间达成的。我们不是生活在**无政府状态**（卢梭称之为**自然状态**的无序冲突状态）中，而是同意在一个**主权者**之下共同生活。主权者指有权统治所有公民的政府。这样一种契约中必然有交易存在：我们失去了在同意遵守国家法律的情况下做任何我们想做的事情的权利。不过，作为回报，我们得到主权者的保护，使我们免受他人可能对我们造成的伤害。作为这项契约的一部分，主权者也同意不干涉我们的核心权利和自由，除非我们试图伤害他人。我们通过社会契约获得的个人权利和自由包括自由、隐私和言论自由，通常被称为**公民自由**。 77

> **无政府状态：**无序冲突状态

> **自然状态：**卢梭所用的术语，用来描述我们生活在政府统治之下之前的无政府状态

> **主权者：**有权控制所有公民的政府

> **公民自由：**作为生活在政府统治之下的公民，我们获得的个人权利和自由

这些自由主义原则被载入重要的历史文献。1789 年法国大革命期间，法国议会的前身①发表了《人权和公民权宣言》。《人权和公民权宣言》提到了“人和公民”的自然权利和“神圣权利”，包括“自由、财产、安全和抵抗压迫”（美国律师协会，2011 年）。《人权和公民权宣言》强调言论自由的重要性，声称“思想和观点的自由交流是最宝贵的权利之一”（美国律师协会，2011 年）。

在大多数现代民主国家，个人权利在宪法中得到正式保护——宪法是一个国家的基础性法律文件。不过，《澳大利亚宪法》并不保护自由、隐私、言论自由或其他重要的个人权利（有关澳大利亚人权保护的更多内容，参见第六章）。

当一个政府在议会提出新的法律案时，人们经常会争论这些法律案是否会损害我们的公民自由。这些争论均立基于 17 世纪的自由主义哲

① 即法国立法会议，Assemblée législative。——译注

学。它们常常涉及一些棘手的问题，即应当如何对不同的权利进行权衡。例如，为了保护飞机和体育场馆免受恐怖袭击，所有持票人都要接受安全检查。这些检查越来越具有侵犯性，如在机场进行的全身扫描。此类检查限制了我们的隐私权，但是维护了我们的安全。在为了防止再次遭到恐怖袭击而愿意放弃多少隐私权利的问题上，许多人意见不一。在这些权利之间取得适当的平衡仍然是我们面临的一项持续不断的挑战。

## 第二节　民主

民主制度是政府由人民选举产生的制度。民主起源于古代世界，尤
78 其是公元前5世纪的雅典。民主制度的理念是人民统治政府，而不是政府统治人民。在《社会契约论》中，卢梭（1762）谈到了统治的权力为何是我们人民与生俱来所享有的：我们交给主权者的，正是这种权力（“公意”）。政府所依赖的权力最终源自我们所有人，即人民，而不是政府本身。

一个民主政府的行动应当是为了赋予它权力的人民的利益。亚伯拉罕·林肯（Abraham Lincoln）在葛底斯堡演讲中有句名言：民主政府是一个“民有、民治、民享”的政府。这意味着我们是政府权力的源泉，我们投票选出政府执政，政府应当为实现我们的最大利益行事。

民主制度有两个核心特征。第一个特征是选举制度，公众选择一小部分人在议会中代表自己的利益。《澳大利亚宪法》确立了这一制度，要求（第7条和第24条）联邦议会的两院“由人民直接选举产生”。我们在第三章中详细讨论过选举制度。

第二个特征是议会本身。议会是一个代议制论坛：它是议员代表我们讨论新法律和其他重要问题的地方，其中包括关于健康、安全、经济和

其他影响所有澳大利亚人的政府政策。

这是**代议制政府**背后的关键理念，即议会中的议员代表人民作出决定。我们没有时间或专业知识来详细讨论每一个政策问题，而且2 500万澳大利亚人要同时讨论所有问题也是难以实现的，因此只有让我们中的一部分人，即议员，代表我们进行这一活动（假如澳大利亚实行**直接民主**，那 79
么我们对政府作出的每一项决定都有发言权，但实际上这是不可能的）。

> **代议制政府：**一种政府制度，议员由人民选举，并代表人民作出决定

> **直接民主：**一种在很大程度上是假想的政府制度，其中人民参与讨论每一项决定

代议制是一种很好的治国制度，但并不完美。英国前首相温斯顿·丘吉尔（Winston Churchill）有句著名的调侃（很可能是引用其他人的话）——“民主是除了所有其他已经尝试过的政府形式以外的最糟糕的政府形式”（麦靠布里，2017年）。民主的一个问题是，其可能会趋向于**民粹主义**。根据定义，民主国家的决策依靠多数人的选票而作出。这可能有利于大多数人的利益，但会导致对少数群体和弱势群体的保护较少。

> **民粹主义：**有利于大多数人利益和价值观的决定

民主的另一个问题涉及对议会中议员的问责。下院议员任期三年，参议员任期六年。我们在选举时行使民主选择权，但在议员在政府任职期间，我们通常没有什么渠道可以影响他们的行为（比如他们对某部法律的支持或反对）。有许多例子表明，政府会承诺上台后为人民做点什么，但是当选之后却没能做到（凯利和马索拉，2011年；锡尔，2014年）。直到几年后，我们才能投票使其下台。此外，我们可能不同意某项新的法律或政策，但是我们通常无法直接影响议会中的议员。

一个相关的问题是，民主国家中的一些人比其他人有更大的影响力。民主是建立在**平等选举权**的理念基础上的，这意味着无论

> **平等选举权：**每个人都有重要性相同的一个投票权的民主理念

我们是总理、身价亿万的企业家还是普通人，我们都能在投票箱中投上一票。在形式上的确如此，但在现实中，一些团体和组织有更多的机会接触
80 议员，并有更大的能力影响他们在议会中作出的选择。

**游说**是指个人或团体请求一个政党以特定方式制定法律和政策的过程。例如，企业可能希望政府减少税费，或者工会可能希望制定保护工人的新法律。这些团体和政党之间的联系往往建立在前者对竞选活动的大力资助上，这些团体往往期望能够通过资助获得好处（恩格，2016 年）。好处包括与政府高级成员之间的私人会议，以及影响其决策的更多机会（尼古拉斯，2014 年）。从理论上讲，金钱不应当决定人们有多少机会接触议员，但是在实践中这是相当普遍的。

> **游说：**个人或团体请求一个政党以特定方式制定法律和政策的过程

在澳大利亚，工党经常被批评与工会关系过于密切（马基，2016 年），而自由党经常被批评与大企业和金融机构关系过于密切（基恩，2018 年）。此类关系备受争议的原因是，其意味着这些组织会对议会中议员的选择有不恰当的影响，而这些选择本来应当是为了全体澳大利亚人民的利益的。

## 第三节 联邦主义

澳大利亚除了是一个自由民主国家，还是一个联邦制国家。这意味着澳大利亚有两个级别的政府：国家政府和州政府。

在堪培拉的是国家政府，全国还有六个州政府（新南威尔士州、昆士兰州、维多利亚州、南澳州、西澳州和塔斯马尼亚州）。联邦政府通常负责整个国家层面的重要事务，如军事和外交，而各州通常负责卫生、教育、基础设施（道路）和治安。

有两个与各州处于同一“层级”的地区政府（北领地和澳大利亚首都领地）。不过，各州的立法权比领地更大，而且联邦制通常只是指有联邦 81
政府和州政府的政治体制。

联邦制和邦联制不是一回事，尽管它们有关联。**邦联**是新南威尔士州、塔斯马尼亚州和其他地区的殖民地作为州联合起来组成的澳大利亚共同体。邦联成立的时间是1901年1月1日，当时《澳大利亚宪法》生效。《澳大利亚宪法》是澳大利亚的基础性法律文件。它是在19世纪90年代起草的一系列协约（读者可以在下面和第六章读到更多关于宪法的内容）。《澳大利亚宪法》在许多重要方面（例如，建立民主选举制度和规定高等法院的职能）架构了澳大利亚的法律制度。

> **邦联**：在1901年1月1日，各殖民地作为州联合起来组成的澳大利亚共同体

### 一、共享的立法权

**联邦制**是指一个联邦政府与几个地区或州政府共享立法权的政府体系。在澳大利亚，这一点已在《澳大利亚宪法》中正式确立。《澳大利亚宪法》赋予联邦议会一些特定的立法权，同时保留各州的立法权。《澳大利亚宪法》第51条规定，联邦议会只能就一系列具体事项制定法律。其中包括移民、外交和军事等。这些规定被称为**权力清单**（heads of power），联邦议会通过的每一项法律都必须能够归属于这些事项之一。否则的话，司法审查的权力可以推翻该立法（读者可以在第六章中读到更多关于这方面的内容）。 82

> **联邦制**：一个联邦政府与几个地区或州政府共享立法权的政府体系

> **权力清单**：《澳大利亚宪法》第51条中列举联邦议会立法权力的款项

权力清单中的内容相当广泛，读者可以在表4.1中看到其中的一部分。不过，与各州相比，联邦议会的立法权仍然是有限的。这一点非常清

楚，因为第 51 条中规定的权力实际上是**共有权力**，这意味着各州也可以在这些领域制定法律。可是，第 109 条规定，联邦法律比任何涉及同一领域且不一致的州法律更加重要，因此联邦在这些领域享有优先权。

**共有权力：**联邦和州政府都可以行使的立法权

83 **表 4.1:《澳大利亚宪法》第 51 条**

| 1901 年《澳大利亚联邦宪法(帝国)》 |
| --- |
| 第五十一条:联邦议会的立法权<br>根据本宪法，议会有权为联邦的和平、秩序和良好治理制定法律，涉及：<br>(一) 与其他国家的和各州之间的贸易和商业；<br>(二) 税收；但不得对各州或州内的各地区差别对待；<br>……<br>(五) 邮政、电报、电话和其他类似服务；<br>(六) 联邦和涉及几个州的海军和军事防御，以及对执行和维护联邦法律的武装力量的控制；<br>(七) 灯塔、灯船、信标和浮标；<br>(八) 天文和气象观测；<br>(九) 检疫；<br>(十) 在领陆之外、澳大利亚水域内的渔业；<br>(十一) 人口普查和统计；<br>(十二) 货币、铸币和法定货币；<br>……<br>(二十) 在联邦范围内成立的外国公司，以及贸易或金融公司；<br>(二十一) 婚姻；<br>(二十二) 离婚和离婚诉讼；以及与此有关的父母权利、婴儿的抚养权和监护权；<br>(二十三) 残疾津贴和养老津贴；<br>……<br>(二十六) 被认为有必要为其制定特别法律的任何种族的人民；<br>(二十七) 移入移民和移出移民；<br>(二十八) 罪犯的流入；<br>(二十九) 对外事务；<br>……<br>(三十一) 基于某种目的、以正当条件从任何州或个人处获取财产，且这种目的在议会有权制定法律的范围内；<br>(三十二) 为联邦海事和军事目的控制铁路运输。 |

《澳大利亚宪法》第 106—108 条自联邦成立之日起保留了州政府的法律、宪法和立法权。各州宪法是该州议会颁布的普通法律，没有罗列任

何具体的立法权力。相反，各州议会拥有**无限权力**，这意味着它们可以就任何问题制定法律。这一点在英国早期的一系列法院判决中不断得以讨论，并最终得到确认。这一点是**保留权力原则**的一部分，意味着联邦议会拥有特定的立法权，所有其他立法权属于各州。

> **无限权力**：无限制的立法权

> **保留权力原则**：联邦议会应当享有明确的立法权，所有剩余的立法权应当由各州享有的理念

各州的利益在参议院中也受到保护。参议院成员基于各州疆域产生，而不是选区。对于较小的州(如塔斯马尼亚)来说尤其如此，这些州的参议员人数与较大的州(如新南威尔士州)相同，尽管它们的选民明显较少。这一设计是为了鼓励较小的州加入联邦。

## 二、地方政府

澳大利亚还有第三级政府，处于各州之下，即地方政府。传统上，联邦制仅涉及联邦和州政府，尽管地方政府也承担着许多重要工作。**地方政府**负责废物收集、公园和娱乐设施，以及城市规划事宜。尽管《澳大利亚宪法》没有提到地方政府，但是在不同时期，总是有人提议以这种方式正式承认地方政府(米拉格利奥塔，2013 年)。

> **地方政府**：澳大利亚最低层级的政府，负责公共娱乐设施、废物收集和城市规划事宜

图 4.1 简要呈现了澳大利亚的三级政府体系及其基本职责。 84

## 三、澳大利亚联邦政府委员会

澳大利亚联邦体制的另一个重要特殊之处是**澳大利亚联邦政府委员会**(COAG，念“co-ag”)。澳大利亚联邦政府委员会是澳大

> **澳大利亚联邦政府委员会**：澳大利亚三级政府领导人参加的一个定期会议

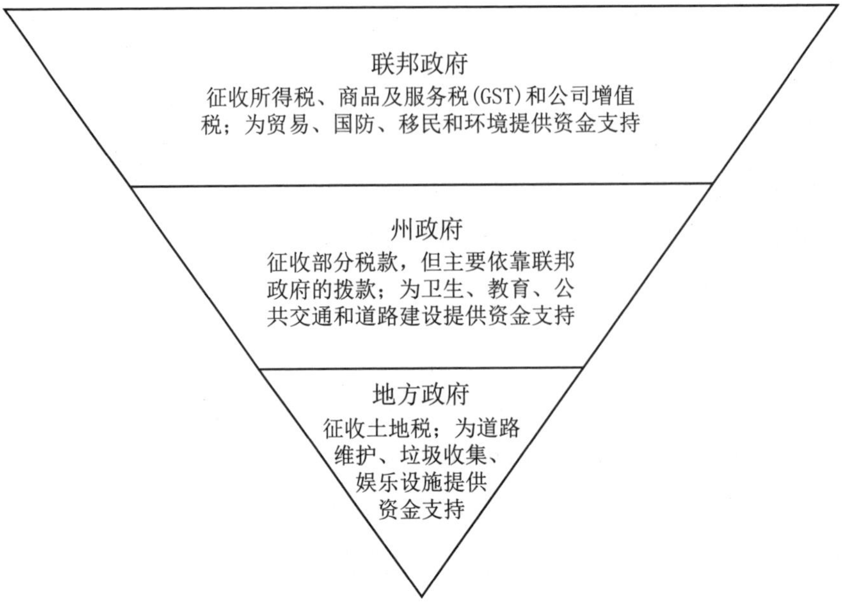

**图 4.1:澳大利亚各级政府**

利亚的“政府间高峰论坛”(澳大利亚联邦政府委员会,2012 年)。这是一个定期会议,由来自澳大利亚三级政府的高级成员开会讨论政策问题。出席会议的人员包括:总理、联邦政府内阁部长、六个州的总理、两个领地的首席部长和澳大利亚地方政府联合会主席。澳大利亚联邦政府委员会讨论整个澳大利亚关注的问题,如恐怖主义、毒品流行和原住民事务。该委员会讨论的其他事项还包括需要联邦政府和各州进行协商的事项,例如通过商品和服务税(GST)获得的财政资金应当如何
85 分配。

### 四、联邦主义的优势和挑战

澳大利亚采取联邦体制的原因有很多(加里根,2001 年)。通过以州的形式联合起来成为国家,殖民地能够集中它们的资源,提高整体安全保障水平(例如,通过拥有一支国家军队)。使澳大利亚成为一个单一的国

家，而不是各自独立的殖民地，也改善了全国的交通运输情况，取消了跨州进口货物的关税。联邦制也促进健康的竞争：如果一个州制定了创新性的新法律，其他州也可以效仿。联邦制给了人们更多的选择：如果某人不喜欢依照维多利亚的法律生活，那么他可以搬到新南威尔士州。联邦制也创造了“双重民主”（加里根，1995 年），因为我们可以同时选举联邦和州两级政府的议员。

不过，澳大利亚的联邦制度也存在许多问题。第一个问题是，保留权力原则并没有以宪法制定者所希望的那种方式发展。各州拥有重要的保留权力应当是共同体建立的核心原则。各州确实在卫生和教育等核心领域负有重大责任，但是随着时间的推移，联邦政府在这些领域以及其他领域获得了更大的影响力。

导致这一现象的一个关键原因是高等法院解释宪法的方式（加里根，2001 年）。尤其是高等法院赋予联邦政府更多的税收权力，这意味着联邦政府在税收上拥有最大份额。在这方面还有许多其他的例子，例如联邦推出学校必须讲授的课程，这在传统上是州政府的责任。

**中央集权**：联邦政府获得更大立法权的过程

联邦政府权力的扩张被称为**中央集权**，因为越来越多的立法权被集中在中央或国家政府。加里根将这种对澳大利亚联邦制的批评总结为：“根据批评者的说 86
法，澳大利亚联邦制经历了一个持续的中央集权过程，几乎不能再称为联邦制了。”这有点夸张，但是联邦政府确实是澳大利亚政治中的主要角色，尽管该制度的最初设计是以各州为首要参与者的。

**协调型联邦制**：在联邦政府和州政府之间明确划分责任的联邦政府体系

还有其他一些概念可以帮助我们理解联邦政府和州政府之间的关系。在所有的关系中，联邦政府和州政府有时可以很好地合作，而在其他时候的合作则不那么顺畅。当两级政府的责任有明确界定时，二者之间就会非常协调，因此，这被称为**协调型联邦制**（弗兰奇，2004

年)。当联邦政府和州政府合作良好,在平等的基础上设计解决法律和政策问题的方案时,这就是所谓的**合作型联邦制**(弗兰奇,2004年)。当中央政府控制州政府并决定其政府规划时,这被称为**强制型联邦制**(金卡德,1990年)。

> **合作型联邦制:**联邦政府和州政府共同决策的联邦政府体系

> **强制型联邦制:**联邦政府控制州政府的联邦政府体系

联邦制的许多问题源于联邦政府拥有大部分资金,而州政府却负担着提供昂贵服务(如维持医院运转和修建道路)等大部分责任。关于这个问题的专业术语是**纵向财政失衡**(VFI)。纵向财政失衡意味着联邦政府(位于州政府之
87 "上")在税收收入中拥有不成比例的份额。根据《澳大利亚宪法》第96条的规定,联邦政府向各州拨款,以便各州能够提供学校和医院等重要公共服务。不过,联邦政府可以对这些补助附加条件,要求各州以某种特定的方式使用这些资金(加里根,2014年)。这是强制型联邦制的一个很好的例子。

> **纵向财政失衡:**公共收入的不平衡状态,联邦政府拥有大部分资金,而各州则无法筹集到足够的资金来提供自己需要提供的服务

当两级政府都试图因已经出现的问题互相指责时,就会出现其他问题。如果没有足够的医院床位,联邦政府会责怪各州没有妥善管理医疗体系。作为回应,各州则会辩称联邦政府没有给它们足够的资金来提供更多的病床(豪尔和温内,2018年)。

联邦制度旨在促进合作与协调,但在实践中并不总是这样。这引发了关于如何改革澳大利亚联邦体制的持续讨论(吉尔迪亚,2016年)。在不同的时期,有的人建议给予各州政府更大的税收份额,有的人则甚至建议完全取消各州政府的建制(哈里斯,2017年)。

## 第四节 分权

澳大利亚的联邦和州两级政府都是按照**权力分离**的原则设计的。这意味着权力在政府的三个分支或部门之间进行分配。这种权力划分是由《澳大利亚宪法》确立的,《澳大利亚宪法》用三章分别规定议会(第一章)、行政机关(第二章)和法院(第三章)。这些章节解释了澳大利亚政府各部门的权力和职能。

> **权力分离:**权力应当在政府的三个部门或分支——立法机关(议会)、司法机关(法院)和行政机关——之间进行分配的理念

第一个政府分支是**立法机关**,这是指代议会的一个专业术语,因为议会颁布新的立法。 88

> **立法机关:**指代议会的一个专业术语,在讨论权力分离的时候使用

第二个政府分支是**行政机关**,该机关在实践中**执行**(使用)立法。行政机关的人员包括负责掌管政府部门的部长及其雇员。这些政府雇员根据法律作出经常影响澳大利亚人的行政决定。例如,移民局的雇员根据1958年《移民法》(联邦)就是否应当取消或续签临时签证作出决定。行政机关的其他成员包括警察、社会福利联络中心、澳大利亚国家税务局(ATO)和其他政府部门。

> **行政机关:**执行(使用)法律的政府部门

> **执行:**表示在实践中使用法律并根据法律作出决定的专业术语

第三个政府部门是**司法机关**,即解释法律并适用法律解决争议的法院。在澳大利亚,高等法院严格理解司法权与其他两个政府部门的分离。这意味着法院是唯一能够审理和裁决法律案件的机构。

> **司法机关:**指代法院体系的专业术语,在讨论权力分离的时候使用

这三个政府部门及其不同的职责如图 4.2 所示。这张图表反映了澳大利亚行政机关和立法机关之间界线的模糊，这是我们从英国继承而来的。下面将解释这一界线模糊的现象。从理论上讲，理想的权力分离应当是各个政府机关之间有明确的区分。一些国家实行严格的权力分离，如美国，政府行政部门的成员（如国务卿和国防部长）不在议会里参与制定法律。

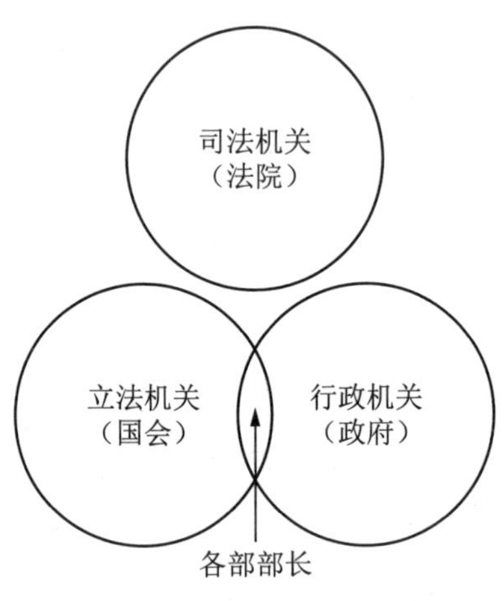


**图 4.2:分权**

议会、行政机关各部门和法院履行不同的职责，这一点或许很明显。但是这其中有一个重要原因：我们不希望太多的权力集中在个别人手中。想象一下，如果澳大利亚的议员决定了法律是什么，然后逮捕了某个人，
89 随即确定他是否有罪！权力分离的目的是限制政府的权力。权力分离依赖于一种“制约与制衡”的制度，意味着不同的政府部门可以追究彼此的责任。这一理念通常被认为是由法国启蒙时期的哲学家孟德斯鸠男爵(Baron de Montesquieu)提出的，他在《论法的精神》(1748)一书中描述了政府的三个分支。

拥有独立于政府的法院是这一制度最重要的组成部分。澳大利亚需要一个能够不受政府干预解决争议的法院系统。在澳大利亚，高等法院

对司法权的严格解释确保了这一点。在其他一些国家，法院并非完全独立，对法官的政治影响有可能成为腐败的主要源头（库沃努，2016）。

值得庆幸的是，澳大利亚和许多其他民主国家并非如此。不过，澳大利亚的各级政府在任命法官方面确实有着重要作用。任命法官可以是一项具有高度政治性的工作，特别是在美国，总统负责任命联邦最高法院的法官。在澳大利亚，法官任命的政治性不是一个问题，尽管行政机关仍然可以任命更加倾向支持联邦利益而不是各州利益的法官（威廉姆斯，2018 年）。

在澳大利亚，司法机关与其他机关之间的分离是严格的，但是行政权
和立法权之间的界线是模糊的。部长是行政机关的一部分，因为他们负 90
责掌管各政府部门，但是他们也是立法机关的一部分，因为他们在议会参与制定法律。事实上，这是《澳大利亚宪法》第 64 条规定的。该条指出，部长必须在被任命后三个月内成为议会的成员。

这种权力之间界线的模糊意味着部长们经常提出扩大自己所在机构权力的议案。例如，总检察长提出的大多数议案扩大了澳大利亚国内的情报机构——澳大利亚安全情报组织（ASIO）的情报收集权力。

这听起来像是一个可能导致议会权力滥用的设置，但它其实是有意为之的，是为了一个关键目的设计的：**责任政府**。责任政府不同于代议制政府。代议制政府指的是民主选举制度，而责任政府指的是部长在议会任职的政治制度。这意味着部长们更直接地对澳大利亚人民负责，人民可以在选举时通过投票将他们淘汰。澳大利亚从英国的威斯敏斯特议会体制中继承了这一制度。责任政府的一个核心内容是**质询**，部长们必须**在事先未**

**责任政府**：一种政府体制，部长们在议会中任职，因此模糊了行政和立法部门的权力界线

**质询**：指定的议会辩论时间，部长们必须在事先未获得通知的情况下回答问题

**在事先未获得通知的情况下回答问题**：在议会中提出的问题，部长们事先没有被告知，因此他们无法准备答案

**获得通知的情况下回答问题**。这些问题没有事先告知部长们，因此他们无法准备答案（部长们可以稍后提供书面答复，尽管他们应当立即亲自回
91 答问题）。质询通常涉及两大政党之间非常激烈的辩论。

## 第五节　法治

前面讨论的所有这些理念的核心，是一个对我们的法律体系至关重要，但很难被限定为一个单一定义的理念。**法治**是所有国家都应致力实现的理想。一般来说，法治意味着人民在法律面前得到平等对待，政府和人民受到同样的法律约束。这意味着，法律对待社会上有权势的人与对待其他人并没有区别，国家的法律和政治制度免受腐败的侵扰。在高等法院就联邦试图立法禁止澳大利亚民众加入共产党问题作出裁决的著名案件，即澳大利亚共产党诉联邦案（Australian Communist Party v Commonwealth（1951） 83 CLR 1）中，大法官迪克森（Dixon J.）说，法治“构成了”《澳大利亚宪法》的一个“前提假设”。

> **法治**：要求法律应当公开、明确且法律面前人人平等的原则

对法治的一个传统定义来自英国法学家 A. V. 戴雪（A.V.Dicey）。戴雪说，当满足三个条件时，法治就会出现。第一，国家应当由常规的法律而不是专横的权力统治。政府应当由一个颁行立法的议会来统治，而不是国王或女王凭一时兴起的念头，通过纯粹的行政权力作出的决定。第二，法律面前人人平等。如果英国的首相犯下谋杀罪，那么他或她将和其他犯下这一罪行的人一样被认定为有罪。政府成员或其他有权势的人没有特别的豁免理由。第三，戴雪认为，法院，而不是宪法，是保护个人权利的最有效途径。

这是一个很好的对法治的界定，但也存在一些问题。我们可能拥有一

个在法律面前人人获得平等对待的社会，但这个社会的法律是可怕的。例如，想象一下，澳大利亚有一部刑法规定，盗窃一片面包的人会失去一只手。 92
立法可以明确规定这一点，该法律也可以平等地适用于所有人。这满足戴雪对常规法律的定义，但这不是一个我们想要生活于其中的社会。

换言之，法治虽然有形式上的要求，但是单单形式上的要求不足以使我们获得理想的法制体系。一个对形式要求的经典描述来自朗·富勒(Lon Fuller，1969 年)。在《法律的道德性》一书中，富勒讲述了一个名叫雷克斯的不幸国王的故事。他用这个故事来解释八条"合法性原则"。这些原则是议会想要建立有效的法律体系时，必须避免的八种失败可能：

1. 根本未能确立任何规则；
2. 未能将规则公之于众；
3. 滥用溯及既往的立法；
4. 未能使规则便于理解；
5. 颁布互相冲突的规则；
6. 颁布要求相关当事人实施超过他们能力的行为规则；
7. 频繁地修改规则，以至于人们无法根据规则调适自己的行为；
8. 公布的规则与其适用之间不一致。[①]

换言之，富勒认为，法律应当公开、表述明确、适用一致、不自相矛盾且能够被遵守。禁止**溯及既往的立法**意味着，议会不应当制定新的法律来惩罚一个人过去所做的事情。

> **溯及既往的立法：**适用于立法颁布之前的日期的法律，使得一个人可能因为在他们实施的时候尚不认为是犯罪的行为而受到惩罚

① 参见[美]富勒：《法律的道德性》，郑戈译，商务印书馆 2019 年版，第 46—47 页。——译者注

如果有人实施了当时并不被认为是犯罪的行为，后来又因此受到惩罚，那将是不公平的。

这些形式上的要求为我们建立一个良好的法律体系提供了大多数路
93 径。但是，一些学者认为，法治只有在与民主、公平、正义和平等有关的实体性价值也得到维护的情况下，才会出现。这就陷入了哲学上的难题，即什么是“良好”的法律。良好的法律通常要求公平对待和对个人权利进行最低程度的保护（相比之下，根据我们的道德标准，在上述盗窃罪的例子中出现的法律规则显然是不公平的）。

法治还要求政府对人民负责，不滋生腐败。各国通常会被根据法治指标中的标准进行排名。2018 年，根据世界正义工程的法治指标，澳大利亚在世界上排名第十。这一排名表明，澳大利亚非常坚定地践行着法治道路。

这些实体性要求使我们更加接近理想的法律制度。法治也与人权密切相关。联合国（2005 年）将它们称为“同一个原则的两个方面”。不过，人权通常被认为是一个单独的概念（读者可以在第六章中读到更多关于人权的内容）。

简言之，法治是各国政府都应当渴望实现的理想。这意味着法律应当公开、表述明确，且每个人在法律面前都应当受到平等对待。有关法治的更多内容，读者可以访问澳大利亚法治研究院的网站（www.ruleoflaw.org.au），一个旨在促进澳大利亚法治发展的非营利组织。

**本章要点**

- 澳大利亚是一个自由民主国家：这意味着我们的政府是由人民选举产生的，应当保护个人权利。
- 澳大利亚拥有一个联邦政府体系：这意味着在堪培拉有一个联邦

议会，该机构与几个州的政府分享立法权。这一点是由《澳大利亚宪法》确立的，《澳大利亚宪法》明确规定了联邦议会享有的立法权，并保留了各州享有的立法权。

- 权力分离一是项重要原则，要求立法机关（议会）、行政机关（政府部门）和司法机关（法院）的权力互相分离。议会制定法律，行政机关使用法律，法院解释法律。这一点是由《澳大利亚宪法》确立的，94
《澳大利亚宪法》中有专门几个独立章节对政府的各个分支进行规定。
- 法治是所有国家都应当致力实现的理想：它意味着法律应当明确、公开、法律面前人人平等，政府应当坚持公平、正义和平等的理念。

## 讨论题

1. 自由主义和民主的区别是什么？这两个概念有什么相似之处吗？

2. 什么是联邦政府体制？联邦制有哪些优点，在实践中又面临着哪些挑战？

3. 政府的三个分支是什么？我们为什么要将它们的权力彼此分离？

4. 澳大利亚立法权和行政权之间的界线是怎样模糊的？为什么要这样做？

5. 代议制政府和责任政府的区别是什么？

6. 法治的“形式”和“实体”要求之间的区别是什么？

7. 你认为，哪些国家提供了坚持法治道路的最好例子，哪些国家提供了最坏的例子？你为什么选择这些国家？

8. 在世界正义工程的法治指标体系中，哪些国家目前排名在澳大利
亚之前？ 95

# 第五章　正　义

在本章中，读者将了解到：

- 正义的不同含义
- “正当程序”的重要性
- 其他形式的正义
- 接近正义的困难
- 96 政府在伸张正义中的作用

引导澳大利亚法律体系的另一个核心理念是正义。正义是一个复杂的概念，没有单一的定义，但是它包含了许多对现代民主制度来说非常重要的理念，如公平和不平等问题。

与前几章中的概念一样，读者应当通过询问澳大利亚是否有一个“**正义**”的社会来批判性地思考本章内容。澳大利亚的法律和政治制度是否实现了正义？读者可以从许多不同的角度来思考正义的要求。

> **正义：**一个复杂的概念，包含了许多与公平和平等有关的不同观点

## 第一节　什么是正义?

不存在一个单一的、公认的对正义的定义,但是这个概念通常与公平的理念相关。我们可以通过几种方式思考这个问题。

首先,正义是指当社会上发生了某种伤害或错误时,各种不同类型的回应。一个基本类型的正义是**报应**。如果有人伤害了某人或他的家人,此人可能会希望伤人者受到惩罚,或者此人甚至想报复伤人者。“以眼还眼”这句话反映了这种“伤害—回应”循环。

> **报应:**作为对有害行为的回应施加的惩罚

历史上,刑法是建立在这样一种观念之上的:当某人实施犯罪行为时,政府会因其行为惩罚他们。惩罚应当是公平的或“公正的”,这意味着,它与罪犯所犯的罪行成比例(换句话说,“惩罚应该与罪行相称”)。一个罪犯如果杀害他人,那么他会遭到更严厉的惩罚,如果仅仅伤害他人或者盗窃,则会遭到较轻的惩罚。不过,刑法越来越多地依赖正义的不同含义,其中包括改造罪犯和修复犯罪行为对受害者造成的伤害,而不是简单地监禁犯罪者(下文和第十章将对此作进一步解释)。 97

正义也可以通过**赔偿**的方式实现:支付金钱以修复先前的伤害。赔偿往往是修复严重损害的一种不完善的手段,但从象征意义上讲,它可能非常重要。例如,政府机构应对虐待儿童问题的皇家委员会调查了澳大利亚境内的机构在儿童性虐待问题上的隐瞒,建议联邦政府建立一个**国家救济计划**,向受害者提供赔偿(国家救济计划,2018 年)。

> **赔偿:**支付金钱以修复先前的伤害

> **国家救济计划:**为遭受政府机构应当承担责任的性虐待的儿童受害者提供赔偿的计划

因此,我们可以把正义看作是对伤害的

报应、改造或其他回应。不过，我们也可以思考不同的群体和个人所要求的正义。受害者、受害者家属或公众所要求的正义可能是赔偿或长期监禁。受害者所要求的正义也可能包括承认他们在法庭程序中的利益，比如能够向法庭提交一份**受害人影响陈述**，解释他人行为对他们造成的伤害（读者可以在第十章中了解这一点）。

**受害人影响陈述：**向法庭提交的书面陈述，解释犯罪对被害人或被害人家庭的影响

另外，从加害者的角度来看，正义可能意味着一些不同的东西。正义可能指加害者被允许参加一个心理咨询项目，以解决导致他们实施犯罪行为的根本原因。或者，正义可能意味着推翻下级法院的判决，因为初审法院对他们的定罪或许是基于警方非法获得的证据作出的。

另一种思考正义问题的方式是区分**程序正义**和**实体正义**。程序正义与一个程序是否
98 公平有关，实体正义则与一个结果是否公平有关。二者可能互相交叉并互相支持——公平的过程往往导致公平的结果——但它们不是一回事。例如，假设一个人很难从社会福利联络中心获得福利金。根据法律条文的规定（程序正义），他受到这样的待遇可能是公平和透明的。但是当我们在道德上认为他应当得到福利金时，他可能会被拒绝的情况就会被认为不符合实体正义的要求。

**程序正义：**过程和程序应当公平的理念

**实体正义：**结果应当公平且机会应当公平分配的理念

在警务研究和实践中，程序正义更具体地涉及警察是否受到社区的信任（墨菲和泰勒，2017 年）。符合程序正义的警务是警察能够与社区合作并建立起信任和合法性的前提。这是由于，如果人们将警察视为合法的权力来源，他们就更有可能遵守法律，也更有可能将犯罪行为报告给警方（泰勒，2003 年）。

实体正义关涉的是，机会和结果是否在社会中公平分配。这通常被

称为**社会正义**或**分配正义**。正如维多利亚州前首席大法官玛丽莲·沃伦（Marilyn Warren）所解释的，当我们把自己的生活与他人的生活进行比较时，我们就是从这个角度看待正义的。

**社会正义：**社会中的不平等应当予以解决的理念

**分配正义：**成果、机会和资源应当在全社会公平分配的理念

> 对于我们每一个社会公民来说，我们正义观念的核心很可能是，我们自己和家庭成员的生活水平与我们的邻居、同胞和全世界其他人的生活水平相比而言的公平性。（沃伦，2014 年，第 31 页）

解决社会中不同群体之间的不平等是社会正义的一个核心面向。这
并不容易，因为解决不平等的策略乍一看似乎是不平等的。有一幅著名 99
的漫画反映了这一理念，如图 5.1 所示。

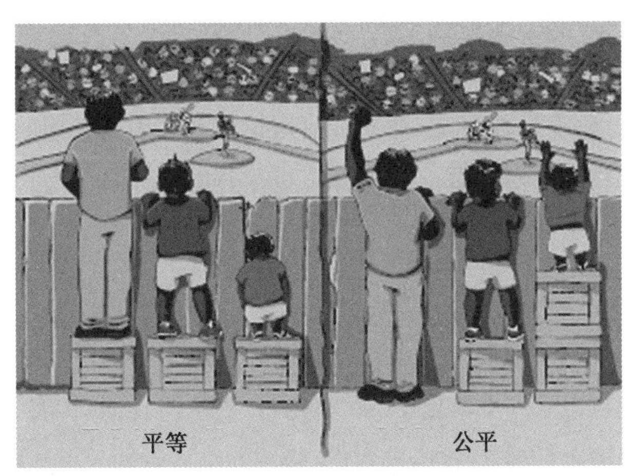


**图 5.1：平等与公平**

来源：社会变革互联研究所，画家：安格斯·马奎尔（Angus Maguire）。

在第一幅图（标记为“平等”）中，所有三个人都有一个箱子可以站立其上。不过即使站在一个箱子上，最矮的男孩仍然看不到比赛。

在第二幅图（标记为“公平”）中，成年男子的箱子给了最矮的男孩。这个人现在没有箱子了，但是他还是能看到栅栏那边。最矮的男孩现在有两个箱子，终于可以看比赛了。换言之，最矮的男孩需要两个箱子，他的视线才能越过栅栏，而成年男子则不需要。

这幅漫画说明了形式上的**平等**与**公平**之间的区别。形式上的平等意味着每个人都拥有完全相同的东西，而公平则意味着拥有更少东西的人得到更多的东西。重新分配箱子
100 的目的是为了“变得更公平”。这类似于程序正义和实体正义之间的区别，因为它与程序或结果是否公平有关。在这个例子中，程序上的平等是给每个人一个箱子，而实体上的平等（画图者称为公平）是将箱子给最需要的人。

> **平等：**实现成果、机会和资源的平等分配

> **公平：**重新分配成果、机会和资源，以弥补不平等

在整个国家的经济场域内辩论这类问题会变得非常复杂。弄清楚谁有足够的钱，谁应当得到更多，谁需要特别援助，可能会引发许多激烈的争论。福利金、奖学金和其他财政支出可能招致一些批评，即某些群体获得了特殊待遇（卡尔森，2017 年）。不过，正如漫画中所呈现的，像这样的特别支出的目的恰恰是通过解决一些现存的不平等，使人们之间变得更加平等。

在关于这个主题的课程中，我会让我的学生假设，我有 1 000 美元可以分给他们。我给他们两个选择：我可以给他们每人 10 美元（100 个学生），或者我可以给一个学生 1 000 美元，只要他向我证明，因为经济上的贫困或其他困难他确实需要这笔钱。班上几乎所有的学生都举手支持第二种选择（或者他们会提出一个小小的变化，比如设置两项 500 美元的奖学金）。获得 10 美元对于 99 个并不真正需要钱的学生来说只是一个很小的益处。在今天，这点钱甚至可能都买不到一顿丰盛的午餐。但是，给一个真正需要钱的学生 1 000 美元可以帮助他度过三个月。尽管严格来

讲，第一种选择更为平等，但是如果把1 000美元分成几乎毫无意义的金额，那么它的价值也就丧失了。

也许只是我的学生比较善良，不过我认为，这表明以严格平等的方式分配资源并不总是最好的做法。可是，这些问题仍然没有简单的答案。当我把金额增加到1万美元，并问我的学生是否愿意每人获得100美元，或者为一个学生提供1万美元的奖学金时，他们当中的许多人犹豫了，转 101
而支持第一种选择。或许他们的善良是有限度的，不过我认为这更多地与对重新分配"走得太远"的看法有关。这可能是基于一种理性的计算，即100个学生都获得100美元能够使得更多的人都获得相对较大的利益。

事实上，我们很难决定资源应当如何在全社会进行分配。哲学家杰里米·边沁(Jeremy Bentham)提出的**功利主义**观点认为，政府应该始终致力于最大程度地提高最大多数人的幸福(在上面的例子中，就是给每个人10美元或100美元)。这听起来是个好主意，因为它最大程度地提高了整体利益。可是，在一个纯粹功利的体系中，多数人群体的利益可能超过少数人群体的利益，而少数人群体也有获得利益的权利和需要。如果剥夺一小部分人的权利能够使最多的人受益，那么功利主义的观点会认为这是可以接受的。

> **功利主义**：杰里米·边沁创立的哲学，认为政府应当致力于最大程度地提高最大多数人的幸福

在上一章中，我们考察了一系列的理论和原则，如自由主义、民主、权力分离和法治，这些理论和原则的重要性都超出了它们的功利价值。有许多道德和原则是应当坚持的(比如信任和诚实)，即便坚持这些道德和原则会导致利益的减少。在《正义：什么是正确的事？》一书中，哈佛大学教授迈克尔·J. 桑德尔(Michael J. Sandel, 2009年)解释说，道德不仅仅关于衡量成本和收益。相反，"道德意味着更多，即与人类对待彼此的正确方式有关的东西"。他认为，"出于与社会后果无关的一些原因，某些权利和义务应该得到我们的尊重"(桑德尔，2009年，第33页)。他以三个

102 要素来界定正义:“福利最大化、尊重自由和促进美德”。

例如,假设某人正在开车,看到路边有一个水果摊。此人停下来环顾四周,但没有发现有人在售卖水果。相反,此人看到一个“诚实盒子”。这个盒子是当某人拿走商品时,把钱放在里面作为回报的一种售卖模式——通常无论此人认为商品值多少钱。没有人监视此人做了什么,所以他可以拿走一盘水果,不往盒子里放钱,然后开车离开。此人甚至可以把盒子里的钱拿走,在享受水果的同时获利。周围没有摄像头或目击者,因此他不会面临任何后果。如果是你,你会这么做吗?

有些人可能会偷走水果,但是我想大多数人会说,在这种情况下,诚实更为重要。如果某人偷走水果,那么他将背叛农民的信任和善意,剥夺农民通过自己的劳动赚取公平收入的权利。然而,我认为第一点理由比可能造成的经济损失更加重要。偷走一盘水果可能对农民的年收入影响不大。通常,这些诚实盒子的摊位是用来摆放卖剩的水果的,这些水果在任何情况下都不能卖给超市,而农民的大部分收入源自卖给超市的水果。我想之所以大多数人都不会偷水果,是因为偷水果本来就是“错误的”,尤其是当农民相信我们不会如此行为的时候。

这个例子旨在向读者展示什么是正义——什么是“正确的”——它涉及的不仅仅是简单的成本收益分析。读者能够在自己不付出任何代价且给农民造成极小损失的情况下获得某种利益。但是,正义往往意味着“做正确的事”,即合乎道德的事,无论成本和收益如何。

这就是为什么许多人反对破坏重要权利和原则的法律(比如我们在
103 第四章中看到的那些),即使这些法律能够带来一些实际的益处。例如,澳大利亚的反恐法律对自由、隐私、言论自由和许多其他个人权利都产生了影响,目的是预防恐怖主义行为(有关这方面的更多内容,参见第十二章)。有些人可能会认为,我们应当保护这些权利的固有价值,无论此类法律在预防恐怖主义方面能够带来什么实际好处。不仅如此,各国政府也在平衡这些权利与我们的人身安全权利方面面临着巨大挑战。

因此，正义问题与自由主义、民主和议会制定的法律密切相关。正义关系到政府是否充分保护个人权利和尽量减少不平等的问题。正义也与民主相关，因为我们在如何治理我们的国家方面拥有平等的发言权。正如沃伦所解释的：“没有正义，我们无法拥有一个强大的民主国家。”虽然法律是由议会中的议员制定的，但是制定法律的议员是由我们选举产生的。正因为如此，“我们都有责任确保法律公正”。

思考正义的不同含义以及社会如何实现正义是一个有益的练习。在《正义论》一书中，哲学家约翰·罗尔斯(John Rawls，1971 年)提出了一个被称为“无知之幕”的思想实验。忘掉你们所知道的关于社会和个人在其中的地位的一切内容，想象我们正在创造一个新的社会。读者可以和自己的朋友或同学讨论一下这个假想社会的规则应当是什么，财富和其他利益应当如何分配。重要的是，当这个社会建立起来的时候，读者根本不知道自己的处境。读者可能成为最穷的人，也可能成为最富有的人，或者介于两者之间的任何人。读者将如何建构这样一个社会呢？这一思想实验也是有益的，因为我们都可能处于不同的境况之中。这一练习帮助我们思考我们的社会是否公平，以及每个人应当被怎样对待的问题。 104

## 第二节　正当程序

正义的一个核心方面是程序正义，即过程和程序是否公平。这在公民与法院或政府部门打交道时尤为重要。在司法系统中，程序正义体现在正当程序的理念中(在澳大利亚的法律中，我们通常使用“程序公平”或“自然正义”等词语，但在讨论这一概念时，更加美国式的术语“正当程序”则更为人们所熟知)。

**正当程序**指个人在法庭上接受公正的审理的要求。正如奇泽姆(Chisholm)和奈特海姆(Nettheim)所解释的,"'正当程序'和'自然正义'的基本规则是,未经审理,对任何人的案件都不得作出决定。必须进行审理,而且审理必须公平"。这与"获得公平审判的权利"非常相似,但是对正当程序的要求源自普通法(判例法),而不是保障人权的文件(读者可以在第六章中读到更多关于保护人权的内容)。

> **正当程序**:每个人的案件都应当在法庭上接受公正审理的要求

正当程序有许多具体的原则和要求(奇泽姆和奈特海姆,2002 年)。其中一个是**通知**,意思是个人必须知道对其不利的情况。在刑事审判中,这意味着警察和检察官掌握的所有证据都必须向被告人披露,以便他/她能够进行辩护。在民事诉讼——如离婚诉讼或经济纠纷——中,双方当事人应当进行文件交换。正当程序的另一个原则是**公开**,这意味着法庭应该向所有人开放。这一原则有一些例外,例如涉及国家安全事务的案件和儿童法庭,但是除此之外,法庭系统应当是**开放的法庭**系统。这意味着读者可以
105 走进澳大利亚的任何一家法院旁听诉讼过程。与案件无关的公众可能不会经常这样做,但至少这一选择是向他们开放的。其中的理念是建立一个透明的司法体系,让每个人都能看到当前发生的事情。

> **通知**:每个人都应当知道对他们不利的案件和证据的要求

> **公开**:法庭程序应向每个人公开的要求

> **开放的法庭**:向每个人公开的法庭

在法庭中,**证明标准**旨在确保案件事实可以得到高度可靠的证明。在刑事案件中,控方必须**排除合理怀疑**地证明某人实施了犯罪行为(有关刑事审判的更多内容,参见第九章)。这是一个非常高的证明标准,意味着陪

> **证明标准**:在法庭中的案件以一定的确定性被证明的要求

> **排除合理怀疑**:刑事诉讼中的证明标准

审团必须确信此人有罪，且对于这一点不存在合理的怀疑。陪审团审判本身也是正当程序的另一个核心方面。

在刑事案件中，控方承担**举证责任**，这意味着控方有责任证明被告人有罪，而被告人不需要证明自己无罪。这类似于**无罪推定**，意思是在治安官或陪审团判定某人有罪之前，应当推定此人无罪。

> **举证责任**：在法庭中证明某事的责任

> **无罪推定**：除非被证明有罪，否则任何人都是无罪的原则

在民事案件中，治安官或法官根据**盖然性权衡**标准作出决定，这意味着他们倾向两种观点中更有优势的一方。

> **盖然性权衡**：民事诉讼中的证明标准

这些证明标准在证据法中有所规定，证据法也规定了可以和不可以向法院提交的信息。例如，警方以非法方式获得的证据将被视为会对被告人**造成伤害**，并被排除在法庭之外。关于传闻证据、品格证人和专家意见证据的其他 106
复杂规则，读者可以在第九章中读到。

> **造成伤害**：不公平地表明某人有罪的证据

正当程序的另一个重要的原则是**无偏私性**，这意味着法庭中的案件应当由一个像独立裁判员一样行事的治安官或法官监管。如果法官与案件当事人之间存在利益冲突——例如，法官认识一方当事人——那么法官应该**回避**对案件的审理。回避意味着法官退出，让另一位法官审理此案。

> **无偏私性**：法官必须像中立的裁判员一样行为的原则

> **回避**：法官因利益冲突退出案件审理的情况

对抗式制度是正当程序的另一个方面，即双方在法官面前就案件情况进行争辩。当事人也可以对他们不同意的判决提出上诉，申请上级法院审理他们的案件（有关上诉法院审理的更多内容，参见第十章）。

最后，澳大利亚的法律还规定了一些保护措施，以确保当事人获得充

分的法律代理。虽然澳大利亚没有正式规定当事人获得律师代理的权利,但是法官可以选择在当事人找到适当的律师代理之前**暂缓**(推迟)案件的审理。这种普通法保护被认为是获得公平审判权利的一个方面(奇泽姆和奈特海姆,2002 年)。

> **暂缓:**某个法庭案件根据法官的指令推迟审理的情况

## 第三节　其他形式的正义

除了提供惩罚和赔偿等“传统”形式的正义外,法院越来越依赖不同的实现正义的方法。在刑法中,人们越来越认识到,把罪犯关进监狱最终既无助于减少犯罪的数量,在成本收益上也是无效率的。

**累犯**率指有多少人在获释后再次犯罪并最终再次入狱。在澳大利亚 2014—2015 年
107 间获释的囚犯中,有 44.8%的人在两年内被再次监禁(量刑咨询委员会,2018 年)。监禁一个罪犯一年的费用为 11 万澳元,远远高于澳大利亚人的平均工资(诺尔斯,2017 年)。如果更多的人能够在他人的帮助下不再犯罪,而不仅仅是被再次监禁,那么这些人犯下的罪行就越少,省下的钱就越多。

> **累犯:**囚犯在获释后再次犯罪并最终再次入狱

有助于解决这个问题的一个重要概念是**治疗法理学**。治疗法理学是一个涵括各种旨在通过促进罪犯和受害者的福祉来解决犯罪的根本原因的法庭程序的术语。根据澳大利亚法律委员会的说法,治疗法理学“旨在解决法律纠纷背后的问题,并鼓励所有当事人参与法庭程序”。这意味着让受害者参与法庭程序,并要求罪犯参与康复、心理咨询或其他项目,以解决诸如毒瘾、失业或社会孤立等根本问题。治疗法理学

> **治疗法理学:**描述促进罪犯和受害人福祉以解决犯罪的根本原因的法庭程序的概念

的现实实践包括专门的毒品法庭和心理健康法庭等，这些法庭旨在为罪犯提供适当的和因人而异的支持服务（昆士兰法庭，2018 年）。

一个与之相关的概念是**恢复性司法**。这是指解决案件的替代性手段，一般通过替代性争端解决程序。恢复性司法被定义为“一个过程，在此过程中，与特定犯罪有利害关系的所有当事方共同解决犯罪后果的处理及其对未来的影响问题”（马歇尔，1996 年，第 37 页）。换言之，恢复性司法不是国家简单地惩罚罪犯，而是罪犯和受害者共同努力修复犯罪行为所造成的伤害，促进创伤的愈合，并（尽可能）使事物恢复到犯 108
罪之前的状态。

**恢复性司法：**解决案件的手段，通常通过争端解决程序

恢复性司法包括多方会议、共同量刑和受害人—罪犯刑事和解等程序（拉森，2014 年）。在恢复性司法中，**多方会议**是罪犯、受害人和律师、心理健康顾问、警察等其他代表共同参加的会议。这种会议“提供了一个谈论发生了什么，以及需要做什么才能够开始使事物恢复到正确状态的安全的环境”（昆士兰政府，2018 年）。

**多方会议：**在恢复性司法中，罪犯、受害人和其他代表之间的一种会议，为讨论犯罪情况提供一个安全的场所

与治疗法理学和恢复性司法类似的做法能够在原住民法院和共同量刑制度中看到。这些做法已经在全国各个城市和偏远地区发展起来（马尔凯蒂和达利，2004 年）。**共同量刑**是一种基于原住民传统实践发展而来的调解过程。20 世纪 90 年代初，该制度被引入加拿大的法律体系，澳大利亚的第一次实践是在 2002 年新南威尔士州的南部海岸（珀塔斯等人，2003 年）。在共同量刑程序中，原住民的氏族长老和社区成员会与律师和治安法官会面，以确定恰当的量刑结果。

**共同量刑：**基于原住民传统实践发展而来的调解过程

共同量刑的目的不仅仅是修复伤害和促进创伤愈合（马尔凯蒂和达

利，2004 年），因此它不是严格意义上的治疗法理学或恢复性司法举措。不过，与简单的报应相比，它依赖于与治疗法理学或恢复性司法类似的、更微妙的正义理念。正如马尔凯蒂和达利所解释的那样，原住民法院和共同量刑的目的是提供一种与既有文化更加契合的正义形式：

> 其目的是使法院程序与既有文化更加契合，在原住民社区
> 和司法官员之间建立更大的信任，并允许就被告人及其案件情
> 109 况进行更加非正式和公开的信息交流。鼓励原住民、原住民组
> 织、民族长老、家庭成员和亲属参与量刑过程，帮助相关官员了
> 解有关犯罪、被害人—罪犯关系的特质，以及罪犯是否愿意改变
> 的情况。

这段引文反映了正义的复杂、微妙和涉及文化多样性的本质，这一本质远远超出了法院监禁罪犯这一基础理念。

与此相关的最后一个概念是**正义再投资**，这是指政府将资金从监狱转向支持以社区为核心的相关政策，在第一时间就避免人们实施犯罪行为（威利斯和卡皮拉，2018 年）。正义再投资可能包括：增加卫生服务、住房和就业的资金。某种举措要归属为正义再投资，通常必须是针对被认为犯罪风险较高的社区的。

**正义再投资**：政府将资金从监狱转向支持以社区为核心、解决犯罪根本问题的相关政策

越来越多的证据表明，正义再投资策略可以减少犯罪，同时为政府节省大量开支。最近，新南威尔士州西部的布尔克市进行了一次正义再投资策略试验，为当地节省了近 300 万美元的开支，同时在刑事司法方面取得了重大进展（阿拉姆，2018 年）。违反保释条件的案件减少了 14%，犯罪嫌疑人被拘留的天数减少了 42%，对最严重的五大刑事犯罪的指控也减少了 38%（阿拉姆，2018 年）。

这些并不是严格意义上的“替代”形式的正义，因为它们是作为监狱和其他强制惩罚的补充措施运作的，但是它们不同于报应等更加基础的理念，也比这些理念更加微妙。它们强调如何以不同的方式实现正义，而且正义并不总是包括监禁。 110

## 第四节 接近正义

在澳大利亚接近正义的一个主要挑战，是要确保社会上所有群体都能够平等地接近正义。虽然理论上人人都可以走进法院和获得法律服务，但是在实践中，个人诉诸法律制度会有许多困难。

> **接近正义**：人们获得法律意见和代理以及诉诸法律制度的能力

赖斯(Rice)以这种方式界定**接近正义**：

> “接近正义”的理念是……了解法律、获得法律意见、获得法律援助和律师代理，以及利用法院等公共法律机构的能力。它需要诸如理解、沟通、旅行和支付的能力，还需要了解当无法完成这些事情中的任何一件时，如何解决这一问题的手段。

接近正义最明显的困难之处在于，没有足够的钱聘请律师。律师的费用通常在每小时 300 美元以上，初级律师出庭一天的费用从 5 000 澳元起算。即使是在相对简单的案件中，此类费用也会迅速累加。据生产力委员会(2014 年)估计，许多代理家事法案件的律师费用在 2 万至 4 万澳元之间，复杂案件的费用超过 20 万澳元，即使是高薪人士也无法承受。对于那些低收入或失业的人来说，这简直是不可企及的正义。

澳大利亚法律委员会是代表法律职业群体的国家机构。它致力于促进人权保障、法治和平等地接近正义。在其司法报告(2018 年,第 22 页)中,法律委员会解释了法律服务的成本如何阻碍了许多澳大利亚人接近正义:

> 法律服务的费用对处于经济不利地位的人构成了接近正义
> 的障碍,这其中许多人可能会有公共住房、卫生服务、社会保障
> 111 和其他需要。法律费用和诉讼费用会阻碍人们获得法律意见和
> 通过法院系统寻求法律问题的解决。这可能会损害他们的安
> 全、权利或权益。

此外,许多处于经济不利地位的人或多或少都有个人的和心理的障碍,这也使得他们难以接近正义。当他们遭遇到一个需要解决的法律问题时,可能无法认识和理解到这一点。

> 处于经济不利地位的人可能无法认识到他们所面临的法律问题,或者不知道如何应对。他们可能有个人的和心理的障碍,影响他们解决法律问题的能力,或者他们可能在复杂的相关法律规定中挣扎着。他们也可能没有时间处理法律问题,特别是如果他们是某个家庭成员的主要看护者的话(澳大利亚法律委员会,2018 年,第 22 页)。

在澳大利亚的社会中,除了那些处于经济劣势的群体之外,还有许多群体在努力地接近正义(澳大利亚法律委员会,2018 年)。这些群体包括老年人、儿童、无家可归者、同性恋、双性恋或跨性别群体、移民和难民、囚犯和被拘留者、残疾人、原住民和托雷斯海峡岛民、遭受家庭暴力的人,以及来自农村和偏远区域的人。显然,接近正义仍然是澳大利亚许多不同

群体的一个主要关注点(澳大利亚社区法中心,2012年)。

**法律援助**在一定程度上缓解了接近正义的问题。每个州和地区都有一个由政府资助的法律援助办公室。法律援助为社会和经济上处于不利地位的人提供法律咨询和服务(如出庭代理)。这是澳大利亚平等司法和法治的一个核心方面。然而,有限的资金和对法律服务的高需求意味着严格的收入测试(基于一个人 112
的工资和资产)被用来确定谁可以得到援助。这意味着澳大利亚有许多人请不起律师,也没有资格获得法律援助。这被称为"迷失的中产"现象(生产力委员会,2014年)。根据生产力委员会2014年的数据,只有最底层的8%的家庭有可能通过法律援助的收入和资产测试,而大多数中低收入者会被排除在外。法律援助还依赖于对案情的审查,确认案件胜诉的可能性大小。

> **法律援助:**由政府资助的、为需要的人提供免费的法律意见和服务的办公室

**社区法律中心**(CLCs)在改善接近正义的途径方面也发挥着关键作用。社区法律中心是独立的社区组织,向弱势社区提供免费的法律信息、建议和服务(澳大利亚社区法律中心,2012年)。在社区法律中心工作的律师会根据现有资源和案件胜诉的可能性决定是否代理社区成员出庭。社区法律中心也通过编写报告和在议会征询意见时提交材料的方式,为法律改革相关争论和公共政策的发展建言献策。

> **社区法律中心:**独立的社区组织,为社区提供法律意见和服务

当社区成员面临由一个或多个法律问题造成的系统性劣势时,社区法律中心的服务就尤为重要。社区法律中心与各种社区组织密切合作,试图在较早的阶段就解决这些复杂问题(国家社区法律中心协会,2018年)。这些重大利好被以合理的价格提供给政府:

> 社区法律中心的服务……以极低的价格提供给政府。法律

> 中心的工作非常高效，利用志愿者和公益服务使提供的服务总时间、价值和范围最大化。尽管如此，如果没有额外的资金支持，对法律援助服务的大量需求仍然无法得到满足（卡梅伦
> 113 2017 年，第 7 页）。

尽管法律援助和社区法律中心很重要，但是联邦政府的资金支持呈现减少的趋势，这令人不安。在 2017 年的联邦预算中，社区法律中心面临着 3 500 万美元的资金削减，这相当于其预算的 30%（沙拉兹，2017 年）。在社区法律部门的强烈反对下，这笔资金得以恢复，但仍然呈现下降趋势。在 2018 年的联邦预算公布之后，法律委员会主席莫里·贝利（Morry Bailes）指出，澳大利亚的法律援助部门“正处于严重危机之中”（多洛，2018 年）。

## 第五节　政府的角色

为法律援助和社区法律中心提供资金只是澳大利亚政府帮助人们接近正义的众多方式之中的一种。议会颁布的法律架构了正义的诸多方面，例如性虐待受害者是否可以寻求赔偿，以及如何根据罪犯的罪行对其判处刑罚（有关量刑的更多内容，参见第十章）。

民主政府应当致力于减少社会中的不平等。政府可以通过为卫生、教育、就业和福利事业提供资金做到这一点。然而，鉴于各国政府拥有的资源是有限的，这成为一个持续不断的挑战，并不存在简单的解决办法。对于纳税人的钱应当怎么花，不同的政党也往往持有非常不同的看法。

我们应当不断地询问，澳大利亚是否是一个“公正”的社会。这意味

着询问：我们在社会、政治和经济上实现正义了吗？社会中的不同群体是否拥有平等的机会和结果，以及接近正义的平等机会？

与许多其他国家相比，澳大利亚是一个相对公平的社会（澳大利亚经常被称为“公平之地”）。不过，从上面的讨论和对每日新闻的快速浏览应当可以使我们清楚地意识到，澳大利亚社会中有许多群体正处于持续的劣势之中。这些人包括失业者、无家可归者、残疾人、原住民和托雷斯海 114
峡岛民、难民和移民以及许多其他人。鉴于正义有许多不同的含义，我们可以通过许多方式就这些不平等现象进行讨论，并设计出解决这些问题的方案。

**本章要点**

- 正义是一个复杂的概念。它可以简单地意味着报应，即因某人实施犯罪行为而对他施以惩罚，但是法院越来越认识到修复伤害和改造罪犯的必要性。正义也涉及机会和结果是否在社会上公平分配的问题。
- 正当程序是正义的一个核心方面。它要求当事人应当知道对他不利的案件，而且他的案件应当在公正的法院根据证据规则进行审理。
- 由于法律服务费用高昂，接近正义仍然是许多澳大利亚人一直面临的困难。
- 澳大利亚是一个相对公平的社会，但是许多群体仍然处在巨大劣势之中。其中包括无家可归者、失业者、残疾人，以及原住民和托雷斯海峡岛民。

## 讨论题

1. 如果有人伤害了你或你的家人，你想得到什么样的正义结果？

2. 接近正义有哪些不同的方法？

3. 为什么需要改造罪犯而不是简单地惩罚他们？

4. 正当程序的原则和要求是什么？

5. 你认为在澳大利亚社会中，哪些群体的处境最为不利，如何进行补救？

115 6. 与世界其他国家相比，澳大利亚是一个公平"公正"的社会吗？

# 第六章　人　权

在本章中，读者将了解到：

- 什么是人权？
- 《澳大利亚宪法》在人权保障上有哪些不足？
- 在澳大利亚加强人权保障的可能性有哪些？ 116

人权是所有人都应享有的核心保护和自由。除澳大利亚外，所有民主政府都在人权法案或类似的国家文件中保护人权（休谟和威廉姆斯，2013年）。本章将着重解释人权的理念，以及澳大利亚如何在《澳大利亚宪法》或联邦立法中进一步保护人权。

## 第一节　什么是人权？

要准确理解人权是什么，首先必须理解享有“权利”意味着什么。权利是对某种事物的合理主张。例如，如果某人把电脑借给他人，那么此人有权要求他人归还财产。如果某人在某个财政年度内多交了税，那么他有权让税务局把多交的钱退还给他。

某人所提出的主张要完全被视为一项权利，另一方必须有将该物品交给他的相关(相匹配)义务(恩斯特和海林格，2011 年)。如果对方在道德上或法律上不需要将物品交给某人，那么此人就不享有严格意义上的权利。权利是“可执行的道德主张”(艾维森，2008 年)。(不过，某人可能有权对某物品提出主张，即使他未必能够获得该物品——这是一个微小的差别，但是对法律来说很重要。)

人权是人们对政府提出的可执行的道德主张，目的是保障我们过上有尊严的生活。这些权利通常包括生命权、自由权、人身安全权、隐私权、言论自由权、公平审判权，以及免受奴役、酷刑和歧视的自由。

这听起来可能很熟悉，因为在关于自由主义的一章中，我们讨论了公民自由和免受国家干涉的自由。人权和自由主义当然会有所交叉，但是
117 它们是不同的概念，有着不同的渊源。根据 17 世纪的自由主义哲学理论，我们有权享有公民自由，因为我们是生活在自由民主政府之下的公民。这些自由包括自由权、隐私权、人身安全权和私有财产权。

人权是建立在这种自由主义传统的基础之上的，该传统强调个人权利和免于政府干涉的自由。但是，我们享有人权仅仅是因为我们是人(无论我们生活在哪种类型的政府之下)。人权是普遍的，其源自我们人类的共同和基本的本性，这一来源高于政府。在这个意义上，人权比公民的自由更为根本。人权理念出现的时间也更为晚近，它的范围超越了公民的自由，包括免受奴役和酷刑的自由等其他权利。

人权理念通常可以追溯到第二次世界大战之后的几年(另一种说法可参见莫恩，2012 年)。在大屠杀和其他导致数千万人丧生的暴行之后，全世界都认识到，人类必须享有最低标准的尊严。

**《世界人权宣言》**：人权运动的基础性文件，由联合国大会在 1948 年发布

这些标准于 1948 年 12 月由联合国大会商定并随后发布，成为**《世界人权宣言》**

(UDHR)。《世界人权宣言》是人权运动的基础性文件。其**序言**(开场白)提到了第二次世界大战期间一些人实施的“野蛮行为”，有鉴于此，所有人都必须受到保护：

> **序言**：如宪法或人权宣言等正式文件的开场白

> 对人权的无视和侮蔑已发展为野蛮暴行，这些暴行玷污了
> 人类的良心，而一个人人享有言论和信仰自由并免予恐惧和匮 118
> 乏的世界的来临，已被宣布为普通人民的最高愿望。(联合国，
> 2015 年)①

《世界人权宣言》共 30 条，类似于立法中的条款。第 1 条规定，“人人生而自由，在尊严和权利上一律平等”(联合国，2015 年)。其余条款规定了对不同权利的保障，如生命权、自由权、人身安全权，以及免受奴役和酷刑的自由。

> **条**：条约或其他国际文件的一个条款

表 6.1 列出了从《世界人权宣言》中拣选出的一些权利。② 许多权利与我们在本书中讨论的问题直接相关，包括公平审判权(第 10 条)，该权利类似于正当程序以及选举民主政府的权利(第 21 条)。

也有许多其他条约保护人权。**条约**是列明两个或两个以上政府之间正式协议的国际法文件。(严格地说，《世界人权宣言》只是一个**宣言**——一个列明各国同意的原则的声明，虽然与条约不具有同等法律效力，但却具有巨大的象征意义。)

> **条约**：列明两个或多个政府之间正式协议的国际法文件

> **宣言**：没有拘束力的条约

---

①② 这里的译文使用的是联合国官网上的中文译文。见“《世界人权宣言》全文”，载“联合国”，来源网址：https://www.un.org/zh/universal-declaration-human-rights/，访问日期：2021 年 5 月 26 日。——译注

联合国大会颁布了一些主要的人权条约。这些文件规定了许多国家同意的关于人权问题——包括儿童、妇女和残疾人的权利——的国际标准。国际人权条约包括：

《联合国禁止酷刑公约》(UNCAT)

119 《联合国儿童权利公约》(UNCROC)

《公民权利和政治权利国际公约》(ICCPR)

《经济、社会、文化权利国际公约》(ICESCR)

《消除对妇女一切形式歧视公约》(CEDAW)

《消除一切形式种族歧视国际公约》(CERD)

《残疾人权利公约》(CRPD)

120 **表 6.1:《世界人权宣言》,来源:联合国(2015 年)**

1948 年《世界人权宣言》

**第一条**

人人生而自由,在尊严和权利上一律平等。他们富有理性和良心,并应以兄弟关系的精神相对待。

**第三条**

人人有权享有生命、自由和人身安全。

**第四条**

任何人不得使为奴隶或奴役;一切形式的奴隶制度和奴隶买卖,均应予以禁止。

**第五条**

任何人不得加以酷刑,或施以残忍的、不人道的或侮辱性的待遇或刑罚。

**第七条**

法律面前人人平等,并有权享受法律的平等保护,不受任何歧视。人人有权享受平等保护,以免受违反本宣言的任何歧视行为以及煽动这种歧视的任何行为之害。

**第九条**

任何人不得加以任意逮捕、拘禁或放逐。

**第十条**

人人完全平等地有权由一个独立而无偏倚的法庭进行公正的和公开的审讯,以确定他的权利和义务并判定对他提出的任何刑事指控。

**第十一条**

(一) 凡受刑事控告者,在未经获得辩护上所需的一切保证的公开审判而依法证实有罪以前,有权被视为无罪。

续表

| 第十二条<br>任何人的私生活、家庭、住宅和通信不得任意干涉,他的荣誉和名誉不得加以攻击。人人有权享受法律保护,以免受这种干涉或攻击。<br>第十三条<br>(一) 人人在各国境内有权自由迁徙和居住。<br>第十四条<br>(一) 人人有权在其他国家寻求和享受庇护以避免迫害。<br>第十八条<br>人人有思想、良心和宗教自由的权利;此项权利包括改变他的宗教或信仰的自由,以及单独或集体、公开或秘密地以教义、实践、礼拜和戒律表示他的宗教或信仰的自由。<br>第十九条<br>人人有权享有主张和发表意见的自由;此项权利包括持有主张而不受干涉的自由,和通过任何媒介和不论国界寻求、接受和传递消息和思想的自由。<br>第二十条<br>(一) 人人有权享有和平集会和结社的自由。<br>第二十一条<br>(一) 人人有直接或通过自由选择的代表参与治理本国的权利。 |
|---|

关于经济、社会和文化权利是否应当像《经济、社会、文化权利国际公约》中的权利一样被视为人权,存在着一些争论。经济权利包括工作、获得公平报酬、适当住房和加入工会的权利。社会文化权利包括参与文化活动和享受科学进步成果的权利。这些权利有时被归类为"二等"权利[伯恩斯(Byrnes),2010 年]。这并不是说这些权利不重要,而是它们可以被认为是相对于我们身体健康所直接必需的生命、自由、免受酷刑和奴役的自由,以及其他公民和政治权利来说次要的权利。

《世界人权宣言》的起草者当然认为,经济、社会和文化权利是人权。《世界人权宣言》包括工作和获得公平报酬的权利(第 23 条),以及享受文化和科学进步成果的权利(第 27 条)。另一项核心的经济、社会和文化权利是**自决权**,《经济、社会、文化权利国际公约》第一条规定了这项权利。自决意味着共同体应当"自由决定其政治地位,自由追求其

> **自决权:**共同体应当能够自由决定其政治地位和未来发展的理念

经济、社会和文化发展”(联合国,2019 年)。下一章将讨论自决对于澳大
121 利亚原住民社区的重要性。

这些条约包含许多对人权的重要保护,但不幸的是,条约的执行最终取决于各国政府是否“买账”。人权条约并不会被自动纳入澳大利亚法律。

**批准**条约指政府同意受到条约条款的约束(这通常发生在政府高级成员签署条约文件时)。即使澳大利亚联邦政府批准了一项条约,这些保护措施仍然需要通过国内立法予以颁行。澳大利亚联邦政府批准了大多数国际人权条约,但是许多核心保护(如自由权、隐私权和言论自由权)尚未被纳入国内法(澳大利亚人权委员会,2009 年)。

> **批准:**签署条约并同意其条款

另一个问题是,人权不是**不可剥夺的**。不可剥夺的权利是不能被他人剥夺的。读者可能会认为,人权的基本性质意味着在法律上,它们永远不能被我们夺走或被政府侵犯。不过,在紧急情况下,几乎所有人权都可能受到**克减**。克减人权指中止或中断对人权的保护,通常是在规定的一段时间内。这意味着,政府在法律上可能不会保护一项人权,即使这项权利对人类的尊严来说是根本性的。

> **不可剥夺的:**不能被剥夺的

> **克减:**中止或中断法律义务

只有少数权利是**不可克减的**(也就是说,即使在紧急情况下,也不能剥夺或推翻这些权利)。不可克减的人权包括:生命权和免受酷刑和奴役的自由。然而,即使这些权利也不是绝对的:生命权在战争时期或通过合法的死刑可以
122 被剥夺,免于酷刑的自由并不能避免所有的强制性审讯,免于奴役的自由也不能使人们在紧急情况下免于强迫劳动。

> **不可克减的:**不能克减的

人权可能被克减意味着各国政府可以减少或暂停对人权的保护,以对付恐怖主义等对我们安全造成的严重威胁。即使根据世界上最强有力的人权文件,这也是允许的——尽管任何克减都应当是必要的、合理的,

并且与当前的威胁相称。例如,《欧洲人权公约》第 15 条规定,各国政府可以在“战争或者遇有威胁国家生存的公共紧急时期”克减人权,但前提是克减应“在紧急情况所严格要求的范围内”(欧洲委员会,2010 年)。[①]

## 第二节 《宪法》和人权

澳大利亚仍然是唯一一个在国家层面上没有对人权进行法律保护的自由民主国家(休谟和威廉姆斯,2013 年)。本节解释《澳大利亚宪法》及其所保护的权利、法院推翻与《宪法》不符的立法的权力(称为司法审查)以及澳大利亚保护人权的其他方式。

### 一、《澳大利亚宪法》

**《澳大利亚宪法》**是建立澳大利亚国家的法律文件。正如我们在第四章中所讨论的,《澳大利亚宪法》在许多重要方面架构了澳大利亚的法律体系。它确立了民主选举制度、明确了联邦议会的立法权、解释了行政机关和联邦高等法院的职能。

**《澳大利亚宪法》**:澳大利亚的根本性法律文件

《澳大利亚宪法》实际上是英国议会通过的法律的一部分,即 1900 年《澳大利亚联邦宪法法》(帝国)第 9 条。[②]但它不仅仅是一部法律的一部 123
分,或一部普通的法律。宪法之所以是一份基础性文件,有两个原因:澳大利亚境内通过的所有立法都必须与该文件一致,如果没有经过被称为

① 这里的译文使用的是欧洲人权法院官网上的中文译文。见“《欧洲保障人权和根本自由公约》”,载“European Court of Human Rights”,来源网址:https://www.echr.coe.int/Documents/Convention_ZHO.pdf,访问日期:2021 年 5 月 27 日。——译注

② 司法辖区“Imp”意味着帝国,指的是大英帝国。

**全民公决**的特殊程序，就不能改变这一文件。全民公决是全体澳大利亚人民进行的修改《澳大利亚宪法》文本的投票。要修改《澳大利亚宪法》文本，必须由澳大利亚人中的**双重多数**赞成。这些要求载于《澳大利亚宪法》第128条。宪法不能像普通法律一样在议会中进行修改。

**全民公决**：澳大利亚人民修改《宪法》文本的投票

**双重多数**：对《宪法》文本的任何修改都必须得到多数州中的多数人和全体澳大利亚人中的多数的批准的要求

双重多数要求条文规定，对于宪法的修改，必须有多数澳大利亚人民以及多数州的多数人投赞成票。换言之，在六个州中至少有四个州必须有多数人投票支持宪法修改，同时全体人民中也必须有多数人支持宪法修改。这一规定听起来像是在重复同样的事情，但实际上却给宪法的修改制造了一个巨大的障碍，因为某个州在投票上的微小差异可能会改变整个结果。在澳大利亚历史上，44 项提案中只有 8 次公投成功修宪（威廉姆斯和休谟，2010 年）。由于很难修改，《澳大利亚宪法》经常被称为**僵硬的宪法**（与之相比，各州宪法是**灵活的宪法**：它们是普通的立法，可以由议会以普通的方式进行修改，而无需人民投票）。

**僵硬的宪法**：非常难以修改的宪法

**灵活的宪法**：易于修改的宪法

《澳大利亚宪法》是在 19 世纪 90 年代的一系列会议上起草的，这些
124 会议被称为**制宪会议**。宪法草案经过了各殖民地选民和英国议会的批准。这就是为什么宪法中有一整章专门规定州政府的权力，并经常提到英国王室。例如，根据第 59 条规定，严格地说，国王有权否决联邦议会通过的任何法律。这在实践中从未发生过，不过它清楚地反映了《澳大利亚宪法》的英国渊源。

**制宪会议**：19 世纪 90 年代举行的一系列会议，讨论和起草《澳大利亚宪法》文本

对于澳大利亚法律和政治制度中许多重要的其他部分，宪法并没有

提到。例如,它没有提到总理是在下议院拥有多数席位的政党的领导人,或者如果该政党在联邦选举中失败,总理必须下台。事实上,《澳大利亚宪法》根本没有提到总理!澳大利亚的许多法律和政治制度是建基于传统之上的,而不是法律中列明的规则。令人困惑的是,这些不明确的规则和传统被称为**宪法惯例**。①

**宪法惯例**:引导澳大利亚许多法律和政治制度的不成文规则

## 二、宪法中的权利

《澳大利亚宪法》没有提到人权。不过,根据一项调查显示,61%的澳大利亚人认为澳大利亚有一部类似于美国《权利法案》的文件(瑞安,2017)。**人权法案**是一个国家宪法的组成部分,为人权提供法律保护。

**人权法案**:一国宪法的一个组成部分,为人权提供法律保护

有些人认为,澳大利亚拥有一部权利法案,这可能是因为流行文化经常提到美国权利法案中的保护措施。例如,在美国警匪片中,犯罪嫌疑人经常“诉诸第五修正案”(行使沉默权)。不过,《澳大利亚宪法》中绝对没 125
有《权利法案》。

宪法保护有限的一些权利。根据联邦《宪法》,第 80 条保护公民在刑事审判中,由陪审团审理可能会被定罪的行为的权利(读者可以在第八章和第九章中读到更多关于可能被定罪的行为和陪审团审理的内容)。第 116 条保护宗教自由权利,不过高等法院对此作了狭义解释,此条从未成功地被用于挑战议会立法(澳大利亚法律改革委员会,2015 年)。第 117 条禁止基于某人居住的州而对他予以歧视,但不禁止基于种族、宗教或性别的歧视。第 51 条第 31 款提供了一些对私有财产的保护,因为该条规定,只有在“公正的条件”下,联邦才能获得他人的财产(在电影《城堡》中,

① 制宪会议和宪法惯例的英文均为 constitutional conventions,所以作者认为这“令人困惑”。——译注

这一点变得尽人皆知)。

还有两种**隐含的权利**:选举权和政治交流的自由。隐含权利指宪法没有明确保护,但是高等法院通过解释宪法其他条款中的文字得以维护的权利。例如,选举权源自议会两院的成员应当由“人民直接选举”的要求(见第7条和第24条)[洛奇诉选举委员会委员案(Roach v Electoral Commissioner(2007)233 CLR 162)]。我们允许议会限制某些类别的人的选举权(如临时签证持有人、患有严重精神疾病的人、被判叛国罪的人或其他被长期监禁的囚犯)。可是,议会不能颁布一项法律,取消(例如)某一宗教或族裔群体中的公民的选举权。

> **隐含的权利**:《宪法》没有明确保护、但是高等法院通过解释《宪法》中的其他文字发展而来的权利

作为隐含权利的政治交流的自由保护与政府和政治事务有关的言
126 论。议会不能颁布立法限制人们通过公开发表或广播的形式在部长或政府政策的问题上作出何种言论。能够讨论、评价和批评我们选出的代表,是澳大利亚民主制度的一个核心方面。

高等法院用来判定一项法律是否违反了隐含的政治交流自由的标准包括两个方面。其一,法院会考查法律是否给政府或政治交流的自由造成了负担。其二,法院会考查法律所采取的手段是否与其所要服务的目的相称,该目的应当符合代议制和责任政府制度。第二个问题很复杂,但实际上是一个合比例和公平的问题。如果法律限制政治言论的方式与其所要实现的某些合法目的不成比例,那么该法律会被推翻。

重要的是要认识到,这一隐含的权利并不能充分保护我们的言论和见解自由等人权。隐含的权利只保护有关政治问题的言论,它不保护艺术、商业、个人或学术的表达,除非这些言论在某种程度上与政府政策或议会议员选举有关。隐含的权利甚至不是严格意义上的权利,实际上只是对澳大利亚议会立法权的限制。这与正式保护言论、见解和表达自由

等人权的宪法大不相同。

## 三、司法审查

高等法院有权推翻与上述这些权利或宪法上任何其他条款不一致的立法。这种权力被称为**司法审查**，指高等法院可以宣布一项法律无效，就好像它从未被议会颁布一样。在可能的情况下，高等法院 127
会对立法的条文进行**合宪解释**（以符合宪法的方式解释），而不是完全推翻，不过推翻法律的权力在许多高等法院审理的案件中被适用。

**司法审查**：高等法院推翻违反宪法条款的无效立法的权力

**合宪解释**：高等法院将法律条文解释为与宪法相符合的情况

司法审查权是从宪法文本中推断出来的，《澳大利亚宪法》没有明确提及这一点。高等法院借鉴了美国联邦最高法院裁决的著名的马布里诉麦迪逊案（Marbury v Madison），认为司法审查对于澳大利亚的宪法制度来说是“不证自明的”[澳大利亚共产党诉联邦（Australian Communist Part v Commonwealth（1951）83 CLR 1）]。这意味着，司法审查是我们的法律体系运作的一个核心的、不言而喻的特点。如果议会能够轻易地出台不符合宪法的法律，那么将宪法作为一个国家的基础性文件就没有什么意义了。

然而，由于《澳大利亚宪法》没有提到人权，所以高等法院不能推翻破坏自由、言论自由或其他基本权利的立法。这意味着澳大利亚联邦议会可以颁布影响任何一种人权的法律，而法院对此无能为力。从理论上讲，联邦议会甚至可以颁布一项法律授权政府对公民施以酷刑，而高等法院却不能因此推翻该项立法。高等法院可能从根本上不同意这项立法，但根本不存在使该立法无效的宪法依据。可能存在另一种方法使法律无效，例如，法律可能不符合《澳大利亚宪法》第 51 条中规定的权力清单的授权，或者可能违反权力分立原则，但是这些都是临时的和不完善的解决办法。它们不一定能够导致法律无效。

## 四、宪法为什么没有保护人权?

在宪法起草时没有将人权包括在内,有两个主要原因。其一,法律保
128 护被认为是不必要的,人们认为,澳大利亚议员的公正和理智就足够了。例如,在制宪会议上,亚历山大·考伯恩(Alexander Cockburn)博士(后来的南澳大利亚州长)说,一项权利法案将“反映我们的文明程度”。他相信人们会说,“澳大利亚各个美丽的州必须通过《澳大利亚宪法》中的一条规定才能阻止它们实施最恶劣的不公正行为”(比兹利,2017年)。他的观点有些道理,因为澳大利亚的议员不太可能允许种族灭绝或奴隶制等严重侵犯人权的行为。可是,同样明显的是,无论是在澳大利亚还是在世界各地,依靠议员的公正和理智始终不足以确保对人权的保护。

《澳大利亚宪法》未保护人权的第二个原因是公然的种族主义。宪法起草者普遍担心,保护人权会阻碍澳大利亚政府歧视少数种族和族裔社区。例如,当亨利·希金斯(Henry Higgins)(后来成为高等法院法官)在制宪会议上听到一项要求在《宪法》中加入人权条款的建议时,他问道:“我揣测,人权条款也保护黑人吧?”(休谟和威廉姆斯,2013年)

保护少数民族社区不受歧视正是人权应当被写入法律的原因之一。然而,在《澳大利亚宪法》起草的时候,这种观点却没有被普遍接受。

19世纪末的这些态度在塑造我们国家的基础性法律方面发挥了一定的影响,这导致直到今天,《澳大利亚宪法》在形式上还和过去基本相同。由于宪法很难修改,这个文件在很多方面已经过时了。

## 五、对人权的其他保障

《澳大利亚宪法》没有为人权提供正式的保护,但是澳大利亚还有其
129 他保护人权的方式。首先,有一种假设认为,法院会以符合人权的方式解

释立法，除非该立法的内容明确指向相反的方向。这就是所谓的**合法性原则**。在波特诉米纳汉案[Potter v Minahan (1908) 7 CLR 277]中，高等法院认为，议会“不可能”“推翻基本原则、侵犯权利或脱离一般法律体系，而不以无法拒绝的清晰方式表达其意图”。

> **合法性原则**：解释制定法的方法，认为法院应假定议会无意干涉基本权利和自由

在可可诉女王案[Coco v The Queen (1994) 179 CLR 427]中，高等法院澄清，议会对基本权利的任何干涉“必须以明确无误和毫不含糊的语言清楚地表达出来”。根据移民和民族事务部长诉张某案[Minister for Immigration and Ethnic Affairs v Teoh (1995) 183 CLR 273]的裁决，这意味着尽可能按照国际人权条约解释立法。

这是一个重要的原则，但是它有一个明显的弱点。如果议会使用明确的措辞侵犯人权，那么我们就无法依赖这一原则。例如，联邦议会在1958年《移民法》(联邦)中使用了明确的措辞，设立了无限期拘留难民的措施。在一个试图挑战该法律的宪法诉讼[卡泰布诉戈德温案(Al-Kateb v Godwin (2004) 219 CLR 562)]中，高等法院不得不支持该措施。

值得庆幸的是，澳大利亚有几部立法确实保护了人权。联邦议会通过的保护人权的立法的例子包括：

1975年《种族歧视法》(联邦)

1984年《性别歧视法》(联邦)

1992年《残疾人歧视法》(联邦)

2004年《年龄歧视法》(联邦)

1988年《隐私法》(联邦)

1986年《澳大利亚人权委员会法》(联邦) 130

1986年《澳大利亚人权委员会法》设立了澳大利亚人权委员会（AHRC），倡导在澳大利亚加强人权保护。人权委员会可以调查有关个人被对待的方式以及对政府部门行为的申诉。这些申诉可以一路被提交到联合国人权委员会（UNHRC），该委员会还可以进一步调查并向联邦政府提出建议。

不过，联合国人权委员会最终无法迫使澳大利亚政府遵循其建议。有时联邦政府甚至对此类建议不屑一顾。例如，在一份报告中指出澳大利亚对寻求庇护者的态度侵犯了其免于酷刑的权利之后，澳大利亚前总理托尼·阿博特（Tony Abbott）声称，澳大利亚人“厌倦了被联合国教育”（考克斯，2015年）。

在立法中而不是在宪法中保护人权的一个关键劣势是，立法可以由议会修改或废除。这种情况发生在2007年，当时霍华德（Howard）政府暂停了1975年《种族歧视法》（联邦）的效力，以允许对北领地的情况进行国家层面的紧急应对（通常称为北领地干预）。北领地干预旨在保护原住民儿童免受性虐待和照管不良，但是这一措施仍然引发了争议，原因有几个，包括缺乏与原住民社区的协商，以及在澳大利亚领土上部署军队（珀奇，2017年）。

2011年，联邦议会颁布了《人权（议会审查）法》，设立了**议会人权联合委员会**。该委员会在议会通过立法时对它进行审查，并向
131 议会报告该立法是否与人权保障相符。但是，它不能强迫议会修改议案，它只能提出建议。此外，该委员会中政府成员占多数，这意味着他们中的大多数可能会支持政府的立场。在实践中，这意味着明显损害人权的立法可以在几乎没有实质性变化的情况下得以颁行（威廉姆斯和雷诺兹，2015年）。

**议会人权联合委员会**：负责审查立法是否与人权保障相符的议会委员会

澳大利亚首都领地、维多利亚州和昆士兰州有着对人权更强有力的

法律保护。2004 年《人权法》(首都领地)、2006 年《维多利亚州人权与责任宪章》(维州)和 2019 年《人权法》(昆州)保护了一系列的人权,包括自由、人身安全、行动自由和表达自由。这种人权保护模式通常被称为**人权立法**,因为人权源于立法(议会立法)而不是宪法。

**人权立法:**允许法院宣告立法与人权保护不相符的一项立法

人权立法通常不允许法院推翻与人权保护不相符的立法。相反,它们允许所涉州最高法院发布**不相容声明**(在维多利亚州,这被称为"解释不一致声明")。这意味着法院在判决中报告说,某项立法与人权保护不相符,但这项立法仍然符合宪法并有效。这被称为人权保护的**对话模式**,因为它在法院和议会之间创造了对话:法院宣布对立法的判断,议会可以通过修改立法作出回应(科洛迪兹纳,2009 年)。最终,是否选择修改这项立法取决于议 132
会中的议员。

**不相容声明:**法院根据人权立法签发的声明,指出某项立法与人权保护不相容

**对话模式:**一种人权保护模式,法院可以宣告立法与人权保护不相容,但最终由议会决定是否修改法律

在澳大利亚的其他州和联邦议会,基本上没有任何法律可以阻碍它们颁布损害人权的立法。在法院里已经有一些关于"深层权利"理论的讨论,这种观点认为,可能存在某种尤其糟糕的立法,即使是议会也不能颁布,但是这种理论从未得到充分发展或成功适用。最终,人民必然会让制定侵犯人权的立法的政府承担责任。如果我们不喜欢一个政府提出的立法,那么我们可以在下次选举中不给它投票,这是澳大利亚民主制度的一个重要特点。可是这种途径提供的保护比宪法弱得多,宪法能够使立法归于无效。

澳大利亚缺乏人权保护是一个重大问题,因为这会允许澳大利亚各级议会颁布在其他国家可能无法想象的立法。例如,澳大利亚国内的情报机构——澳大利亚安全情报组织(ASIO)被授予了一项权力,可以将公

民拘留长达一周的时间以进行审问（有关这些权力的更多内容，参见第十二章）。如果被拘留者拒绝回答情报组织向他们提出的问题，或者在事件发生后两年内告诉任何人他们曾经被拘留，那么他们可能会被监禁五年。在一个宪法保护自由权、沉默权和言论自由的国家，这项立法是不可能出台的。

## 第三节 改变的可能性

在澳大利亚，人权可以通过两种主要方式在国家层面获得法律保护。其一，澳大利亚可以制定与美国类似的宪法上的《权利法案》。这需要通
133 过全民公决修改宪法文本。其二，联邦议会可以颁布一项类似于维多利亚州和首都领地的人权法的法律。

美国人权法案载于美国宪法的前十条修正案中。它保护言论、宗教和集会自由（第一修正案）、免于不合理搜查和扣押的自由（第四修正案）、正当程序和免于自证其罪的权利（第五修正案），以及获得公平审判的权利（第六修正案）。第二修正案因保护“持有和携带武器”（拥有和携带武器）的权利而闻名。

澳大利亚也可以修改宪法以保护人权（尽管我们不会保护携带武器的权利）。这一宪法保护模式的优势在于，它将允许高等法院以保护人权为由废除立法。不过，一个主要的障碍是，修改宪法需要全民公决，但全民公决很少能够成功（威廉姆斯和休谟，2010 年）。如果我们随后想要增加新的权利或修改现有的权利，人权法案也会很难修改。对宪法文本的任何微小修改都需要新一次的全民公决。

国家层面的人权立法更加容易颁布和修改，但是其提供的保护较弱。大不列颠联合王国 1998 年的《人权法》（联合王国）是其他国家人权立法

的一个例子。该立法将《欧洲人权公约》纳入英国法律。它为首都领地、维多利亚州和昆士兰州的立法提供了模板,因此它们的人权保护模式是类似的。它允许英国最高法院发布不相容的声明,英国议会可以对此作出回应,选择修改或保留侵犯人权的立法。

在新西兰可以找到一种不同的模式。1990 年《新西兰人权法》(新西兰)规定,法律的解释必须尽可能与人权保护保持一致,而且新西兰总检察长必须在法律似乎与人权保护不一致时向议会报告。这种模式提供的 134
人权保护类似于合法性原则和澳大利亚议会人权联合委员会所提供的。

制定法模式的一个优点是,澳大利亚议会更加容易颁布并随着时间的推移对其进行更新。可是,这也意味着在紧急情况下,其更加容易被修改或暂停适用。重要的是,如果遵循现有的模式,立法不会赋予高等法院基于人权保护进行司法审查的权力。

最后,考虑到宪法修改的困难性,在澳大利亚,制定国家层面的人权法仍然是更可能的途径。可是,(当下)实现国家人权保护的希望仍然很小。2009 年,陆克文(Kevin Rudd)总理的政府成立了由弗兰克·布伦南(Frank Brennan)神父领导的全国人权协商会。协商会收到了 35 000 份书面意见,其中 87%支持人权法案或人权立法(布兰森,2009 年)。协商会建议联邦议会颁布立法以保护人权,但政府从未采取行动。

## 本章要点

- 人权是仅仅因为我们是人就应当获得的核心保护和自由。人权包括生命、自由、人身安全、言论自由、宗教自由,以及免受酷刑、奴役和歧视的权利。
- 澳大利亚没有对人权的宪法保护。有一些保护人权的联邦立法,法院也会尽可能按照符合人权保护的方式来解释立法,但是高等

135 法院不能以侵犯人权为由推翻法律。

- 有两种途径可以在国家层面改善对人权的保护：联邦政府可以发起全民公决，将权利法案纳入宪法，或者联邦议会可以颁布保护人权的立法。人权立法仍然是更有可能实现的途径，但是它提供的保护比宪法模式要弱。

## 讨论题

1. 你能找到本章开头列出的国际人权条约（如《联合国儿童权利公约》）的副本吗？这些条约保护哪些权利？

2. 你认为经济、社会和文化权利是否应当归为人权？它们是确保人的尊严所必需的吗？

3.《澳大利亚宪法》保护哪些权利？

4. 什么是隐含的权利？

5. 人权法案和人权立法有什么区别？

6. 人权法案的优点和缺点是什么，人权立法的优点和缺点是什么？

7. 你认为，在没有宪法保护的情况下，通过澳大利亚的民主和政治制
136 度对人权的保护充分吗？为什么？

# 第七章　原住民和法律

在本章中，读者将了解：

● 正义和主权对于澳大利亚的第一批人民来说意味着什么？

● 英国对澳大利亚的殖民和无主土地原则（“不属于任何人的土地”）

● 高等法院作出的具有里程碑意义的马博案判决推翻了无主土地原则，承认原住民的所有权

● 宪法缺乏对原住民的承认 137

多样的原住民和托雷斯海峡岛民文化在澳大利亚已经存在了至少65 000年（韦勒，2017年）。相比之下，澳大利亚这个国家自1901年联邦成立——大约120年前——以来才存在。

原住民是澳大利亚的第一批人民，他们有着丰富的文化和历史，但与整个澳大利亚人口相比，他们处于不利地位。原因有很多。不过其中有一个关键问题是，澳大利亚的法律制度如何对待原住民。由于澳大利亚曾经被英国殖民，因此其法律制度一直未能充分承认原住民以及他们在我们的社会中所发挥的重要作用。

本章首先解释正义对澳大利亚原住民社区意味着什么。其次介绍

**主权**这一重要概念。主权在传统上意味着统辖某一特定领土的权力，但是对澳大利亚原住民来说还有许多其他含义。本章的其余部分集中关注英国对澳大利亚的殖民、高等法院具有里程碑意义的马博案判决，以及宪法承认原住民过程中的法律问题。

> **主权**：传统上意味着统辖某一特定领土的权力的概念

## 第一节　原住民的正义

在第五章中，我们讨论了正义的许多不同含义。正义理念的核心是关于什么是公平或“正确”的，以及如何减少不平等的感觉。

我们讨论了社会正义和分配正义的概念——机会和结果是否在整个社会公平分配。根据这一含义，澳大利亚原住民社区显然面临着严重的不公平对待。与非原住民人口相比，原住民面临着系统性劣势，包括预期
138 寿命较短、识字率和识数率较低、失业率和可预防疾病患病率较高（澳大利亚联邦政府，2018 年）。

联邦政府的“弥合差距运动”旨在减少这些在机会和结果上的差异（澳大利亚联邦政府，2018 年）。该运动在许多目标上取得了进展，但仍有许多工作要做。最近，该运动在教育效果和减少儿童死亡率（0—1 岁儿童的死亡）方面取得了重大进展。可是，精神疾病和药物滥用的比率却越来越高（澳大利亚联邦政府，2018 年）。

当前的一个主要问题是，澳大利亚原住民的监禁率远远高于其他人口。前参议员兼总检察长乔治 · 布兰迪斯（George Brandis）将原住民监禁率称为“国家悲剧”（索普，2018 年）。原住民约占澳大利亚人口的 3%，却占监狱人口的 27%（澳大利亚法律改革委员会，2017 年）。2000 年至 2015 年间，原住民监禁率上升了 77%（澳大利亚法律改革委员会，2017

年）。另一种计算监禁率的方法是，在既定的人口背景下，每 10 万人中有多少人被监禁。就整个澳大利亚人口而言，每 10 万人中有 164 名囚犯（澳大利亚统计局，2018 年）。对于原住民来说，这一数字是每 10 万人中有 2 481 名，大约高出前一数字 15 倍（澳大利亚统计局，2018 年）。

在澳大利亚原住民人口中，累犯率——多少人在获释后被重新监禁——也明显较高。2016 年，多达 76％的原住民囚犯在此之前就曾经被监禁，而非原住民囚犯中曾经被监禁的比例为 49％（澳大利亚法律改革委员会，2017 年）。 139

这些令人讶异的监禁率源于贫穷、代际创伤和悲伤的循环，会影响几代原住民。这种循环始于英国对澳大利亚的殖民统治，殖民者将原住民与社会上的其他成员隔离开来，还使得原住民丧失了他们与土地之间的精神关联。

> 土地剥夺和边缘化造成了原住民和托雷斯海峡岛民遭受着严重的和多种形式的不利情况。原住民和托雷斯海峡岛民所面临的高比例的刑事犯罪指控源自贫穷、代际创伤和悲伤的循环，以及在他们的一生中遭系统性不公正经历的累积。

另一个问题是，原住民社区，特别是偏远地区的原住民社区，在接近正义方面面临重大障碍。缺乏可诉诸的法律意见服务和较少的替代性刑罚选择（如毒品和酒精康复计划），对原住民监禁率明显较高的情况有一定的影响（澳大利亚法律委员会，2018 年）。

进一步减少这种不平等现象对于为原住民伸张正义而言具有重要意义。理想的情况是，原住民所能够得到的结果和机会与非原住民的澳大利亚人之间没有差距。

不过，重要的是，为澳大利亚原住民伸张正义包括更多的内容。它包括澳大利亚政府对过去错误行为的承认，以及道歉的想法——这些错误行为造成了原住民经历的持续的劣势。

2008 年 2 月 13 日，时任总理陆克文正式向澳大利亚原住民道歉。他的道歉是面向联邦议会拥挤的公众旁听席作出的，同时有数千人在议
140 会外庆祝。

道歉的重点是**失窃的几代人**：一代又一代的原住民儿童被强行从家庭中带走，并被教育接受白人文化。这是澳大利亚政府**同化**政策的一部分，即处于其他文化传统之中的人应该拒绝接受他们自有文化的遗产，而成为占主导地位的白人社区的一部分。在同化政策下，多达 50 000 名原住民儿童被国家强行带走（里德，2014 年）。这是澳大利亚近代历史的一部分，因为直到 20 世纪 70 年代初，原住民儿童仍然会被带离他们的家庭（兰德尔，2011 年）。对原住民儿童会被从家庭中带走的担忧仍然存在，因为在儿童保护系统中，原住民儿童的比例大约是非原住民儿童的 10 倍（埃弗谢德和阿拉姆，2018 年）。

> **失窃的几代人**：一代又一代的原住民儿童，他们被强行从家庭中带走，并被教育接受白人文化

> **同化**：处于其他文化传统之中的人应当拒绝接受他们文化的遗产、并成为占主导地位的白人社区的一部分的政府政策

陆克文总理在道歉时说道：

> 我们为历届议会和政府的法律和政策给我们澳大利亚人造成的巨大悲痛、痛苦和损失而道歉。
>
> 我们特别为原住民和托雷斯海峡岛民儿童被带离他们的家庭、他们的社区和他们的国家而道歉。
>
> 对于失窃的这几代人、他们的后代和他们的留守家庭的痛苦、苦难和伤害，我们深表歉意。（陆克文，2008 年）

这些话具有历史性意义和重要价值。陆克文(2008 年)在道歉中承认,语言不足以解决原住民社区面临的重大和持续的不利条件。但是,这 141
是澳大利亚历史上联邦政府第一次承认自己过去的错误,承认其法律和政策对原住民社区的深远影响。

这次道歉已经过去十多年了,此后联邦政府再也没有进行过任何类似的重大行动。为原住民伸张正义的下一个重要步骤将是在《澳大利亚宪法》中承认澳大利亚的第一批人民。澳大利亚的基础性法律文件根本没有提到原住民。如下文将进一步解释的,在《澳大利亚宪法》中承认原住民方面,澳大利亚已经采取了一些行动,但尚未成功。

## 第二节 主权

一个有助于了解原住民在澳大利亚法律制度中地位的重要概念是主权。法国政治理论家让·博丹(Jean Bodin)在 1576 年撰文,将主权定义为“不受法律约束的统治公民和臣民的最高权力”(萨宾,1920 年)。根据这一含义,**主权者**这个词经常可以与**君主**互换使用,君主指国王或王后。君主是享有针对特定领土内的人民的不受限制的行政权力的统治者。

**主权者:**有权统治某一特定领土的统治者;经常可以与国王或女王互换使用

**君主:**国王或女王

今天,主权更经常地用来描述一个国家的政府的法律和政治权力。这就是为什么我们认为**主权国家**是国际社会的成员。拥有主权国家这一正式地位使一个国家能够通过条约和外交政策与其他国家打交道。联合国是一个由 193
个成员国组成的国际组织。这些国家都是公认的主权国家,它们参加联 142
合国大会。联合国大会就像一个国际议会,主权国家在这里讨论全球的

**主权国家:**一个独立的国家的政府

法律和政策问题，其中包括经济发展、和平与安全以及国际法。

澳大利亚法制史的特殊之处在于，英国政府的主权、澳大利亚新兴政府的主权以及已有原住民的主权之间存在着复杂的关系。在阅读本章的其余部分时，读者应当思考一下这些不同的主权是如何相互影响并相互竞争的。主要问题是，在一个推定澳大利亚政府享有基本立法权的法律体系中，原住民主权能否得到承认。

法院非常明确地指出，根据澳大利亚法律，不可能承认原住民主权。在越塔越塔原住民社区成员诉维多利亚州案[Yorta Yorta Aboriginal Community v Victoria(2002)214 CLR 422]中，法官嘉瑁(Gummow)和海恩(Hayne)裁决指出：

> 英国王室宣称主权必然意味着，在其声称拥有主权的领土上此后不可能存在平行的立法体系。否则就等于拒绝英王获得主权，正如前面所指出的那样，这是不允许的。

这意味着主权(根据高等法院的意见)是绝对的，不能分享的。英国的主权最终变成澳大利亚政府的主权，是澳大利亚境内唯一能够存在的主权。尽管高等法院在具有里程碑意义的马博案中承认了原住民对土地享有的传统权利，即原住民土地所有权(这一判决将在下文中进一步解释)，但是在科埃诉联邦案[Coe v Commonwealth(No 2)(1993)118 ALR
143 193]中，首席大法官梅森(Mason C.J.)认为，马博案的判决意见“完全不同意澳大利亚原住民拥有与英国王室对立的主权的观点”。在威克人诉昆士兰州案[Wik Peoples v Queensland(1996)187 CLR 1]中，柯比(Kirby)法官判决指出，马博案没有建立“双重法律体系”，原住民权利必须源自澳大利亚的法律体系，而不是一些先前的权力或习惯法。

根据传统意义上的主权概念，这是有意义的，因为传统的主权概念描述的是根本性的立法权力。如果我们以这种方式思考主权问题,那么假如原住民的主权也在“平行”的法律体系中得到承认,那么澳大利亚政府就不可能拥有完全的主权。这就是为什么首席大法官梅森将原住民主权描述为与澳大利亚政府的主权“相对立”(即相反或与之相竞争)。拥有相互竞争的主权会损害澳大利亚作为主权国家的地位。

然而,这种对根本性立法权的解释过于简单化了。首先,机构主权和民众主权之间经常是有所区分的(布伦南、甘恩和威廉姆斯,2004 年)。**机构主权**是指议会和政府行政部门等机构所享有的法律和政治权力。相反,**民众主权**是我们所有人——人民——所固有的立法权力。这一观点与我们在第四章中探讨的民主概念和卢梭的社会契约理论是一致的。在一个自由民主的社会中,主权者的权力最终来源于我们固有的统治权力。这意味着原住民同所有其他澳大利亚人一样,拥有与生俱来的或固有的主权,可以与澳大利亚政府的主权共存。 144

**机构主权**:像议会等机构享有的法律和政治权力

**民众主权**:人民固有的立法权力

对原住民来说,主权可能意味着许多其他事物。主权可能意味着与土地之间的联系、与生俱来的种族认同、法律和政治正义,以及承认和包容的开始(布伦南、甘恩和威廉姆斯,2004 年)。正如布伦南、甘恩和威廉姆斯(2004 年,第 2 页)所解释的,主权是“原住民作为个人和群体所享有的决定自身未来的基本权力”。这是一个与博丹所界定的、或者高等法院所依赖的概念非常不同的概念。这一概念反映了一种更具精神意义的主权概念,一个关于承认澳大利亚土地上第一批人民的独特文化和历史以及他们与这片土地的联系的概念。

2017 年发布的**《发自内心的乌鲁鲁宣言》**(Uluru Statement from The Heart)是一份关于原住民权利和承认的宣言,它反映了

**《发自内心的乌鲁鲁宣言》**:公民投票委员会在 2017 年发布的关于原住民权利和承认的宣言

主权的不同含义：

> 这种主权是一种精神观念：土地或“自然母亲”与在那里出生，仍然依附于此、且有朝一日必然回到那里与我们的祖先团聚的原住民和托雷斯海峡岛民之间的祖传纽带。这种联系是土地所有权的基础，或者更准确地说是主权的基础。它从未被让与或消灭，一直与王权共存（公民投票委员会，2017 年，第 2 页）。

**自决权**：共同体应当能够自由决定自己的政治地位和未来发展的理念

这种类型的主权与**自决权**是一致的。这项权利受到《经济、社会、文化权利国际公约》第 1 条的保护。自决意味着每个人都有权“自由决定自己的政治地位，自由追求自己的经济、社会和文化发展”（联合国，
145 2019 年）。这种类型的主权当然可以得到澳大利亚政府和高等法院的承认，而不会与王室主权“相对立”［科伊诉联邦（Coe v Commonwealth（No 2）（1993）118 ALR 193）］。

## 第三节　殖民、联邦及其后

如果不追溯澳大利亚法律制度对待原住民的历史，就不可能充分了解原住民目前所面临的不利处境。本节简要介绍澳大利亚法律制度的发展历史，从 1788 年英国对澳大利亚的殖民统治开始。

### 一、殖民和无主土地

澳大利亚只是被英国殖民和统治、并被作为大英帝国的一部分的众多国家之一。普通法中有三种理论解释英国和其他殖民国家如何能够控

制另一个国家：一个国家可以：(1)被征服，(2)被让与；或(3)被定居。被**征服**意味着英国使用武力强行控制这块土地上既有的人民。被**让与**意味着既有的人民同意把国家的控制权交给英国政府("让与"意味着投降或"放弃"某些东西)。让与可以通过条约——一个具体规定该协议条款的法律文件来实现。

**征服**：通过武力控制一个国家

**让与**：投降、放弃或转让

在前两种情况中，英国承认该国是由一个拥有既定法律制度的既有民众群体所有和占领的。这意味着既存的民众和新的英国人将在这块土地上共存。在英国明确修改法律之前，既有法律体系将继续有效。 146

第三种可能性是在一个国家**定居**，这意味着该国没有既存的民众或法律制度，英国可以简单地主张其是无主土地。这一理论适用于"沙漠和未开垦"的土地(即空旷和未开发的土地)(赛克，2005 年)。

**定居**：主张对无主土地的所有权

定居理论适用于澳大利亚，尽管原住民在这片土地上生活了至少 65 000 年。定居意味着英国法律直接适用于澳大利亚。这种情况始于 1788 年，当时第一舰队抵达悉尼湾，总督菲利普升起旗帜，以大英帝国的名义宣称拥有这片土地的所有权。英国仅仅是宣称自己拥有这片"新的"领土。

**无主土地**是一个法律上的拟制，其允许定居理论在澳大利亚适用，尽管该土地上已有原住民。**法律拟制**是一种具有法律效力但是以事实上不准确的东西为基础建立的原则。无主土地的意思是"不属于任何人的土地"。该原则基于一种歧视性的观念，即原住民"在社会组织的规模上太低级"，根本不能被视为人类(赛克，2005 年)。换言之，这片土地上确实有人，但是这些人被认为是如此原始或野蛮，以至

**无主土地**：法律上的拟制，允许英国在澳大利亚定居(指"不属于任何人的土地")

**法律拟制**：具有法律效力但是事实上并不准确的原则

于英国法律不承认他们。1837 年，一个议会委员会向下议院（英国议会下院）报告说，澳大利亚的原住民是如此“野蛮”和“赤贫”，他们对土地所有权的主张应该被“完全无视”［马博诉昆士兰州 II（Mabo v Queensland（No 2）（1992）175 CLR 1）］。

## 二、走向联邦及其后

在英国人定居澳大利亚之后，澳大利亚的土地上还没有我们今天所
147 知道的“州”。有互相独立的殖民地，首先在现在是新南威尔士州和范·迪曼（Van Diemen）的土地（后来被称为塔斯马尼亚州）之上，然后在西澳大利亚州、南澳大利亚州、维多利亚州和昆士兰州的土地之上。随着这些殖民地发展成熟，地方的法院和议会也逐步建立起来。例如，1823 年《新南威尔士法》为新南威尔士州设立了法院和议会，并将范·迪曼的土地作为一个独立的殖民地设立了自己的最高法院。

到了 19 世纪 80 年代，人们开始讨论将殖民地合并为一个单一的国家，称为澳大利亚联邦。我们在第四章讨论了建构这种联邦政府体系的一些原因，包括加强安全、处理逐渐增长的交通运输要求和税收的减少问题。1889 年，亨利·帕克斯（Henry Parkes）在新南威尔士州北部发表了著名的**《坦特菲尔德演说》**（Tenterfield Oration），他在演说中向澳大利亚公众解释了建立联邦政府体制的理由。这就是为什么帕克斯被称为“联邦之父”（丹多-柯林斯，2015 年）。

**《坦特菲尔德演说》：**亨利·帕克斯爵士解释建立联邦体制的演讲

《澳大利亚宪法》的文本是在 19 世纪 90 年代的一系列制宪会议上起草的。这些会议分别在阿德莱德、悉尼和墨尔本举行，出席会议的代表来自各个殖民地。许多代表后来成为州长和联邦高等法院的法官。制宪会议上代表们辩论的记录，被称为**《澳大利亚联邦会议记录》**（Records of the Australasian

**《澳大利亚联邦会议记录》：**制宪会议记录

Federal Conventions)，是重要历史文件的一个合集。这些记录为如何解释宪法提供了指引。

在这些会议之后，1888 年，宪法草案被提交给澳大利亚人民进行全民公决（全国投票）。第一次尝试没有成功，但在进一步修改后，《澳大利亚宪法》文本于 1899 年获得批准。随后，澳大利亚请求英国女王在英国 148
议会中通过该宪法，1900 年，其作为 1900 年《澳大利亚联邦宪法法》（帝国）颁布。

《澳大利亚宪法》于 1901 年 1 月 1 日的联邦时刻生效。联邦是澳大利亚的殖民地作为州联合起来组成的澳大利亚联邦。

在联邦成立时，人们对原住民的看法还没有明显改善。在制宪会议上，代表们讨论了原住民是否有权在联邦选举中投票的问题。艾萨克·艾萨克斯（Isaac Isaacs，澳大利亚第一任总督，后来成为高等法院首席法官）声称，原住民“没有智力、兴趣或能力”参与投票（威廉姆斯，2000 年）。另一位后来成为高等法院法官的代表亨利·希金斯（Henry Higgins）认为，“要求他们进行明智的投票……是完全不合适的”（威廉姆斯，2000 年）。两位法官的观点反映了普遍存在的种族主义情绪。后来的西澳大利亚州总理约翰·福雷斯特（John Forrest）爵士表示，“澳大利亚各地都强烈反对引进有色人种”（威廉姆斯，2000 年）。南澳大利亚州的代表詹姆斯·豪威（James Howe）说，澳大利亚应当是“澳大利亚人和英国人的家园”（鲁本斯坦，1997 年）。

在 1901 年的第一次联邦选举中，原住民男子可以在除昆士兰和西澳大利亚以外的所有州参与投票。在南澳大利亚，原住民妇女也可以参与投票。但是直到 1962 年，即 1918 年《联邦选举法》（联邦）修订之后，澳大利亚各地的原住民成年人才有权在联邦选举中投票。1983 年，强制投票要求扩大到原住民。这意味着直到联邦成立 80 多年之后，投票权利才在所有澳大利亚人中实现完全平等。1983 年以前，虽然原住民被允许投

149 票，但是他们不必像其他澳大利亚人一样必须投票。

原住民权利的这种缓慢改善部分源于这一原因，即在联邦成立后很长一段时间内，澳大利亚在法律上没有被视为与英国相分离的独立国家。最初，州议会和联邦议会受到抵触理论和治外法权主义的限制。**抵触**意味着澳大利亚议会不能颁布与英国法律相冲突的法律，而**治外法权**意味着澳大利亚不能对其边境以外的区域立法。这些理论侵蚀了澳大利亚的主权国家地位，意味着英国政府仍然拥有针对澳大利亚人民的最终主权。

**抵触：**早期澳大利亚法律中的一种理论，认为澳大利亚议会不能颁布与英国法律相冲突的法律

**治外法权：**早期澳大利亚法律中的一种理论，认为澳大利亚议会不能对其边界以外的区域立法

1931 年《威斯敏斯特法》(帝国)取消了英国对联邦议会的这些限制，规定英国只有在澳大利亚的“请求和同意”下才能为澳大利亚立法。不过，直到 1986 年《澳大利亚法》(联邦)取消对州议会的这些限制，英国才不再能够为澳大利亚立法。首席大法官梅森在首都领地诉联邦案[ACT v Commonwealth(1992)108 ALR 577]判决中指出，该法“标志着英国议会合法主权的终结，并承认最终主权属于澳大利亚人民”。即便如此，直到 1999 年，在苏诉希尔案[Sue v Hill(1999)163 ALR 648]的判决中，高等法院才认为英国是澳大利亚法律中的“外国权力”。如果把 1986 年作为澳大利亚在法律上从英国独立出来的起点，那么这意味着澳大利亚作为一个完全独立的国家只存在了 30 多年。

## 第四节　马博案和原住民土地权利

马博诉昆士兰第二案[Mabo v Queensland(1992)175 CLR 1]，俗称
150 马博案，可能是高等法院作出的最著名的判决。该案的审理始于 1982

年，当时艾迪·柯基·马博（Eddie ‘Koiki’ Mabo）和其他梅里亚姆人主张他们对托雷斯海峡的默里群岛土地享有所有权。他们提出这样的主张，是在维护他们对这片土地所享有的传统权利。1992 年，高等法院作出了具有里程碑意义的判决，同意并支持梅里亚姆人民的主张。该判决根据澳大利亚法律规定确立了原住民土地所有权原则。

在他们的判决中，高等法院法官得出了两个非常重要的结论。其一，无主土地原则不再适用。他们在判决中指出，这一想法“是基于对原住民、其社会组织和习俗的歧视性诋毁”（马博诉昆士兰州第二案）。他们相信，澳大利亚的价值观从早期开始就不断发展变化，“这种不公正的和歧视性的理论”在“这个国家的当代法律中没有地位”。

第二个重要结论是，英国在殖民澳大利亚时，并没有自动获得对土地的完全合法所有权，这一结论在法官推翻无主土地原则之后即可得出。相反，英国仅获得了这块土地的**衍生所有权**（radical title）。衍生所有权不是完全的法律所有权，这意味着英国（现在是澳大利亚）政府对土地的权利要服从于任何有效的原住民所有权主张。**原住民土地所有权**是一种普通法上的土地所有权，源于原住民群体的传统法律和习俗。

**衍生所有权：**对澳大利亚土地的法律所有权，服从于有效的原住民所有权主张

**原住民土地所有权：**一种土地所有权，源于原住民群体的传统法律和习俗

如果一个原住民群体证明它在一片土地上一直维系着其传统的法律和习俗，那么他们就可以有效地主张对这块土地享有原住民所有权。这些法律和习俗必须是在英国殖民澳大利亚之前就已经存在了的。这种与
土地的传统联系必须延续到今天，而且从未被“消灭”。马博案判决中的 151
关键检验方法如下：

> 如果一个部族或团体一直承认以该部族或团体的传统为

> 基础的法律，并（在可行的范围内）遵守基于同一基础的习俗，因而在实质上维持了他们与土地之间的传统联系，那么就可以说该部族或团体的传统社区所有权仍然存在……不过，当历史潮流冲走了对传统法律的真心认可和对传统习俗的任何真心遵行时，原住民所有权的基础就消失了。（马博诉昆士兰州第二案）

提及“历史潮流”，意味着不再在一个地区践行其法律和习俗的原住民群体——或者那些历经了习俗中断的原住民群体——不能提出有效的原住民所有权主张。鉴于英国对澳大利亚的殖民对原住民与其和土地之间的联系造成了重大破坏，这一点是原住民提出有效的土地所有权主张的主要障碍。原住民所有权也会因任何对**永久业权**的授予而消灭，这是一种适用于大多数私人持有土地和住宅用地的完全法律所有权。

> **永久业权：**一种适用于大多数私人持有土地和住宅用地的完全法律所有权

原住民所有权主张现在受到1993年《原住民土地所有权法》（联邦）（“原住民土地所有权法”）的规制，该法律是联邦议会针对马博案颁布的。《原住民土地所有权法》以制定法的形式承认原住民的土地所有权，并规定了原住民提出所有权主张的程序。该法律还规定了其他事项，如补偿和原住民土地使用协议。后者是传统土地所有者与公司或政府部门之间
152 订立的自愿但有约束力的法律合同。这些协议通常涉及土地的未来开发、采矿、获取资源和雇用原住民工人等问题。

马博案代表了澳大利亚法律史上的一个转折点。高等法院推翻了自联邦成立以来，适用了近100年的歧视性的无主土地观念。通过建立原住民所有权的普通法规则，该案允许原住民主张他们对土地的所有权。这些权利在澳大利亚的法院中是可以强制执行的。这一判决在

当地“澳大利亚原住民中引发了广泛的庆祝和新的希望”（基恩-科恩，2017 年）。

不过，高等法院的判决也存在一些局限性，值得思考。主要的局限是法院没有推翻定居原则。法官们推翻了作为定居的法律基础的无主土地原则，但是他们同时也维持了澳大利亚被英国以定居方式殖民的观念。这一结论似乎是无法维持的，从法律上讲，这是判决的薄弱环节之一。这意味着，无主土地的法律后果——即英国能够主张土地所有权，因为没有人合法占有它——仍然是现行法律规则之一。

在上文关于主权的一节中介绍的另一个局限性是，马博案和随后的高等法院判决未能以任何形式承认原住民主权。认识到这一点将是在为原住民伸张正义方面向前迈出的重要一步，但这一点似乎是不可诉的。澳大利亚法律中唯一相关的主权是英国和澳大利亚政府的主权。

最后，原住民土地所有权对于能够有效主张这一权利的群体来说非常重要，但是证明一项权利主张可能非常困难。高等法院设立了一个高标准，要求原住民提供证据证明先于英国殖民存在的法律和习俗今天仍然得以被遵守（基恩-科恩，2017 年）。许多试图在法庭上证明原住民土地所有权的主张成立可能需要历经数年，甚至数十年时间（希里尼，2018 年）。 153

## 第五节　宪法上的承认

澳大利亚的宪法文本中没有提到原住民。一直存在的一个主要问题是，原住民应如何在宪法文本中得到适当承认，以及如何实现这一点。本节首先介绍 1967 年的全民公决，此次公决有助于推动对原住民权利的保障，但还不够深入。随后本节讨论两种最新的宪法改革模式。

## 一、1967 年全民公决

《澳大利亚宪法》首次颁布时，有两处提到了原住民。第一处是第127 条，该条规定，“原住民”在任何州或联邦的人口普查中都不被计算在内。第二处是在第 51 条第 26 款，这里涉及的是联邦立法权的一部分，称为**种族立法权力**。按照最初的草案，这一部分指联邦议会可以制定涉及“任何种族的人的法律——除了各州境内的原住民族——只要对联邦议会来说，有必要为他们制定特别法律”。这意味着，联邦议会可以为任何种族制定特别法律，除了澳大利亚原住民。

> **种族立法权力：**《宪法》第 51 条第 26 款，规定联邦议会可以为任何种族的人制定特别法

1967 年进行的一次成功的全民公决取消了这两项歧视性的规定(阿特伍德等，2007 年)。1967 年的全民公决是澳大利亚历史上最成功的一次，赞成票占 90.77%。此次公决完全删除了第 127 条规定，并从种族立法权力条文中删除了“除了各州境内的原住民族”这句。对后一个条文的修改意味着联邦议会有权为澳大利亚原住民制定特别法律。

1967 年的全民公决表明，占据压倒性多数的公众支持保障原住民权
154 利。可是，现在距离那次全民公决已经过去 50 多年了，它并没有带来在它最初出现时似乎能够带来的巨大成功。正如阿普比(Appleby)和麦金农(McKinnon)(2017 年)所解释的那样，“公投远远没有给人们带来他们认为他们当时投票所支持的东西，也没有给原住民带来他们想要的东西”。一直以来有一种假象，即全民公决使得原住民享有了在法律面前的平等地位，并保护他们不受歧视，但是对宪法所作的技术性修改并不能确保这一点。

1967 年所作的修改有两个主要的局限，第一个也是最明显的局限是，现在的宪法根本没有提到原住民。这些修改没有插入任何内容来取代原先的歧视性文本，因此宪法现在对原住民在澳大利亚法律中所享有

的地位仅仅保持沉默。考虑到澳大利亚第一批人民的重要的文化和历史，这是一个重大疏忽。

第二个局限是，种族立法权力不一定能够保护原住民不受歧视。该权力只允许联邦议会颁布“特别法”。这意味着这些法律必须专门针对原住民群体，但并不意味着这些法律必须是为了他们的利益（威廉姆斯，2007 年）。种族立法权力也可以用来支持种族歧视的法律。

第三个持续存在的问题是，《宪法》第 25 条蕴含了政府对原住民采取歧视性行动的可能性。第 25 条规定，在州选举中被取消投票资格的任何种族的人都不得计入任何人口普查数据。该条没有明确提到原住民，但它提出了原住民（或任何其他种族的人民）可能无法在州选举中投票，且不被视为澳大利亚人口的一部分的可能性。

## 二、专家小组

迄今为止，已经有几次试图纠正这些持续存在的问题的行动，但都没
有成功。2012 年，关于在宪法中承认原住民和托雷斯海峡岛民的专家小 155
组（“专家小组”）发布了一份重要报告。专家小组由原住民社区领袖、议
员、法学专家和其他代表组成。该组织受总理朱莉娅·吉拉德（Julia Gil-
lard）的政府委任，负责就如何对《宪法》进行修改以承认原住民族的问题
提供咨询和报告。

专家小组（2012 年）提出了四项主要建议。第一，该小组建议废除第 25 条和第 51 条第 26 款中规定的种族立法权力。第二，它建议插入一个新的第 51A 条来代替目前的种族立法权力规定。这一新的条文与种族立法权力类似，因为它将赋予联邦议会制定涉及原住民的法律的权力。不过，此条还将附上一些提示性文字，以确保任何此类法律都必须是有利于原住民的。专家小组建议按以下方式颁布第 51A 条：

**第 51A 条　承认原住民和托雷斯海峡岛民**

> 承认现在被称为澳大利亚的这块大陆及其岛屿最初由原住民和托雷斯海峡岛民占据；
>
> 承认原住民和托雷斯海峡岛民与其传统土地和水域之间的持续联系；
>
> 尊重原住民和托雷斯海峡岛民持续的文化、语言和遗产；
>
> 承认需要确保原住民和托雷斯海峡岛民的发展；
>
> 根据本宪法，议会有权在联邦的和平、秩序和良好政府方面
> 156 制定涉及原住民和托雷斯海峡岛民的法律。

新的第 51A 条的提示性文字在象征和法律意义上都很重要。从象征意义上讲，它承认原住民族在澳大利亚历史上的重要地位，而 1967 年的全民公决未能实现这一点。这类似于早些时候霍华德政府支持的给宪法增加一个序言的主张。序言是宪法介绍性文字的一部分。

1999 年，诗人莱斯 · 默里（Les Murray）为霍华德政府起草了一份序言草案，但从未付诸全民公决。他在草案中承认原住民"自古以来"就占据这片土地，并"因其古老且延续的文化而受到尊重"（兰伯特，2003 年）。第 51A 条的提示性文字是宪法文本内部的一种"微型序言"。

从法律上讲，第 51A 条中的"微型序言"很重要，因为如果此条通过，那么高等法院在解释联邦议会立法权的范围时就需要考虑序言中的内容。如果只是在宪法的开头加入序言（如霍华德政府的模式），那么法院在解释时是否需要考虑其中的内容就不是非常清楚。根据专家小组建议的文字，联邦议会将不再有颁布歧视原住民的法律的宪法权力。任何这样的法律都可能会被高等法院推翻。

第三，专家小组（2012 年）建议在宪法中插入新的第 116A 条。此条将禁止基于"种族、肤色、族裔或国籍"的歧视。第四，委员会建议插入新

的第 127A 条。此条将承认“原住民和托雷斯海峡岛民的语言是澳大利亚的原始语言，是国家遗产的一部分”。

专家小组的建议为实现《宪法》对原住民的承认提供了一个法律上可
行、经过充分考虑和文化上较为适当的模式。不幸的是，这些建议从未被 157
提交给澳大利亚人民进行全民公决。有很多可能的原因。两大政党内部的政治内讧和领袖更替可能会导致这些重要问题被忽视。也可能是单纯地缺乏限制联邦议会立法权的政治意愿，即使这将有助于实现更大范围的平等。也有人担心，禁止种族歧视的规定可能会走得太远，创造出类似于宪法权法案的东西(亨德森，2015 年)。这些担忧可能会扼杀改革，因为如果这种模式不是作为一个整体得到支持，那么全民公决就会失败。鉴于 44 项全民公决提案中只有 8 项获得成功(威廉姆斯和休谟，2010 年)，任何提交给澳大利亚人民的改革模式都需要得到**两党的**高度支持(即两大政党的支持)。

**两党的**：得到两大政党(工党和自由党)的支持

## 三、公投委员会

**公投委员会**：2016 年成立的一个组织，就原住民如何在《宪法》中获得承认的问题提出建议

2016 年，时任总理马尔科姆·特恩布尔(Malcolm Turnbull)和反对党领袖比尔·肖滕(Bill Shorten)在专家小组先前努力的基础上，成立了一个公投委员会。与专家小组一样，公投委员会成员由来自不同背景的专家代表组成(包括原住民社区领袖、学者、律师和卸任法官)。该委员会在 2016 年末至 2017 年初的六个月时间里，在澳大利亚各地举行了 13 次区域间对话，最终于 2017 年 5 月在乌鲁鲁举行了为期四天的第一批民族国家制宪会议(First Nations National Constitutional Convention)。250 多名代表出席了会议，他们聚集在一起讨论宪法改革建议。 158

与会代表接受并发布了《发自内心的乌鲁鲁声明》。这是一个历史

性的声明，承认“原住民和托雷斯海峡岛民部落是澳大利亚大陆及其邻近岛屿的第一批主权国家”（公投委员会，2017 年）。正如我们在本章开头所讨论的，《乌鲁鲁声明》将原住民主权描述为一种“精神观念”和与土地之间的“祖传纽带”。该声明承认澳大利亚原住民是“地球上被监禁最多的人”，通过有意义的宪法改革可以克服这些问题（公投委员会，2017 年）。

公投委员会（2017 年）提出了三项建议。第一，委员会建议修改《宪法》文本，以建立一个**第一批民族议会之声**的组织。这是一个代表性机构，帮助原住民在立法过程中获得发言权。第二，它建议澳大利亚所有议会通过一项“承认宣言”。这些宣言将承认原住民、英国政府机构和“我们多元文化的统一”的共同的故事。第三，它呼吁建立一个**马卡拉塔委员会**（Makaratta Commission）。Makaratta 一词来自阿纳姆地区约伦古人的语言。正如著名的原住民律师、学者、活动家和社区领袖诺埃尔·皮尔逊（Noel Pearson）所解释的：

> **第一批民族议会之声：**由公投委员会建议设立的、在议会中的原住民代表机构

> **马卡拉塔委员会：**一个讲述真相的委员会，将帮助人们克服曾经的伤痛，象征着和平地恢复

> 马卡拉塔的约伦古理念反映了两个族群在斗争后走到一起、弥合过去分歧的想法。它是关于承认做了错事，并试图纠正
> *159* 的理念。（皮尔逊，2017 年）

马卡拉塔委员会将促进原住民社区和澳大利亚政府之间的区域性“实话实说”进程（公投委员会，2017 年）。这将帮助人们克服曾经的伤痛，象征着和平地恢复。在这个意义上，这一进程大体上类似于我们在第五章中讨论的恢复性司法的理念。

作为对公投委员会报告的回应，联邦政府成立了一个议会联合委员会，审议在其他宪法改革提案中的此类建议。这被许多人认为是对历史声明的软弱和不尊重的回应（亨特，2017 年）。总理马尔科姆·特恩布尔（Malcolm Turnbull）于事无补地说，原住民议会之声这一组织与澳大利亚的民主制度不一致，因为在这个组织中，只有原住民才有权推选他们的代表（卡维拉斯，2018 年）。

2018 年 11 月，该联合委员会发布了一份报告，同意建立第一批民族议会之声（特别联合委员会，2018 年）。不过，该委员会建议采用“共同设计”程序，通过进一步协商，确定最终模型，而不是建议通过全民公决将此类修改提交给澳大利亚民众决定（特别联合委员会，2018 年）。目前尚不清楚，新的磋商与公投委员会已经开展的实质性进程有何不同。

实现承认原住民的宪法改革仍然是一个缓慢的，往往是政治性的进程。实现这样的改变之所以重要，不仅仅是因为它具有象征性力量。宪法承认对所有澳大利亚原住民也有实际好处。澳大利亚和新西兰皇家精神病医生学院在提交给专家小组的材料（2012 年，第 40 页）中解释说，宪法承认将是改善原住民社区成员心理健康状况的一个重要
步骤： 160

> 承认澳大利亚原住民是澳大利亚的第一批人，是帮助改善原住民心理健康的关键一步。一个国家的宪法没有承认一个民族的存在，会对他们在社区中的认同感和价值观产生重大影响，并使得歧视和偏见长期存在，这进一步侵蚀了原住民的希望。

澳大利亚未来的政府能否实现这一重要改革，还有待观察。

## 本章要点

- 澳大利亚原住民面临着系统性的不公正，包括结果和机会的减少，以及监禁率的大幅度提高。这源于英国对澳大利亚的殖民统治，以及强行将原住民儿童从他们的家庭中带离。
- 高等法院的马博案判决推翻了无主土地的观念，该观念认为澳大利亚是由英国定居殖民的，因为它不属于任何人。高等法院也承认了原住民土地所有权，这是一种对土地所享有的传统所有权。
- 原住民群体可以通过证明其传统法律和习俗仍在一片土地上践行，从而提出有效的原住民所有权主张。
- 《澳大利亚宪法》没有提到原住民。在宪法中承认原住民，不仅对他们的人格尊严具有象征意义，而且也是实现正义的一个有效步骤。
- 专家小组和公投委员会都提出了有效的宪法改革模式，但是都没
161 有被提交给澳大利亚人民进行全民公决。

## 讨论题

1. 正义对原住民意味着什么，如何实现正义？
2. 原住民的主权观念与高等法院所诉诸的主权观念有何不同？
3. 马博案判决的主要优点是什么，其局限性是什么？
4. 一个原住民群体如何成功提出原住民土地所有权主张？
5. 《澳大利亚宪法》的哪些条文提到了原住民？
6. 专家小组和公投委员会提出了哪些宪法改革模式？你认为哪种模
162 式能够更好地实现《澳大利亚宪法》对原住民的承认？

# 第三部分

# 刑 事 司 法

# 第八章　刑事犯罪

在本章中，读者将了解到：

- 什么是犯罪？
- 有哪些不同类型的犯罪行为？
- 在何种情况下，某人的行为被视为犯罪？ 165

法律体系的核心功能是保护社区免受伤害。它通过惩罚实施犯罪行为的人来实现这一点。**犯罪**是造成伤害或道德上错误，且根据法律应当受到惩罚的行为。

> **犯罪：**造成伤害或道德上错误，且根据法律应当受到惩罚的行为

本章解释什么是犯罪、有哪些不同类型的犯罪行为以及法院如何判定一个人是否有罪等问题。

## 第一节　什么是犯罪？

犯罪是指一个人所做的（或有时没有做的）会受到法律惩罚的行为。我们在制定法中找到对犯罪行为的规定，其中明确了相关行为和相应处

罚。制定刑法主要是各州的责任，但是 1995 年《联邦刑法典法》(联邦)也规定了许多罪行。

例如，抢劫罪指使用(或威胁使用)暴力来窃取某物的行为。在昆士兰州，对该罪名的界定在 1899 年《刑法典》(昆州)的第 409 条中规定：

> **第 409 条　抢劫罪**
>
> (1) 盗窃任何东西，且在盗窃之时，或在紧接着盗窃之前，或在紧接着盗窃之后使用或威胁使用实际暴力，以获取被盗物品、避免或制服对物品被盗的抵抗的人，被认为犯有“抢劫罪”。

对抢劫罪的惩罚规定在第 411 条中：

> **第 411 条　对抢劫罪的惩罚**
>
> 166 任何犯抢劫罪的人可被判处 14 年监禁。

任何实施第 409 条规定行为(通过使用或威胁使用暴力盗窃物品)的人应当受到第 411 条规定的惩罚(14 年监禁)。通常，对犯罪的定义和应当判处的刑罚出现在制定法的同一条文中。

**应受惩罚**指某人在法律上应当受到此等处罚。这并不意味着每一个实施抢劫行为的人都会被监禁 14 年。这里规定的刑罚是最高刑罚，意味着被判有罪的人可能会被判处不超过这一期限的监禁。他们甚至可能会被判处完全不同类型的惩罚，比如被要求参加康复计划(有关量刑和惩罚的更多内容，参见第十章)。

**应受惩罚：**法律上应当受到某种处罚

这是一种相对简单的界定犯罪的方法：犯罪是指根据法律应当受到惩罚的行为。更加困难的问题是：为什么某些特定类型的行为被认为值得受到刑事处罚？换言之，为什么政府认为某些特定类型的行为是犯罪？

为了回答这些问题，我们可以从三个方面来界定犯罪。芬德利（Findlay）、奥格斯（Odgers）和杨（Yeo）给出了一些有益的解释，他们阐述了理解刑法的三种不同路径：个人自主路径、社区福祉路径和道德错误路径。

其一，我们可以把犯罪定义为对他人造成伤害的行为。谋杀和袭击是最明显的例子，因为它们是杀害他人或伤害另一个人身体的行为。不过，有时伤害是间接的。例如，当一个人出售非法药物时，用金钱交换此类产品不会立即伤害购买者，但是随后购买者服用这些药物会对他们的健康造成伤害。有些攻击行为甚至不需要直接接触：例如，**猥亵行为**是在另一个人在场的情况下实施不受欢迎的性行为。下文将进一步讨论这些不同类型的犯罪 167
行为，包括毒品犯罪和袭击。

**猥亵行为**：未经他人同意在其面前实施性行为

其二，犯罪是对社会造成伤害的行为。毒品会伤害个人，但也会对社会产生更广泛的影响。毒品对吸毒者的家庭、朋友和与其处于其他关系之中的人有重大影响（常设委员会，2003 年）。这些影响包括医疗卫生服务成本的增加、工作场所生产力的降低，以及犯罪和其他影响社会正常运转的活动的增加（常设委员会，2003 年）。

还存在另一类被称为**公共秩序犯罪**的犯罪行为，针对的是在公共场所进行的有害行为，如在公共场所当众小便、当众醉酒或使用冒犯性语言等。如果这种行为持续影响其他社区成员，那么这个社区就不是一个宜居的地方。

**公共秩序犯罪**：在公共场所进行有害行为的犯罪类型，如在公共场所当众小便或使用冒犯性语言等

其三，我们可以把犯罪定义为道德上错误的行为。杀害或袭击一个人当然会直接对他造成伤害，不过这也与我们认为在社会中很重要的价值和信念相冲突。我们认为，每个人都有权利过上充实的生活，在不受他人伤害的情况下从事日常工作。其他刑事犯罪，如非法赌博和卖淫，是更

直接地以道德原因为由对相关行为进行的规制。这些规定经常被描述为**家长式的罪名**，因为在其中政府更直接地决定了我们应该遵循的道德标准。

**家长式的罪名**：如非法赌博和卖淫等类似的罪名，直接以道德原因为由对相关行为进行规制

读者可以看到，这三种理念有重叠之处：犯罪不可能完全符合这三种理念中的任何一种。毒品可能伤害某个人，也对社会有着更广泛的影响，
168 读者也可以说吸食毒品在道德上是错误的，因为它会人为地改变我们的身体（一些主要宗教相信这一点）。谋杀行为会伤害一个受害者，它也影响我们的社会，此外，它还与我们的信念和价值观相冲突。

这三种理念也不能帮助我们确定，为什么某些有害行为不被视为犯罪。酒精引发的暴力行为仍然是各国政府和刑事司法系统关注的一个主要问题，但是 18 岁以上的成年人购买和饮用含酒精的饮料却是合法的。众所周知，吸烟会导致肺癌，但各国政府选择通过税收、教育和广告宣传来解决这一问题，而不是将购买烟草界定为非法行为。关于是否禁止、允许或规制有害行为的决定往往是复杂的，其中涉及政府、公司和更广泛公众之间的利益竞争。

这三种定义犯罪的路径只是从不同的角度来思考什么是犯罪，以及政府为什么要惩罚实施某些行为的人。它们提出的问题在政府提议通过立法设立新的罪名时特别有用。当政府在议会中提议将一项新的罪名纳入立法时，读者可能会问：这种行为应当是犯罪吗？第一，它是否会给某个人造成伤害？第二，它是否会给社会造成危害？第三，这种行为在道德上是错误的吗？如果这些问题的答案都是肯定的，那么它应该受到何种程度的惩罚？

刑法是由议会颁布的，因此关于什么是犯罪的决定会受到政治和媒体的巨大影响。新南威尔士州前检察官、澳大利亚员佐勋章获得者和皇家律师尼古拉斯·考德利（Nicholas Cowdery）很好地描述了这种互动。

有时立法过程运作得很好，但有时受政治或媒体报道的影响太大。

> 犯罪是由议员们创造的，他们通过立法来禁止某些特定行
> 为，并通过立法创设对违反这些禁令的行为的惩罚。如果有深 169
> 入研究、专家参与和评估的帮助，那么达至这一结果的过程是可以接受的；但有时，这一过程也可能是令人非常不满意的，因为对犯罪和惩罚的确立可能取决于立法者眼中的政治优先事项和紧迫问题，以及他们对我们应得之物的评估——而这些往往是通过小报媒体过滤而来的。（考德利，2014 年）

政治和媒体无疑影响了用以应对恐怖主义威胁的、许多有争议的法律的制定，读者可以在第十二章中读到相关内容。另一个例子是针对酒精引发的暴力而引入的有争议的强制性最低刑期，读者可以在第十章中读到相关内容。鉴于这些风险的存在，确保政府提出的所有新刑法议案都在议会中得到充分审查是非常重要的。

## 第二节　不同类型的犯罪行为

犯罪有许多不同的类型。本节介绍其中的一些主要类型，包括谋杀、攻击、财产犯罪和毒品犯罪。本节还解释即决犯罪和可公诉犯罪之间的一个重要区别。

### 一、杀人罪

当人们考虑严重犯罪时，常常会想到谋杀罪，这是一种非法**杀人**行为。非法杀人包

**杀人：**非法杀害他人

括**谋杀**(故意或不计后果地杀害他人)和**过失杀人**(非故意或过失杀害他人)。

> **谋杀**:故意或不计后果地杀害他人

> **过失杀人**:非故意或过失杀害他人

过失杀人有两种类型。“非法和危险行为过失杀人”是指,当一个人企图犯下其他罪行时——如袭击一个人或偷东西——在此过程中却杀害另外一个人。此
170 类行为必须具有“一定的造成严重伤害的风险”[威尔逊案(Wilson(1992) 174 CLR 313)]。“因犯罪过失杀人罪”是指,一个人在行为时因严重未履行理性第三人的注意义务而导致他人死亡。此类行为也必须具有很高的造成他人死亡或严重身体伤害的风险。例如,如果父母忽视喂养新生儿并致其死亡,那么他们的行为可能构成过失杀人罪。

## 二、攻击罪

另一种主要的犯罪类型是**攻击**。从本质上讲,攻击是指未经他人同意触碰他人的行为。不过,攻击也发生在一个人威胁他人并引起他人对可能遭受严重伤害的恐惧(吓唬他们)之时。严格地说,与他人进行的不受欢迎的暴力接触被称为**殴打**,不过攻击已成为描述这两种情况的更常见的术语。

> **攻击**:与他人之间的暴力接触,或者引起他人对可能遭受严重伤害的恐惧的行为

> **殴打**:与他人进行的不受欢迎的暴力接触

一种基本的攻击形式是殴打他人,造成他人轻微的身体伤害,如瘀伤和鼻子流血等。严重的攻击可能包括用刀割伤他人,导致大量出血和毁容。此外还有许多其他的攻击形式,其中包括不受欢迎的性接触。强奸(也叫**性侵**)是指一个人未经他人同意侵入其生殖器。还有一些攻击形式包括未经同意给他人服用某些物质,比如在饮料中掺入麻醉药或毒药。

> **性侵**:未经他人同意侵入其生殖器

攻击的严重程度取决于使用的方法和对他人造成的伤害程度。轻微

的伤害,比如推搡、弄脏衣物等,一般不会受到刑事处罚。攻击罪通常需要行为人给他人造成更为严重的伤害。不过,这一一般规则并不适用于涉及不受欢迎的具有性意味的接触的**猥亵**行为。未经受害人同意,触碰其生殖器通常不 171
涉及身体伤害,但这种行为仍然构成攻击罪,因为其侵犯了受害人的隐私,并造成其对接下来可能发生的不受欢迎的性接触的恐惧。

> **猥亵**:不受欢迎的具有性意味的接触

**实际身体伤害**指的是真实的但并非微不足道的伤害,例如严重的瘀伤或骨折。**严重身体伤害**,是指造成毁容、残疾或者未经治疗可能危及生命的非常严重的伤害。造成严重身体伤害的行为的例子包括切断动脉或在人的皮肤上泼硫酸等腐蚀性液体。**受伤**是指用刀片或其他工具割伤一个人的皮肤内层。

> **实际身体伤害**:真实的但并非微不足道的伤害

> **严重身体伤害**:造成毁容、残疾或者未经治疗可能危及生命的非常严重的伤害

> **受伤**:用刀片或其他工具割伤一个人的皮肤内层

所有这些类型的攻击行为都有相对应的罪名和惩罚。具体罪名还取决于行为人是否有意造成他人伤害,或他们是否不计后果地鲁莽行事。根据法律规定,**不计后果**意味着存在造成伤害的实质风险,但犯罪者无论如何还是选择继续进行他们正在做的事。例如,如果某人在桥上向迎面驶来的汽车扔下大石块,造成驾驶人或乘客受到重伤,那么他的行为可能构成不计后果地造成他人身体受到严重伤害。

> **不计后果**:存在造成伤害或其他后果发生的实质风险,但犯罪者继续实施他们的行为

攻击罪是一个有趣的犯罪类型,因为它是否成立取决于一个人是否同意与他人的接触。显然,在日常生活中,我们与他人有身体接触的情况很多。我们与遇到的人握手,或在公共交通工具上不小心撞上陌生人。人们每天都进行性行为,但这不是犯罪;相反,这是一项自然的、愉快的活
动。我们甚至不惜花重金观看足球运动员、拳击手和混血武术家等体育 172

明星以抢断、格斗和拳打脚踢等方式反复攻击彼此。这些行为会导致瘀伤、流鼻血,甚至骨折。社会上有很多行为在其他情况下可能成立攻击罪,但是我们却积极鼓励这种行为。

在这些日常活动中,我们如何知道何种行为成立攻击罪,何种行为不成立?这里,我们就需要**同意**的理念。一个人是否想要并同意某种接触,以及是否了解这种接触所涉及的内容,是决定这种行为是否应当受到刑事处罚的关键因素。在体育赛事中,运动员同意身体接触是比赛的一部分,因此他们没有实施犯罪行为(但是,他们并没有同意被踩踏、殴打或以危险方式对待,因此如果这些行为足够严重,也可能构成攻击罪)。在健康的关系中,双方都同意发生性行为时,也不存在性侵犯。

> **同意:**一个人想要或同意某事,并理解其中所涉内容

对于许多犯罪行为,例如一个人被刺伤或被汽车撞伤,我们可以假设此人没有同意与他人之间的接触。不过,同意并不总是容易确定的。需要证明对方并未表示同意,是许多性侵犯案件在法庭上引起争议的原因,争议的内容是受害人还是罪犯对事件的描述更准确。这可能会导致受害人丧失隐私,因为他们发出的短信、照片,甚至医疗记录都可以被接受为法庭证据,以确定他们当时是否同意进行性行为[史密斯(Smith)和韦克斯曼(Waxman),2018 年]。

如果行为人使用武器、未经他人同意给他人服用药物,或者伤害是由一群人造成的,那么对攻击的处罚就要严重得多。这些被称为**加重攻击罪**,指有一些额
173 外的因素使得罪行应当受到更严重的惩罚。

> **加重攻击罪:**因满足额外的条件导致攻击行为应当受到更严重的惩罚

## 三、财产犯罪

财产犯罪是另一种主要犯罪类型。财产犯罪描述的是一系列与偷窃物品有关的犯罪行为(这并不意味着会造成财产损失,尽管存在针对故意

破坏财物行为的罪名）。

在财产犯罪中，我们首先来看一种基本的犯罪行为，即未经他人同意从他人手中获取财物。这一行为在不同的州名称不同，在维多利亚州被称为“偷窃”（theft），在新南威尔士州被称为“盗窃”（larceny），在昆士兰州被称为“窃取”（stealing），但其核心定义是一样的。偷窃或窃取指未经他人同意拿走属于他人的东西，且犯罪者打算“永久剥夺”他人的东西（即不归还）。这听起来很简单，但可能会引发棘手的法律问题：电子银行中的资金是一种能够被盗取的“东西”吗，账户所有者是否真的拥有这些资金，犯罪者是打算偷还是只是借？

在偷窃或窃取之后，我们来看抢劫。抢劫是指一个人通过使用武力或暴力或使某人处于恐惧之中时拿走某物的行为。简单的抢劫可能是从一个人手中夺过一个背包，把他推倒在地，然后逃跑。一个更为严重的例子是，一个人用枪威胁银行出纳员，要求他交出钱财。这种行为构成**持械抢劫**，是一种加重的犯罪形式，会受到更严重的惩罚。在南澳州，对抢劫罪可判处的最高刑罚为 15 年，而对加重犯罪可判处的最高刑罚为终身监禁[1935 年《刑法统一法》（南澳）第 5AA、137 条]。如果罪犯故意造成受害人剧痛、使用或威胁使用攻击性武器，或与其他罪犯一起犯罪，那么就适用加重犯罪规定。 174

> **持械抢劫**：抢劫罪的加重形式，行为人使用了武器

另外一类财产犯罪是**欺诈**。欺诈指一个人不诚实地窃得他人的东西的行为。欺诈通常涉及诱使某人交出大量金钱的虚假陈述。例如，犯罪者可能会说服某人交出数千美元用于一项投资计划，然后卷款潜逃。网络欺诈越来越普遍：网络约会诈骗经常包括犯罪者说服受害人交出大量金钱用于虚假医疗手术或其他虚构的紧急情况（澳大利亚竞争和消费者委员会，2018 年）。

> **欺诈**：一个人不诚实地窃得他人的东西的行为

## 四、毒品犯罪

有许多罪行与非法药物有关。这些罪行可以分为四大类：使用、持有、供应和生产。这些罪行的严重性取决于所涉毒品的种类和数量。每个州都有复杂的规则来界定各种罪行成立所需的毒品类型和数量。一般来说，海洛因、可卡因和安非他明（如冰毒和摇头丸）等毒品被认为比在没有处方的情况下获得的大麻制品（大麻）或类阿片药物（如吗啡和羟考酮）更为严重。使用非法药物的方式包括吞咽、吸食或注射。

**持有**毒品意味着某人有意将毒品置于自己的掌控之中。此人并不必然拥有或购买毒品；毒品可能是别人的，但是在此人的车里或卧室里找到的。也可能的情况是，另一个人对毒品有着直接的物理控制，但是仍然由此人持有它们（例如，如果此人的朋友为此人隐藏毒品）。
175 这被称为**推定持有**，因为持有从控制毒品的人延伸到实际拥有者。此外，持有毒品用具，例如烟斗、吸食管和注射器也属于犯罪行为。

> **持有**：有意将某物置于自己的掌控之中

> **推定持有**：某人对某物有着直接的物理控制，但是此物归另一人所有

**供应**毒品不仅仅指出售毒品，它还可能包括免费给予、运输或以其他方式分发。如果某人大规模地向他人供应毒品，那么他的行为被称为**贩卖**。州和联邦法律都将这一行为规定为犯罪。联邦法律还将进口和出口毒品也规定为犯罪行为。

> **供应**：在与毒品有关的犯罪中，指贩卖、分发或运输非法药物

> **贩卖**：大规模地向他人供应毒品

**生产**毒品是指制造毒品，或者为了分发而准备或包装毒品。常见的例子包括：运营一个“冰毒实验室”以制造冰毒，或者使用水培系统种植大量的大麻。不过，非法药物的生产规模可能小得多，比如在后院种植一株大麻植物（昆士兰州政府，2018 年）。

> **生产**：在与毒品有关的犯罪中，指制造、准备或包装毒品

## 五、危害国家犯罪

另外一类严重犯罪涉及的是针对政府（“州”）的行为。这些罪名主要来自联邦法律，即 1995 年的《刑法典法》（联邦）。一个常见的例子是恐怖主义，指旨在影响政府或恐吓一部分公众的暴力行为。读者可以在第十二章中读到更多关于澳大利亚规制恐怖主义法律的内容。其他的例子包括间谍活动（谍报）、叛国和为另一个国家的军队而战。

## 六、其他犯罪

上述各种类别涵盖了主要的严重刑事犯罪类型。州和联邦法律中规定了数百种刑事犯罪——数量实在太多了，因此无法详细列举或讨论。 176
几种其他类型的犯罪包括：

- 危害公共秩序犯罪行为：例如，在公共场所、当众小便、当众醉酒、使用冒犯性语言和构成公害等。
- 道路交通犯罪行为：危险驾驶、酒后驾驶、无证驾驶或超速等。
- 职业健康和安全犯罪行为：如因未能维系工作场所符合安全标准而使工人面临死亡或重伤的风险。
- 环境犯罪行为：在受保护海域倾倒化学品或造成过度污染等。
- 家长式犯罪行为：如非法赌博和卖淫。

这些罪行越来越多地被处以侵权通知和罚款等惩罚，而不是监禁。这反映了一种可以用来理解刑法的治理路径，即通过经济处罚而不是进行全面的刑事审判来更快地处理犯罪［布朗（Brown）、坎尼（Cunneen）和罗素（Russell），2017 年］。

## 七、即决犯罪和可公诉犯罪

上述所有犯罪行为可以分为两大类：即决犯罪和可公诉犯罪。这两种不同的分类涉及的是犯罪的严重程度。**即决犯罪**是一种较

> **即决犯罪**：较轻犯罪，会被判处两年或两年以下监禁

轻的犯罪，通常会被处以两年或两年以下监禁。对即决犯罪的审判在地
177 方（治安）法院进行。

**可公诉犯罪**是一种更严重的犯罪，通常会被判处三年或三年以上监禁。根据《宪法》第 80 条，某人是否实施了联邦法律规定的可公诉犯罪必须由陪审团决定。对可公诉犯罪的陪审团审判，在地区法院和最高法院进行。不过，有些可公诉犯罪可以**循即决程序进行审理**，这意味着它们被视为类似于即决犯罪。这样处理需要征得被告人同意（关于即决犯罪和可公诉犯罪的不同审判程序的更多内容，参见第九章）。

> **可公诉犯罪**：一种更严重的犯罪，会被判处三年或三年以上监禁

> **循即决程序进行审理**：可公诉犯罪在地区法院由治安官审理

## 第三节　在何种情况下，某人的行为被视为犯罪？

如果法院在排除合理怀疑的情况下认定一个人实施了符合犯罪构成要件的行为，那么他将被判有罪。排除合理怀疑是一个非常高的标准，指对于被告人实施了犯罪行为这一情况必须不存在合理怀疑。

### 一、行为和过错要件

犯罪的**构成要件**是指需要排除合理怀疑地证明的组成部分或要素。例如，在第一章中，我们看过了新南威尔士州法律规定的谋杀罪，并通过在立法中加粗关键词提炼出其中的要件。这为我们提供了以下要件列表：

> **构成要件**：刑事犯罪的组成部分或要素

1. 致人死亡的作为或不作为；以及

2. 杀人的故意；或者

3. 造成严重身体伤害的意图；或者

4. 对人的生命漠不关心。

这些要件一般分为犯罪的物理要件和心
理要件。犯罪的**物理要件**描述的是犯罪实施 178
过程中的物理行为。在上述例子中，谋杀罪的物理要件指导致一个人死亡的作为或不作为。在其他情况下，罪名成立所需的物理要件可能指攻击一个人并造成伤害或盗窃某人的财产。物理要件也被称为**行为要件**或**犯罪行为**(actus reus，在拉丁语中是“有罪行为”的意思)。

**物理要件**：描述犯罪行为的要件

**行为要件**：犯罪物理要件的另一个名称

**犯罪行为**：犯罪的物理或行为要件(指“有罪行为”)

**心理要件**指的是犯罪人在犯罪时的心理状态。一般情况下，这意味着一个人必须有实施犯罪行为的意图。不过，心理要件可以指任何心理状态，包括不计后果或明知。

**心理要件**：描述犯罪者心理状态的要件

在上述例子中，谋杀的心理要件要求被告人要么故意杀人，要么故意造成他人严重的身体伤害，要么对人的生命漠不关心。这些都是可替代选项，意味着满足其中任何一个都将满足谋杀罪心理要件的要求。

心理要件也被称为犯罪的**过错要件**或**犯罪意图**(意为“犯罪心理”)。

**过错要件**：犯罪心理要件的另一个名称

为了便于使用，我们可以将前面列表中所列出的要件分门别类如下：

**犯罪意图**：犯罪的心理或过错要件(指“犯罪心理”)

犯罪行为

1. 致人死亡的作为或不作为；以及

犯罪意图

2. 杀人的故意；或者

179 3. 造成严重身体伤害的意图；或者

4. 对人的生命漠不关心。

一个人要被判有罪，其犯罪行为和犯罪意图都必须得到能够排除合理怀疑的证明。如果上述任何一项不成立，那么此人都将被**无罪释放**（被判无罪）。

**无罪释放：**认定被告人无罪

一个人要被判有罪，其犯罪行为和犯罪意图也必须同时发生：它们必须在同一时刻发生。通常这不是一个问题，但是在一些疑难的刑事案件中却可能成为一个问题。例如，在塔博·梅利诉R案（Thabo Meli v. R 1 WLR 228）①中，两名罪犯攻击一个人的头部，意图杀死他。他们以为他死了，就把他推下悬崖，让他的死亡看起来像是个意外。实际上受害人最终并不是死于头部遭到撞击或从悬崖坠落，而是死于后来暴露在恶劣天气中。罪犯辩称，他们不应当被判有罪，因为他们的杀人意图与受害人的死亡并非同时发生。他们的辩护最终没有成功，不过该案表明，对犯罪行为和犯罪意图的考虑对刑法来说是多么重要。这两个要素反映了刑法的核心理念，即在何种情况下，一个人应当被认定实施了犯罪行为。

**犯罪未遂：**一种未完成犯罪责任，犯罪人即便没有完成犯罪行为，他仍然会因试图实施犯罪行为被判有罪

## 二、未完成犯罪责任和协助犯罪责任

即便一个人没有完全完成犯罪行为，他仍然可能被认定为**犯罪未遂**。这被称为**未完成犯罪责任**，因为此人因不完全的犯罪行为

**未完成犯罪责任：**与犯罪未遂和共谋有关的法律规则（指“未完全成形或成熟”）

① 这里引用的是枢密院的一项判决，枢密院是英国的一个法院，以前是澳大利亚和其他殖民地的最高上诉法院。本案是对南非的一项判决提出的上诉的审理。

而受到惩罚(未完成是指“未完全成形或成熟”)。

一个人要被认定实施了犯罪未遂行为,他就必须采取一些旨在完成 180
犯罪行为的初步行动。从法律上讲,他必须做一些“不仅仅是作为”犯罪的“准备”的行为[1995 年《刑法典法》(联邦)第 11.1 条]。为犯罪做准备可能在道德上是错误的,会带来给他人造成伤害的风险,但是这种行为通常不会招致惩罚。一个人可以买一把枪,对它进行擦拭、装上子弹、练习射击,以便以后可以杀人,但是这些行为都不构成杀人未遂。

一个人的行为要被认定成立谋杀未遂,他必须试图杀死一个人,但是由于某种原因未能成功。这可能包括某人以杀人意图开枪射击他人,但是后者并没有死于枪伤。或者犯罪者可能扣动扳机,但是枪未能射出子弹,或者子弹没有击中目标。

另一种未完成犯罪责任是**共谋**。共谋指两个或两个以上的人同意在将来某个时候实施犯罪行为。与关于犯罪未遂的规则不同,共谋并不要求犯罪人采取某种旨在完成犯罪行为的行动,相反,法律惩罚的是谋划行为本身。[①]仅仅同意做某事不会伤害任何人,但是共谋在刑法中较为特殊,因为当多个罪犯涉及其中时,会增加犯罪行为给他人带来伤害的风险。

**共谋**:一种未完成犯罪责任,两个或两个以上的人可能因为同意实施犯罪行为被判有罪

一个相关的概念是**协助犯罪责任**。这一责任意味着即使另一个罪犯完成了犯罪行为,此人也可能被判有罪。如果一个人协助、

**协助犯罪责任**:一种延伸的刑事责任形式,某人可能因协助、教唆、怂恿或促成犯罪被判有罪

教唆、劝告或促成犯罪,那么他就是**共犯**。这 181
意味着,如果一个人鼓励、协助、指导或以其

**共犯**:一个人鼓励、协助、指导或以其他方式帮助犯罪

① 根据联邦法律规定,共谋确实需要犯罪者实施执行协议内容的“公开行为”——1995 年《刑法法》(联邦)。不过,这种规定仍然比未遂规则的范围更为宽泛,因为公开行为可能包括为犯罪做准备。

他方式帮助另一个人犯罪，那么他就可能被判有罪。例如，他可能提供凶器，或指导另一个人如何杀害他人。

近期发生的一个关于共犯的例子是，15 岁的法哈德·贾巴尔（Farhad Jabar）在帕拉马塔的新南威尔士警察总部外枪杀了柯蒂斯·程（Curtis Cheng）。拉班·阿卢（Raban Alou）因向贾巴尔提供枪支被判处 44 年监禁。阿卢承认实施了协助、教唆、劝告或促成该恐怖活动的行为[卡尔德伍德（Calderwood）和福特（Ford），2018 年]。

根据共犯规则，如果一个人同意实施犯罪行为，并在该犯罪行为实施时在场鼓励或协助另一名罪犯，那么此人也会被判有罪。例如，假设两个朋友同意在晚上进入仓库偷东西。其中一个守在外面，而另一个切断栅栏，打破窗户，到仓库里面偷东西。在这个案件中，守在外面的朋友没有完成犯罪的任何物理要件，但仍然会被认定实施了与主犯相同的罪行（抢劫、非法侵入、闯入和进入）。

## 三、抗辩理由

上述概念有助于我们判断在何种情况下某人的行为成立犯罪。还有一些概念可以帮助我们判断在何种情况下某人的行为不成立犯罪。

**抗辩理由**是一种特殊的法律观点，为一个人为何实施犯罪行为提供正当理由或借口。换言之，严格来讲，此人确实实施了犯罪行为，但为何犯罪嫌疑人不应当承担刑事责任或应当受到较轻的惩罚，存
182 在一些特殊的原因。这不同于辩称此人没有实施犯罪行为（尽管为被告人提出的任何辩护观点都可以称为广义的抗辩理由）。

> **抗辩理由：**一种特殊的法律观点，为犯罪行为抗辩或正当化部分犯罪行为

抗辩理由是一种特殊的法律观点，与犯罪一样，它也有构成要件。如果这些要件成立，那么即使犯罪人实施了有罪行为或持有犯罪心理，其犯罪行为或犯罪意图也会被否定（严格来讲，被告人必须提出抗辩理由存在

的可能性，随后控方应当对这些要件进行反驳）。

一种常见的抗辩理由是**正当防卫**。在这种情况下，一个人有合理的理由相信另一个人会杀死或严重伤害他（或第三方），因此他使用合理必要的武力来保护自己（或第三方）。这可以为被告人伤害或杀害对自身安全构成威胁的人的行为提供理由。例如，房主可能会在他人侵入房内时用菜刀杀死入侵者，因为他认为自己的生命处于危险之中。正当防卫还允许一个人以同样的方式保护第三方，如家人、朋友或旁观者。

> **正当防卫**：在这种情况下，一个人有合理的理由相信另一个人会杀死或严重伤害他（或第三方），因此他以合理必要的武力作为回应

正当防卫是一种**完全抗辩理由**，这意味着以此种理由进行抗辩的被告人会被判无罪。当然，在具体案件中通常会存在一些困难的问题，即被告人所使用的武力是否合理必要。遭受入室抢劫是一种痛苦的经历，但是这并不意味着房主的生命一定处于危险之中。即便房主最终被判无罪，他仍然可能要面临一场试图在法庭上证明自己的行为是正当的漫长的斗争。［登盖特（Dengate），2016 年］。

> **完全抗辩理由**：一种能够完全正当化犯罪行为的抗辩理由，意味着此种抗辩理由成立的被告人会被判无罪

另一种常见的抗辩理由是**挑衅**。在这种情况下，一个人是在被激怒并失去自制力后 183
杀害他人的。这是针对谋杀罪的**部分抗辩理由**，意味着被告人会被判处较轻的过失杀人罪。

> **挑衅**：一种部分抗辩理由，在这种情况下，一个人是在被激怒并失去自制力后杀害他人的

> **部分抗辩理由**：部分地为罪行辩解的抗辩理由，将谋杀指控减轻为过失杀人

新南威尔士州和昆士兰州最近修订了关于挑衅的法律，以回应某些学者提出的该法为恐怖罪行开脱的批评。在 R 诉辛格案（R v. Singh NSWSC 637）中，新南威尔士州的一名男子因过失杀人罪被判处 6 年监禁，此前他曾用切肉刀砍了妻子 8 刀，并割断了她

的喉咙。他提出的挑衅抗辩理由是基于这样一个事实:他的妻子告诉他,她要离开他和别人在一起,并威胁要把他驱逐出境。

在昆士兰州的一起案件中,一名男子在教堂院子里被两名罪犯殴打致死[伯克(Burke),2017 年]。被告人提出的抗辩理由是,受害人对他们实施了不受欢迎的同性性侵犯。该抗辩理由被正式撤回,但是对被告人的指控仍然从谋杀降低为过失杀人。这起案件引发了一场网上请愿活动,网民要求废除所谓的“同性恋恐慌”抗辩理由。请愿书由近 30 万人签署,导致昆士兰州议会最终修改了法律(伯克,2017 年)。

还有一些抗辩理由与一个人的精神损害有关。其中最著名的是**精神错乱**。被告人在不能理解自己所做的事、不能控制自己的行为、不能明辨是非的情况下实施犯罪行为,可以以精神错乱作为抗辩理由。这些要素——被称为**蒙纳格登**(M’Naghten)**规则**,源自一个古老的英国案件——实际上设置了一个非常高的标准。这些要素不易证成,因为结果可能是一个特殊的判决,即行为人被判无罪,仅仅受到精神健康拘留。一个与此相关的抗
184 辩理由是**实质性损害**。这是针对谋杀罪的部分抗辩理由,原因是此人在实施谋杀行为时处于“精神异常”状态[1900 年《犯罪法》(新州),第 23A 条]。精神异常状态必须大大降低行为人理解自己在做什么、控制自己的行为或辨别是非的能力。

> **精神错乱:**行为人在不能理解自己所做的事、不能控制自己的行为、不能明辨是非的情况下实施犯罪行为的,可以提出的抗辩理由

> **蒙纳格登规则:**与精神错乱抗辩理由相关的普通法规则

> **实质性损害:**行为人在处于精神异常状态的情况下实施犯罪行为的,可以提出的抗辩理由

## 四、少年犯

关于刑事责任的最后一个问题涉及在何种情况下可以追究儿童实施犯罪行为的法律责任。在澳大利亚,10 岁及以上的儿童可以被指控实施

了刑事犯罪行为。那些年龄在 10 到 13 岁之间的人被称为“无犯罪能力人”(doli disability,意思是“无犯罪能力”)。这是一个普通法上的假设,即这个年龄段的儿童缺乏判断是非的能力。换言之,他们缺乏被追究刑事责任所必须的心态或意图。不过,这一推定可以被检方推翻,因此可以被定罪的儿童最低年龄是 10 岁。

被指控实施犯罪行为的 17 岁或 17 岁以下的儿童被视为少年犯。这意味着他们“通常与成年人分开处理,他们所遭受惩罚的严厉程度低于实施同类行为的成年人”(理查兹,2011 年)。除非罪行非常严重,否则对少年犯的刑事审判由专门的儿童法庭进行。儿童法庭更加倾向采取恢复性司法会议、康复计划和其他转移未成年人注意力的惩罚项目,而不是监禁。如果法官认为有必要实施监禁,那么少年犯将被监禁在单独的少年拘留所。与对成年人的监禁一样,青少年司法系统对澳大利亚原住民的影响更大。2018 年,原住民青少年被拘留的可能性是非原住民青少年的
26 倍(澳大利亚健康与福利研究所,2018 年)。 185

## 本章要点

- 犯罪是制定法界定的特定类型的行为,可能被处以监禁。如果行为给他人造成伤害、对更广泛的社会共同体造成伤害,或者是在道德上错误的,那么此类行为可能被视为犯罪。
- 一些主要的犯罪类型包括杀人罪、攻击罪、财产犯罪、毒品犯罪和危害国家犯罪,此外还有道路交通犯罪、环境犯罪,以及职业健康和安全犯罪。
- 如果一个人被排除合理怀疑地认定实施了满足犯罪构成要件的行为,那么他将被判有罪。这既需要证明行为人实施了犯罪行为,又需要证明其持有犯罪意图。

- 抗辩理由是一种特殊的法律观点，可以为一个人实施犯罪行为提供理由或正当性。常见的抗辩理由包括正当防卫、挑衅和精神错乱。

## 讨论题

1. 在对某种行为是否应当构成犯罪的讨论中，我们应当考虑的三个理由是什么？

2. 刑事犯罪的主要类型包括什么？

3. 拳击手为什么不会因为挥拳击打对手而受到刑事处罚？

4. 盗窃罪、抢劫罪和诈骗罪的构成要件分别是哪些？

5. 为什么持有毒品应当属于犯罪行为？贩卖毒品呢？

6. 你能想到社会上一些不被视为犯罪的有害活动吗？

7. 犯罪行为和犯罪意图有什么区别？

8. 什么是未完成犯罪责任？在你看来，如果一个人实施某种行为即使没有伤害到他人，这人也应该受到惩罚吗？

9. 在你看来，如果有人在被激怒的情况下杀害他人，那么他应当受到比谋杀更轻的过失杀人罪的惩罚吗？

*186* 10. 澳大利亚的儿童在多大年龄时可以被追究刑事责任？

# 第九章　警察权、保释和刑事审判

在本章中，读者将了解到：

- 裁量权是指引刑事司法制度的核心观念
- 逮捕、搜查和讯问等常见警察权力
- 保释，指在审判前释放被告人
- 即决犯罪和可公诉犯罪的刑事审判程序

187

调查 → 逮捕 → 诉前拘禁 → 起诉 → 保释 → 庭审 → 量刑 → 惩罚

**图 9.1：刑事司法程序的各个阶段**

本章和下一章解释刑事司法体制的不同阶段。刑事司法体制是对犯罪者实施惩罚的机构和程序的集合。通常指的是警察、法院和监狱。

本章从讨论警察运用职权调查犯罪开始，随后依次讨论逮捕、控告、保释和刑事审判。下一章解释刑罚、量刑和上诉。图 9.1 列出了刑事司法程序的这些不同阶段。

> **裁量权：**在法律允许的多种行动方案之间进行选择的能力

指引这些程序的一个关键观念是**裁量权**，指在可诉诸的行动方案之间进行选择的能力。

## 第一节　裁量权

如果有人在做某事上拥有裁量权，那么这意味着他可以在各种合理的可能之间进行选择。在法律体系中，这意味着他有权利或有能力在不同的行动方案之间做出选择，每一种行动方案都是合法的。肯尼思·卡普·戴维斯（Kenneth Culp Davis，1969 年）对裁量权的界定是："当公职
188 人员的权力所受到的有效限制使其可以在可能的作为或不作为等各种行动方案中做出选择时，他就拥有裁量权。"

在刑事司法体制中，法律很少规定行为人必须采取某种唯一的行动方式。相反，法律允许警察、法官和治安官作出决定，在例如应当使用哪种权力、是否应当使用权力、惩罚的严重程度以及惩罚的内容等问题上。

芬德利（Findlay）、奥格斯（Odgers）和杨（Yeo）指出，"裁量权仍然内嵌于警务、量刑和处罚的正式和非正式框架中"。换言之，刑事司法体制在很大程度上依赖决策者的裁量权，这些决策者包括警察、律师、法官和治安官。

裁量权具有积极意义，因为它允许决策者以适当方式处理个别案件。想象一下，一名警察将一名超速行驶的司机拦下，但是该司机之所以超速是为了去医院看望他的家人。该警察可以选择不签发违法通知单，即使严格来说司机的行为是违法的。

在刑事审判的量刑阶段，如果一名罪犯的生活非常困苦，包括面临吸毒和精神健康问题，而另一名罪犯实施犯罪行为纯粹是因为贪婪，那么法官可以对这两个人判处不同的刑罚。这意味着法律可以为不同的动机、背景、经历和生活史提供解释。

与此同时，太多的裁量权会导致不一致的决定。一名警察可能会选择对超速行驶的司机不予处罚，但另一名警察可能会开出罚单。太多的裁量权也会让人很难知道这些决定是如何作出的。是什么理由使得一名警察决定开出超速罚单，但另一个却没有？超速罚单的后果并不那么严重，可是在刑事审判中，法官可以行使裁量权决定对一个人是判处短期监禁还是长期监禁，或者根本不需要使其入监服刑。 189

## 第二节　警察权

警察有许多特殊的权力，这些权力使得他们可以对犯罪行为进行调查。警察有权搜集证据、讯问嫌疑人和逮捕实施犯罪行为的人。立法规定了这些权力的范围、在何种情况下可以使用，以及必须如何使用。换言之，法律旨在在允许警方调查犯罪和保护嫌疑人的权利之间取得平衡。

每个州都有规制警察权力的立法。这些法律的具体细节规定各不相同，但都涉及类似的权力和限制。这些法律中的每一部都还有行政条例加以补充。条例对如何使用警察权力规定了额外的细节。

使用这些权力的目的可以是保护公共安全，但是大多数警察的工作都是收集证据，以便在法庭上证明行为人的行为和心理满足刑事犯罪的构成要件。

### 一、搜查

一种常见的权力是搜查人员、车辆、房屋和其他场所的权力。根据不同的规则，警察搜查时可以持有搜查令也可以没有搜查令。**搜查令**是由法官签发的命令，表示警察可以行使权力以便达到特定目的。

**搜查令：**法官签发的命令，允许警察使用特殊权力（例如，搜查房屋的权力）

搜查一个人的私人住宅或其他场所通常需要持有搜查令(只有少数紧急情况例外)。例如,2006 年《刑事调查法》(西澳)第 41 条规定,警察可以申请搜查令,以寻找与犯罪有关的证据。第 42 条规定,如果有合理理由怀疑将会在某人的私人财产中发现犯罪证据,那么治安官或其他司
190 法官员可以签发搜查令。搜查令赋予警察相当广泛的权力:进入和搜查财产、打开任何上锁的东西、拘留人员和搜查人身,以及使用电子设备和拍照。

在某些情况下,警察可以在不事先申请搜查令的情况下对某人进行搜查。这就是所谓的**截停盘查**权力。昆士兰州立法的第 29 条允许警察在没有搜查令的情况下截停、拘留和搜查他人,如果警察"合理地怀疑"存在某些"法律规定的情形"的话。根据第 30 条,规定的情形包括此人可能携带武器、爆炸物、非法危险药物或失窃的财物。同样的理由也可以让警察在没有搜查令的情况下搜查车辆的行为正当化。

> **截停盘查:**允许警察在大街上截停某人并对其进行搜查以寻找非法物品的权力

法律对警察对个人的搜查规定了重要的个人保护措施。根据 2002 年《执法(权力和责任)法》(新州)第 32 条的规定,搜查必须以不侵犯个人尊严和隐私的方式进行。警察在搜查时必须向被搜查者提出希望予以合作的要求,并尽可能由与被搜查人性别相同的警察进行人身搜查。

## 二、讯问

为了对犯罪行为进行调查,警察可以向民众提问,但是当他们开始讯问他们怀疑实施了犯罪行为的人时,规则会变得更加复杂。根据昆士兰州法律规定,一旦警察怀疑某人实施了可起诉的罪行,那么他必须向此人发出**警告**。警告意味着警察必须告知此人他有权保持沉

> **警告:**一、警察告知某人他有权保持沉默;二、警察签发的官方警告

默，以及他所说的任何话都可能被用作对他不利的证据。 191

此外，警察必须通知此人，允许他给朋友或亲戚和律师打电话。在可能的情况下，警察必须对讯问过程进行记录，任何认罪或供述都需要进行记录或书面签署。根据普通法规则，当犯罪嫌疑人承认自己犯下的全部罪行时，即为**认罪**，而**供述**则是表明此人有罪的任何其他陈述。警察不得以威胁、武力或许诺的方式获得嫌疑人的认罪或供述。

**沉默权**和**禁止自证其罪的权利**意味着嫌疑人可以拒绝回答警方的问题，如果这些问题会暴露出显示他有罪的信息。这是举证责任的一个核心要素，意味着由警察来证明行为人实施了犯罪行为，而不是由被告人证明自己无罪。

> **认罪：**某人承认实施了全部罪行

> **供述：**某人作出的表明自己有罪的陈述

> **沉默权：**意味着嫌疑人可以拒绝回答警方的问题且并不会因此在刑事审判中产生负面影响的权利

> **禁止自证其罪的权利：**嫌疑人拒绝回答警方提出的可能会暴露出显示其有罪的信息的问题的权利

这些权利受到法律保护，一个人的沉默不能作为在法庭上对他们不利的证据。不过，也有一些例外。2013 年，新南威尔士州议会颁布了《证据法修正案(沉默证据)》(第 9 号)(新州)，允许在某些特定情况下，当某人拒绝回答警方的问题时，可以得出否定性推论。根据该法律规定，陪审团可以从被告的沉默中推断出他们试图隐瞒自己的罪行。这部法律是为了回应一系列驾车枪击案而颁布的，适用于可被判处 5 年或 5 年以上监禁的严重的可公诉犯罪。

澳大利亚国内的情报机构——澳大利亚安全情报组织(ASIO)也拥有可以侵蚀沉默权的特殊权力。根据特别审讯令，拒绝回答该组织提出 192
的某个问题的人将可能面临 5 年监禁(读者可以在第十二章中了解更多相关内容)。

## 三、逮捕

**逮捕**一个人意味着为了刑事调查的目的将其拘禁。逮捕不一定需要使用手铐，因为被逮捕者可能已经在警察局与警方合作了。不过，警察可以使用手铐和其他任何合理必要的武力实施逮捕。警察必须告知行为人他已经被逮捕，并告知他所涉及的罪行的性质。警察进行逮捕时可以持有逮捕证也可以不持有逮捕证。

> **逮捕：**为了提起刑事诉讼的目的将某人置于警方的拘禁之下

如果警察合理地怀疑某人已经实施或正在实施犯罪行为，并且逮捕对于实现某些其他目的（例如为了预防犯罪、收集证据、确定此人的身份或防止此人逃跑）是合理必要的，那么警察也可以在没有逮捕证的情况下逮捕此人。如果这些理由都不成立，那么除了逮捕行为人之外还有其他办法，例如签发**传票**或**出庭通知**。两者都是用来通知行为人他必须在某个固定日期出庭的命令。

> **传票：**警方签发的正式命令，要求某人在随后的某个日期出庭

> **出庭通知：**警方签发的命令，要求某人在随后的某个日期出庭

逮捕的一个基本原则是，必须尽快将被告人带到治安官面前，以便他可以对自己的案件作出回应。在威廉姆斯诉 R 案[Williams v. R(1986) 161 CLR 278]中，联邦高等法院判决指出，“羁押被逮捕者的警察为了提供机会以调查此人在刑事犯罪中的共犯而推迟将其送上法庭的行为是非
193 法的”。

不过，这一普通法上的一般规则已被制定法修改。现在，在逮捕之后，警方在有限的时间内向行为人提出更多的问题，以便调查犯罪和收集证据。这一时段被称为**诉前拘禁**。拘禁期限一般是不超过 8 小时的合理期间，但是对于更加复杂和严重的罪行，拘禁期限可以延长。

> **诉前拘禁：**逮捕后和指控前警方可以审问犯罪嫌疑人的有限时间

## 四、起诉

一旦警方确信有足够的证据证明某人实施了犯罪行为，那么他们就可以决定对此人提起诉讼。控告某人是一项行政决定，表明警方打算在法庭上起诉该罪行。这一程序是通过向此人出示一份文件（称为被起诉者名录或法庭被起诉者名录）来完成的，这份文件详细列明了警方指控的刑事罪名，并简要描述案件所涉事实。

在这一阶段，警方通常与检察机关密切合作，以确定是否有足够的证据指控此人，如果有，那么确定起诉哪种或哪些罪行是最恰当的。**检察机关**是为政府工作的律师事务所，他们在法庭上进行刑事指控。对于不太严重的罪行，通常由警方检察官进行起诉。**警方检察官**是接受过额外法律培训的警察。

> **检察机关：**为政府工作的律师事务所，在法庭上进行刑事指控

> **警方检察官：**接受过法律培训的警察，在法庭上进行刑事指控

有时，某人犯了什么罪是很清楚的，但是在很多情况下，检方经常面临艰难的选择。例如，前一章中所讨论的，攻击有许多不同的类型，每种攻击行为都有与伤害和意图相关的具体要求。 194

一般来说，警方和检方会以证据所能够支持的最严重罪行起诉被告人。不过，他们需要谨慎对待这一决定：如果他们试图以证据所无法支持的严重罪行起诉此人，那么他们将会败诉。

检察机关行为指南还要求，起诉一个人应当符合公共利益（联邦检察长，2016 年）。如果起诉不符合公众利益，那么检察机关有几种替代方案。对于不太严重的违法行为，警方可以发出警告——这意味着此人将收到官方警告，不要再如此行为——或**违法通知**（需要支付罚款的罚单）。他们还可以让此人接受调解或咨询等恢复性司法举措。

> **违法通知：**需要支付罚款的罚单

## 五、警察权的滥用

如果警察滥用任何权力，那么有多种方式可以追究他们的责任。最常见的后果是，他们非法收集的任何证据都将被排除在法庭之外。例如，如果警察通过威胁嫌疑人获得口供，或者在没有搜查令的情况下搜查嫌疑人的家，那么法官可以拒绝将口供或家中发现的任何物证作为证据。如果这些证据对证明指控的罪行很重要，那么检方可能会因此败诉。这种情况曾经发生在2019年，当时检方撤销了对一名男子谋杀谢丽尔·格里默(Cheryl Grimmer)的指控。这起谋杀案发生在50年前，在悉尼南部的卧龙岗海滩。这名男子在1971年接受警方询问时承认了其所犯罪行(当时他17岁)，但警方没有提醒他所享有的合法权利，因此法官没有将讯问结果作为证据采纳(米切尔和汤普森，2019年)。这就是为什么在警
195 方收集证据时，根据法律的规定审问嫌疑人至关重要。

如果警察实施了更加严重的行为，例如过度使用武力进行逮捕，或者强迫嫌疑人供认罪行，那么会造成更加严重的后果。嫌疑人可以向警察局、州监察专员或昆士兰州犯罪和腐败委员会等反腐机构投诉。**监察专员**是调查公众对政府部门及其雇员的投诉的机构。诉诸这些途径可能会导致政府暂停或终止对某位工作人员的雇用。

> **监察专员：**调查公众对政府部门及其雇员的投诉的机构

如果一个人受到警察的严重虐待，那么他提出的民事索赔要求可能会导致警方需要支付**损害赔偿金**(支付金钱作为赔偿)。例如，如果一个人受到人身伤害或被非法拘禁很长时间，那么他可以以攻击或非法监禁的侵权行为为由提出损害赔偿要求。**侵权行为**是指对一个人造成伤害或错误的行为，不过侵权行为仅会引起民法上的责任，而不是刑事处罚。当然，如果一名警察对他人造成了足够严重的伤害，无论是基于鲁莽还是故意，

> **损害赔偿金：**法院下令支付的赔偿金

> **侵权行为：**对某人造成的伤害，引起民事责任而不是刑事责任

都仍然有被以攻击、过失杀人或谋杀等为由提起刑事诉讼的可能（库珀，2017 年）。

## 第三节　保释

在一个人被起诉之后、面临庭审之前，有一个棘手的问题是如何处置
他。对于轻罪，可以在第二天早上将行为人带到地方（治安）法院，或者将
其从警方的拘留所释放，要求其在稍后的传唤日期出庭。然而，对于更严 196
重的罪行，被告人如果获释，可能会对公共安全构成危险或逃离政府的监
管。这些人会被**在押候审**，这意味着，他们会被关押在监狱里（通常与其他囚犯分开关押），直到他们面临庭审。

> **在押候审：**某人在被起诉之后、刑事审判之前被关押在监狱里

澳大利亚监狱人口中约三分之一处于在押候审的情况之中（罗素和鲍德瑞，2017 年）。2012 年至 2017 年间，在押候审的人数增加了 87%，这可能是由于更多的人被拒绝保释，以及法院的案件积压（罗素和鲍德瑞，2017 年）。

**保释**是指在被告人面临庭审之前，将其从警方的拘留所释放。释放是**有条件的**，这意味着保释决定会对被告人施加限制和义务，以确保他们对警方负责，并在随后的日期出庭受审。常见的情况是，被告人的朋友或亲属会支付一笔钱作为保证金，以保证此人会出庭受审，如果被告人逃跑，那么保证金会被没收。不过，保释并不一定涉及金钱的给付，它可能涉及许多其他义务，例如每周到警察局报到几次。

> **保释：**某人在被起诉之后、刑事审判之前有条件的释放

> **有条件的：**对某人的释放决定施加的限制和义务，例如到警察局报到

对于轻罪，可以由警方准予保释。对于更严重的罪行，保释的决定通常由地方法院的治安官作出。每个州都有立法指引警察和法官如何作出这些决定。出发点是假定保释会被批准，除非有理由拒绝保释。如果被告人对公共安全构成威胁或者被认为存在“逃跑风险”，那么他通常会被拒绝保释。在维多利亚州，1977 年的《保释法》（维州）第 4E 条规定，如果
197 治安官确信被告人存在“不可接受的风险”，即此人会实施犯罪行为、危及他人的安全、未能返回并接受羁押，或干扰证人和证据，那么法院将拒绝保释。在维多利亚州和昆士兰州，治安官现在还必须考虑家庭暴力的风险。

保释存在一个反复出现的问题是，一些罪犯在被释放期间实施了更多的犯罪行为。一些引人注目的例子导致了州保释法的修改。例如，2014 年 12 月在悉尼林特咖啡馆劫持 18 人作为人质的枪手曼·哈龙·莫尼斯（Man Haron Monis）正是处于保释期间，当时他正面临检方提出的 40 多项性侵犯指控和谋杀前妻的从犯指控（霍尔和哈沙姆，2014 年）。悉尼人质惨案发生后，新南威尔士州的保释法进行了修订，规定除非“存在特殊情况”，否则不得准许保释任何参与恐怖主义活动的人[2013 年《保释法》（新州）第 22A 条]。

维多利亚州的保释法在 2017 年伯克街购物中心袭击事件后收紧。在这次事件中，一名罪犯驾车撞向行人，造成 6 人死亡，近 30 人受伤。在袭击发生时，罪犯同样是在保释期间，当时他正因几项家庭暴力犯罪面临刑事指控[麦格拉斯（McGrath），2017 年]。

如果一个人对社区其他成员构成威胁，那么法院拒绝保释就至关重要。但是与此同时，保释仍然是正当程序和**无罪推定**的一个重要方面。任何人在被法官或陪审团判决有罪之前，都不应被视为有罪而被拘禁。

**无罪推定：**任何人在被法院判决有罪之前，都不应被视为有罪而被拘禁的原则

在威廉森诉民进党案[Williamson v. DPP(1999)QCA 356]中，托马斯法官解释了这一艰难的妥协，即保释仍然是法律制度的一个核心方面，但会带来损害风险：

> 没有保释是没有风险的。不过，在文明社会中，保释是一个
> 重要的程序，因为文明社会拒绝行政机关享有仅凭指控或不经
> 审判就监禁公民的任何一般权利。为了在这些方面保护公民， 198
> 就必须承担一些风险，这是保释制度的必要组成部分。

## 第四节　刑事审判

刑事审判是一系列法庭程序，在这些程序中，治安官或陪审团决定被指控犯罪之人是否有罪。

在刑事审判中，被指控犯罪之人被称为**被告人**，因为他们是在为对自己的指控进行辩护。[1]对于不太严重的罪行，检察官通常是警方检察官。对于严重的罪行，检方由州或联邦检察机构的律师组成。

> **被告人：**在法庭中为刑事指控辩护的人

### 一、预审

在正式审判前有几个重要阶段。

**审前公开**是控方向辩方公开所有相关证据的过程。一般规则（存在有限的例外）是被

> **审前公开：**在庭审前控方向辩方公开所有相关证据的要求

---

① 这里的解释针对的是“被告人”的英文单词 defendant 和“辩护”defend 之间的关系。——译注

告人不需要向控方透露任何信息。这是举证责任和无罪推定的另一个方面:由检方证明被告有罪,而不是由被告人证明自己无罪。

许多可公诉犯罪在审判前都会举行**交付审判听证**。交付审判听证是地方法院对检方提起案件的初步审理。交付审判听证的目的
199 是由治安官决定是否有足够的针对被告人的证据,因而应当将案件**交付**(送交)给更高一级的法院进行全面审理。根据罪行的严重程度不同,更高一级的法院可能是地区法院或最高法院。

**交付审判听证**:在地方法院进行的听证,用以决定某个刑事案件是否应当由更高一级的法院审理

**交付**:将一个案件提交给更高一级的法院

交付审判听证使辩方有机会听取对他们不利的案件。此类程序使法院系统能够剔除缺乏充足证据的案件,并使辩方和检方能够就关键的法律问题达成一致意见,以便庭审的正常进行。然而,由于此类程序会导致时间和成本的增加,因此当前开始出现了一种摒弃交付审判听证完整程序的趋势(弗林,2012 年)。

## 二、简易程序

刑事审判程序如何进行,取决于被告人被指控实施了即决犯罪还是可公诉犯罪。就即决犯罪(或者如果可公诉犯罪按照简易程序进行审理)而言,案件由地方法院的治安官进行审理。第一步是**传讯**被告人:这意味着,法官或治安官向被告人宣读对他的指控。下一步是被告人承认有罪或进行无罪**辩护**。这是指被告人向法庭宣告他是否接受对他的指控或将对指控提出异议。如果被告人认罪,那么就不需要提交证据,案件将直接进入量刑阶段(读者可以在第十章中读到更多关于这方面的内容)。

**传讯**:法官或治安官向被告人宣读对他的指控

**辩护**:被告人向法庭宣告自己有罪还是无罪

如果被告人不认罪，那么就将进行**简易审理程序**。控方提出对被告人不利的证据。被告人对这些证据提出异议，并提出补充证据作为辩护。在简易程序审理中，由治安官确定是否可以排除合理怀疑地认定被告人的行为和心理满足了刑事犯罪 200
的构成要件（既满足犯罪行为要件也满足犯罪意图要件）。

> **简易审理程序：**地方（治安）法院进行的刑事案件审理程序，仅由治安官作出裁决

## 三、陪审团审理

对于可公诉犯罪，案件由地区或最高法院的法官和陪审团审理。这是《澳大利亚宪法》第 80 条对审理联邦法律规定的犯罪提出的要求，此条保护个体所享有的由陪审团审理的权利。对州法律规定的可公诉犯罪的指控可以由法官单独审理，尽管这种情况很少见，且通常需要控辩双方均同意。

陪审团审理开始时，被告人会被传讯并提出辩护意见。如果被告人认罪，那么案件会直接进入量刑阶段。如果被告人进行无罪辩护，那么将进行**陪审团审理**。这一程序从陪审团被**任命**开始。陪审团由从选民名单中随机选出的公众成员（通常为 12 人）组成。由于有些人会要求法官允许自己不能履行陪审员职责，而另一些人则会受到辩护律师或检方律师的质疑，因此法庭会要求更多的公众成员出庭。

> **陪审团审理：**地区或最高法院进行的刑事案件审理程序，由陪审团决定被告人是否有罪

> **任命：**挑选和纳入陪审团成员

双方律师都可以对少数陪审团成员提出质疑，而无需给出理由。这被称为**强制回避**。一旦陪审团确定，陪审团成员将被要求宣誓或确认他们将忠实地履行自己的职责。

> **强制回避：**控方或辩方对陪审员提出质疑但没有给出理由

陪审团审理类似于简易程序，其间控方提出对被告人不利的证据，被

告人对指控提出异议，法官充当裁判者。不过，陪审团审理的主要区别在
201 于，由陪审团而不是法官确定被告人是否有罪。陪审团必须确信，在事实上可以排除合理怀疑地认定被告人的行为和心理满足了刑事犯罪的构成要件（犯罪行为和犯罪意图）。

在审理结束时，即在所有证据被提交且陪审团已经退席评议并得出他们的决定后，陪审团会回到法庭提交**裁决**。裁决是陪审团对被告人是否有罪的决定。裁决由被任命为陪审团团长和代表的**首席陪审员**宣布。通常，裁决必须是全体一致的（所有12个人都同意此人有罪或无罪）。不过，也有一些关于在陪审团不能作出裁决的情况下的**多数裁决**规定。多数裁决需要12个陪审团成员中的11个同意。这一规定在对联邦法律规定的犯罪案件进行的审理程序中是不可用的。

**裁决：**治安官或陪审团在某人是否有罪的问题上的决定

**首席陪审员：**被任命为陪审团团长和代表的人

**多数裁决：**由十二个陪审团成员中的十一个同意的裁决

陪审团审理是正当程序和公平审判权的一个核心方面。对于可公诉犯罪，被告人的命运由他的同辈人决定，而不是由一名法官决定。这反映了我们的民主价值观，因为决定是由一群人（理论上）代表其他人作出的。

这些是陪审团审理的积极方面，但这并不意味着陪审团审理就是完美的。陪审员不具备法律专业知识，而且像任何人一样，他们也有可能把事情弄错。陪审员在庭外获取信息的问题也越来越大。理论上，陪审团审理的理念是陪审员事先对案件一无所知，因此他们可以根据法庭上的证据客观地决定当事人是否有罪。然而，在社交媒体和“24×7”新闻周期
202 的时代，很难做到让陪审团完全与外界隔绝。风险在于，陪审团成员可能会看到媒体报道或其他暗示被告人有罪的信息，而这些信息并未被采纳为法庭证据。一些陪审员甚至被发现在听取所有证据之前就在社交媒体上发布他们的决定（巴特尔斯，2013年）。

法官在陪审团审理中的作用是回答法律问题（而不是事实问题）。法官不会决定被告人是否有罪。法官从立法和判例法中确定法律词语和检验方法的内涵，并向陪审团作出解释。重要的是，法官还决定哪些证据可以提交给陪审团。例如，如果警察非法收集了证据，那么法官可以将这些证据排除在法庭之外。双方律师会就是否应当采纳某项证据而进行辩论（当陪审团不在场时）。

## 四、证据

在简易程序和陪审团审理程序中，都有复杂的证据规则来规制可以提交到法庭予以考虑的信息和物证（例如，证人陈述、凶器或其他物品）的类型。此类规定的出发点是，提交到法庭的所有证据必须与要证明或否认犯罪构成要件有关。换言之，证据必须具有**证明价值**，即其必须与合理评估被告人是否实施了犯罪行为有关。

> **证明价值：**证据与对被告人是否实施了犯罪行为的合理评估相关的程度

有许多种类的证据会排除在法庭之外。非法的或者不正当取得的证据，法庭一般不予采纳，但是如果证据的证明价值重大、涉及的不当行为 203
轻微，那么法庭仍然可以采纳。任何其他可能对被告造成“不公平偏见”的证据也可以由法官酌情排除。**偏见证据**是指，不公平地暗示被告人有罪或导致陪审团作出非理性或情绪化决定的证据。例如，向法庭展示过多的谋杀现场图片或视频片段，会使陪审团更有可能相信被告人实施了错误行为。

> **偏见证据：**不公平地暗示被告人有罪或导致陪审团作出非理性或情绪化决定的证据

通常被排除在法庭考虑之外的其他证据包括：传闻和意见证据。**传闻**本质上是一个人听到的一些二手的东西（也就是说，他们听到某人说了什么）。“史蒂夫告诉我杰克杀了人”被认为是对事件的不可靠描述，因此这类陈述通常被

> **传闻：**听到的二手的陈述

排除在法庭证据之外(例外情况是,史蒂夫进行了陈述,这件事本身具有证明价值,但此类陈述不能用来证明史蒂夫所说的话的真实性——这就是为什么证据是法律中一个非常难以理解的领域!)

同样,一个人认为某事可能发生的**意见**也不被认为是可靠的证据,除非此人是受过精神病学或法医病理学等特定学科训练的专家证人。史蒂夫可能认为杰克是那种会杀人的人,但这与法庭审理无关。不过,精神病医生可以提供专家证据,证明杰克有某种特殊的人格类型或病态情况,例如反社会心理或属于精神病患者,这使得他更有可能实施犯
204 罪行为。

> **意见:**认为某事可能发生的信念,该信念并非立基于证据或专业训练

## 五、证人

刑事审判的一个核心方面是听取**证人**的证词。这些人可能是看到犯罪发生的**目击者**,也可能是可以对从犯罪现场发现的证据或罪犯的心理状态给出意见的专家证人。控方或辩方均可传唤证人。证人“出庭作证”,指他们走进证人席给出**证言**。这是向法庭作出的正式陈述,阐述他们对事件的理解。

> **证人:**向法庭作出证言的人

> **目击者:**看到犯罪发生的证人

> **证言:**证人向法庭作出的正式陈述,阐述他们对事件的理解

证人作证要遵循特殊的程序。首先是**首要询问**。其间,传唤证人出庭作证的律师提出一系列问题以引出证词。接下来是**交叉询问**。其间,对方律师有机会向证人提问。通常,这些问题是为了破坏证词的准确性。例如,辩护律师可能会问目击者,他们是否真

> **首要询问:**证人最初的证言,通过传唤证人出庭的律师的一系列问题引出

> **交叉询问:**律师提出问题以破坏对方传唤的证人作出的证言的准确性

能看到犯罪发生时的情况。最后一个阶段是**再次询问**。其间，传唤证人一方的律师可以澄清交叉询问中产生的混乱之处。

> **再次询问**：询问证人的最后阶段，传唤证人的一方可以澄清交叉询问中产生的混乱

举证过程反复进行，直到双方都提出所有证据为止。对于复杂的刑
事案件，这个过程可能需要几个月的时间。在这一过程的最后，双方的律 205
师都向法庭提交一份**总结陈词**，总结他们的关键证据和观点。

> **总结陈词**：律师向法庭作出的最后陈述，总结本方的主要观点

在所有证据提出后，如果治安官或陪审团作出无罪判决，那么，被告人可以自行离开法庭，因为没有继续拘禁他的法律理由。但是，如果被告人被判有罪，那么庭审将进入到量刑程序。在相对简单的案件中，量刑可以直接进行，但更常见的是，法官设定一个稍后的日期进行专门的量刑听证。

## 本章要点

- 警察有许多对犯罪行为进行调查的特别权力。这些权力在制定法中有所规定，涉及如何以及在何种情况下可以使用这些权力。普通的警察权力包括：使用搜查令搜查私人住宅、讯问嫌疑人和逮捕他们怀疑实施了犯罪行为的人。
- 保释是指在起诉后、审判前这一段时间释放被告人。关于保释的决定通常由地方法院的治安官作出，他会在保释决定中规定一些条件（如支付保证金或向警察局报到），以确保被告人按时出庭。
- 刑事审判程序取决于被告人是被指控实施了即决犯罪还是可公诉犯罪行为。即决犯罪的审理由地方法院的一名治安官单独进行，由他决定此人是否有罪。对可公诉犯罪的审理在地区或最高法院
进行，由法官解释法律问题，陪审团决定此人是否有罪。 206

## 讨论题

1. 高度依赖决定作出者裁量权的刑事司法体制有哪些好处和危险？

2. 在上述刑事司法体制的各个阶段，决定作出者分别享有什么样的裁量权？

3. 什么是搜查令？搜查令赋予警察什么权力？

4. 治安官如何决定被告人是否应当被允许保释？

5. 在你看来，被告人在获释期间有可能再次犯罪，他们是否还应当被允许保释？

6. 刑事审判程序如何因被告人被控实施了即决犯罪或可公诉犯罪行为而有所不同？

7. 哪些类型的信息可以作为犯罪证据提交给法庭，哪些类型的信息可能被排除在法庭考虑之外？

8. 在你看来，如果警察在收集证据时未能严格遵守法律规定，那么其收集的证据是否应当被排除在法庭之外？

207 9. 陪审团审理有哪些优点和缺点？

# 第十章　刑事惩罚、量刑和上诉

在本章中，读者将了解到：

- 法庭判处的惩罚的种类
- 刑事惩罚的目的和量刑的原则
- 加重和减轻刑罚的因素
- 对原住民犯罪者的量刑
- 监禁和假释
- 对定罪和量刑的上诉 208

本章是介绍刑事司法体制各阶段的两章中的第二章。本章讨论刑事惩罚、量刑和上诉。

如果被告人认罪，或者被治安官或陪审团裁定有罪，那么他们将被根据犯罪行为判处刑罚。治安官或法官会决定被告人将受到的惩罚的类型和严重程度。对于被定罪和处以监禁的罪犯，他们可以稍后申请假释。

被定罪的人可以对定罪或量刑提起上诉。这意味着在更高一级的法院中质疑初审法院的定罪或量刑决定。

## 第一节 刑事惩罚和量刑

除了监禁之外，还有许多种类的命令和限制，法院可以将其作为对被定罪人的刑事惩罚。在确定适当的刑罚时，法官和治安官必须考虑刑罚的目的、量刑原则、加重和减轻刑罚的因素，以及其他相关因素。这些在被称为“直觉综合”的方法中被一起衡量。

### 一、刑事惩罚的种类

重要的是要认识到，法院不需要监禁每一个被定罪的人（甚至不需要
将他们被定罪这一情况登记在案）。虽然监禁是对严重罪行的常见惩罚
方式，但是还有许多其他选择。对被告人适
用何种刑罚取决于被告人被定罪的司法辖
区。法院可以签发罚单、命令赔偿或签发要
求被告人在社区完成规定志愿服务时间的**社**
209 **区服务令**。**缓刑**是指被告人在有条件的情况
下予以释放，这些条件包括：定期向矫正服务
官员报到，并参与咨询和康复项目等。**暂缓**
**行刑**是指不立即服刑，但是如果此人实施了
另一项犯罪行为，就可能会触犯监禁刑。缓
刑和暂缓行刑通常涉及**良好行为保证**，该保
证的本质是被告人承诺不再实施犯罪行为。
如果被告人违反了良好行为保证，那么可能
会被判入狱。

**社区服务令：**法院签发的命令，要求被定罪的被告人在社区完成规定的志愿服务时间

**缓刑：**被告人在有条件的情况下被释放，条件包括定期向矫正服务官报到等

**暂缓行刑：**不立即服刑，但是如果被告人实施了另一项犯罪行为，就可能会被触发的监禁刑

**良好行为保证：**法院签发的命令，要求被告人承诺不再实施犯罪行为

## 二、刑事惩罚的目的

量刑法官或治安官在确定适当刑罚时需要考虑的因素很多。首先是**惩罚的目的**。这是法院处罚某人的原因。惩罚的目的包括**报应**，即仅仅因被告人所造成的伤害对其进行惩罚的必要性。另一个目的是**改造**，指法院可以帮助当事人解决他们犯罪的根本原因（如心理健康问题或吸毒成瘾）。还有一个目的是**威慑**，威慑有两种类型。**一般威慑**，指法院可以向整个社会发出信号，表明犯罪行为将受到严肃处理，这可能会阻止其他人做出同样的行为。**特别威慑**，指法院可以向犯罪 210
者发出信号，表明他们的行为将受到严肃处理，这可能会阻止他们再次犯罪。

惩罚的另一个目的是**谴责**，即法院必须谴责有害的或道德上错误的行为。这意味着，法院公开宣称这种行为是错误的，会受到惩罚。刑罚的最后一个目的是**剥夺再犯能力**，这意味着保护社区免受进一步的伤害。当一个人被监禁时，他就不能再实施犯罪行为了。

**惩罚的目的**：法院惩罚被告人的原因

**报应**：惩罚的施加是作为对有害行为的回应

**改造**：帮助被告人解决他们犯罪的根本原因

**威慑**：向社会或被告人发出信号，表明实施犯罪行为会招致惩罚，以此告诫他们不要实施犯罪行为

**一般威慑**：法院向社会发出信号，表明实施犯罪行为会招致惩罚，以告诫社会成员不要实施犯罪行为

**特别威慑**：法院向被告人发出信号，表明他们的行为会招致严肃处理，以告诫他们不要再实施犯罪行为

**谴责**：宣告行为在道德上是错误的

**剥夺再犯能力**：将某人投入监狱，以避免社区受到进一步伤害

惩罚的这些目的在制定法中有所规定，法官在衡量惩罚的种类和严厉程度时必须考虑这些目的。在首都领地，2005 年的《犯罪（量刑）法》（首都领地）第 7 条规定，法院可以基于报应、社区保护、改造、谴责的目的，或者这些因素的任何组合对罪犯判处刑罚。

一个关键的问题是，这些目的并不总是指向同一个方向。报应、剥夺

再犯能力和威慑意味着惩罚应当更加严厉，而改造意味着惩罚应当不那么严厉。在维恩第二案[Veen(No 2)(1988)164 CLR 465]中，联邦高等法院解释指出，目的可能相互冲突，它们只是帮助法官确定适当刑罚的“路标”：

> 刑罚的目的有多种：保护社会、威慑犯罪者和其他可能被诱惑犯罪的人、报应，以及改造。这些目的相互重叠，当确定某一特定案件中什么是适当的刑罚时，不能将其中任何一个目的与其他目的割裂考虑。它们是适当量刑的“路标”，但有时它们指
> 211 向不同的方向。

## 三、量刑的原则

量刑法官还必须考虑**量刑的原则**。这是一系列解释法官应当如何确定适当的惩罚的原则。第一个原则是**罪责刑相适应**，即惩罚应当与被惩罚的行为之间有适当的关系。换言之，“惩罚应当与罪行相适应”。另一个量刑原则是**谦抑**，指法官应该倾向适用适当的刑罚中最轻的。第三个量刑原则是**整体性**，该原则适用于被告人因多项罪行被判刑的情况。虽然理论上最高刑罚可以累加起来，给出一个毁灭性的判决，但是被告人应当被判处一个整体上较为适当的刑罚。例如，如果一名被告人面临十项普通攻击罪指控，每项罪名最高可判处两年监禁，那么理论上，他将因十项相对较轻的攻击罪面临20年监禁。在这样的案件中，整体量刑应当反映被告人的道德责任，而不是达到最高刑罚的总和。

**量刑的原则**：解释法官应当如何确定适当刑罚的一般规则

**罪责刑相适应**：惩罚应当与被惩罚的行为之间有着适当关系的原则

**谦抑**：法官应当倾向于适用适当的刑罚中最轻刑罚的原则

**整体性**：当被告人因多项罪名被判刑时，法官应当判处在整体上公平的刑罚的原则

第四个原则是**一致性**，指类似的案件应当以类似的方式处理。量刑法官不需要像初审法官那样遵循先例，但是量刑决定之间需要整体上保持一致。第五个原则是**平等**，指 212
因同一罪行受到惩罚的多名罪犯应当被判处类似的刑罚。不过，最后一项原则是**个别化司法**，指法院应当根据个案的所有情况作出适当的量刑决定。

> **一致性**：量刑法官对类似案件应当以类似的方式进行处理的原则

> **平等**：当多名罪犯因同一罪行受到惩罚时，这些罪犯应当被判处类似刑罚的原则

> **个别化司法**：根据个案的所有情况，惩罚应当是公平的原则

## 四、加重或减轻刑罚的因素

为了实现个别化司法，量刑法官必须考虑与案件有关的所有加重和减轻刑罚的因素。**加重刑罚的因素**是任何一条表明处罚应当更加严厉的信息。这可能包括犯罪行为实施的细节，例如罪犯是否使用武器，或者罪犯将何者作为受害人（例如，对儿童、老人或残疾人的攻击将受到更严厉的处罚）。加重处罚因素也可能与犯罪人的犯罪动机有关，例如犯罪是因为贪婪还是报复。

> **加重刑罚的因素**：任何一条表明处罚应当更加严厉的信息

**减轻刑罚的因素**是任何一条表明处罚应当不那么严厉的信息。这通常包括关于罪犯背景的细节，这些细节在某种程度上为他们的行为提供理由或正当性。例如，罪犯可能有遭受性虐待的历史，或存在酗酒或吸毒的问题，这些都对他们的暴力行为产生了影响。如果罪犯认罪、与当局合作或对犯罪行为表示悔恨，那么这些也将是会被纳入考虑的减轻处罚的因素。减轻处罚的因素与抗辩理由不同，后者是我们在上一章中所讨论的。抗辩理由是法律上的理由，可以正式地减少或免除罪犯 213
的刑事责任。

> **减轻刑罚的因素**：任何一条表明处罚应当不那么严厉的信息

## 五、证据

量刑听证中提出的证据可能比庭审时提出的证据范围要广得多。在庭审过程中，各方提出的所有证据都必须与被告人是否实施了犯罪行为这一问题有关。罪犯的背景和动机被认为与犯罪行为和犯罪意图无关。庭审的目的只是为了证明或推翻被告人是在持有必要意图的情况下实施了特定行为。

在量刑听证中，各方当事人可以向量刑法官或治安官提供的信息种类几乎没有限制。法庭可以考虑有关罪犯的任何相关信息，包括他们的年龄、职业履历、与家庭成员的关系或参与社区活动的情况。这些信息与此人是否有罪无关，因为这一点在庭审中已经确定。不过，这些信息对于法院确定适当的惩罚来说是有用的。

1992 年《刑罚和量刑法》(昆州)第 9 条规定了法院在量刑时必须考虑的众多因素。其中包括：

- 对罪行可处的最高及最低刑罚
- 犯罪性质和犯罪行为的严重性
- 对受害人造成的任何身体、精神或情感伤害
- 罪犯对犯罪行为应当承担的责任范围
- 罪犯的性格、年龄和智力
- 任何加重或减轻刑罚的因素
- 犯罪率(犯罪发生的频率)
- 罪犯向执法机构提供了多少帮助
214 - 任何其他相关情况

读者可以从这个列表中看到，与量刑相关的信息的范围可能远远超过审判时用来确定被告人是否有罪的证据的范围。许多不同类型的文

件——包括心理学家的报告、人品推荐信、道歉信或参与改造项目的证据——都可以在量刑听证上作为证据提交。

在许多量刑听证上，另一项关键信息是**受害人影响陈述**。在该陈述中，受害人（或在谋杀或其他杀人案件中，受害人的家属）解释犯罪对他们造成的影响。陈述可以是书面的，也可以是口头的。其中描述的伤害可能是身体上的、心理上的，或涉及对就业或个人关系的负面影响。例如，家庭暴力案件中的攻击行为不仅可能造成身体伤害（如瘀伤或骨折），还可能导致持续的抑郁和焦虑，影响受害人继续工作或与他人社交的能力。在谋杀或其他杀人案发生后，受害人陈述过程允许家属出示受害人的照片，以解释他们所遭受的损失。这其中的许多细节在庭审时是不被允许的，因为它们与被告人是否实施了犯罪行为无关，不过它们可以帮助法院作出恰当的量刑决定。

> **受害人影响陈述**：向法庭提交的事先准备好的陈述，解释犯罪行为对被害人或被害人家庭的影响

### 六、直觉综合（instinctive synthesis）

量刑法官或治安官的首要任务是，通过综合考虑罪犯的行为以及许多其他因素来确定适当的惩罚。这些因素包括：惩罚的目的、量刑的原则、加重和减轻刑罚的因素、对受害人的影响，以及任何其他相关因素。这是一个会运用到重要裁量权的复杂的决定作出过程。 215

确定适当惩罚的方法叫做**直觉综合**。这意味着法官在上述原则和因素的指引下，进行一种基本上是主观的和直觉的活动，以确定他或她认为何种惩罚是适当的。这种方式被批评为过于模糊和主观（特莱纳和珀塔斯，2002 年）。然而，直觉综合显然是量刑法官所应当诉诸的决定作出方法。联邦高等法院坚决反对“两层法”，即在个别案件中对一些已经在客观上确定的惩罚（如已经确定的监禁年限）进行调整［马

> **直觉综合**：量刑法官对所有相关因素进行权衡的整个过程

卡里安诉 R 案(Markarian v R[2005]HCA 25)]。两层法被认为是对法官裁量权的一种太大的限制。

量刑决定的一致性要求在一定程度上削减量刑法官的广泛裁量权。如果量刑决定与先前的类似决定相比过于严厉或不足,那么罪犯或检察官可以对该决定提起上诉。一些司法辖区的上诉法院还可以发布**指导性判决**,解释对一项罪行通常应当判处何种惩罚或应当如何量刑(例如,一个指导性判决可能会解释如何权衡不同的加重和减轻刑罚因素)。

> **指导性判决:**量刑法官签发的判决,解释对一项犯罪通常应当判处何种惩罚

大多数州都有一个**量刑咨询委员会**,负责就量刑问题进行研究并提出建议。量刑委员会公布关于量刑的统计数据、教授社区成员量刑知识、测验社区成员对不同刑罚是否公平的看法。例如,维多利亚
216 州的量刑咨询委员会制作了一个名为“你就是法官”的在线互动程序(量刑咨询委员会,2017 年)。社区成员可以听取罪犯的故事,决定适当的惩罚,并将他们的量刑决定与法官的实际决定进行比较。

> **量刑咨询委员会:**进行研究、提供建议和教授社区量刑知识的州机构

## 七、强制性的最低刑罚规定

刑法通常规定刑罚的方式是设定最高刑罚,量刑法官判处的刑罚不能超过最高规定。法官可以处以最高不超过该期限的任何监禁刑罚,或判处监禁以外的替代刑罚(如缓刑、良好行为保证或社区服务令)。

有时,刑法规定了法院必须判处的固定或最低刑罚。这种规定方式最常见于许多轻罪,如超过限速行驶,这种行为会被判处某种确定的刑罚(罚款和特定数量的扣分)。

当议会规定对严重犯罪应当判处的最低刑罚时,这种做法就变得更具争议。规定最低监禁刑罚取消了量刑法官对个别案件的特定因素予以

认可和解释的裁量权。

在州议会开始引入新的罪名来解决酗酒后暴力和“一拳击倒”攻击问题后，**强制性最低刑罚规定**的做法引起了公众的关注。在2012年和2013年，新南威尔士州议会出台了“宵禁法”，禁止任何人在凌晨1点半以后进入国王十字街区的酒吧。2014年，新南威尔士州还在1900年《犯罪法》（新州）中引入了“攻击致人死亡”的罪名。凡罪犯年满18岁，在醉酒期间故意殴打他人，致他人死亡的，法院最低必须判处其八 *217*
年监禁。

> **强制性最低刑罚规定：** 议会规定的一个人被定罪时必须适用的最低刑罚

这些变化是在18岁的悉尼男孩托马斯·凯利（Thomas Kelly）某天晚上在国王十字街被一个完全陌生的人攻击后发生的。凯利被一拳打昏，后来死于脑部损伤。另一个备受瞩目的、导致新法律颁布的案件是2013年的跨年夜，18岁的丹尼尔·克里斯蒂（Daniel Christie）在国王十字街被攻击致死。

宵禁法在喜欢参加聚会的人以及酒业和赌博业中引发了重大争议，托马斯·凯利的弟弟甚至在经历霸凌、欺侮和死亡威胁后自杀（巴格肖，2018年）。

有证据表明，宵禁法大大减少了国王十字街周围因酒精引发的暴力事件的数量（唐纳利、波因顿和韦瑟伯恩，2017年）。不过，没有证据表明强制性最低刑罚规定能够长期有效地威慑或帮助社会减少犯罪的发生（菲茨吉本和罗菲，2017年）。

强制性最低刑罚规定之所以会引发争议，不仅是因为它大大削减了量刑法官的裁量权，还因为它破坏了权力分离。议会中的议员事先决定了对被告人所必须判处的刑罚，而不是由法院决定适当的惩罚。

此外，强制性最低刑罚规定对原住民罪犯的影响更大。这是由于原住民与刑事司法体制的接触更多。在西澳大利亚州和北领地，强制性最

低刑罚规定适用于一系列财产犯罪和严重攻击犯罪。在一起案件中，一
218 名 15 岁的原住民孤儿因从议会大楼盗窃价值约 50 美元的钢笔和文具而被处以最低刑罚——监禁(豪威，2001 年)。他后来在狱中自杀，正如西澳大利亚大学的希尔德·丘北科斯(Hilde Tubex，2016 年)正确地评价指出的，“如果被边缘化的和弱势群体是最先受到影响的，那么一个体制不可能是公平公正的”。

## 八、对原住民罪犯的量刑

需要对原住民罪犯作出量刑决定的法院面临更多的挑战和责任。在第五章中，我们简要讨论了原住民法院和共同量刑，这些法院和量刑程序认可更加传统的司法形式，并让原住民社区参与到量刑过程中来。此类举措的部分目的是解决原住民在监狱中人数过多的问题(马尔凯蒂和达利，2004 年)。

根据 2017 年《刑事诉讼条例》(新州)第 39 条，共同量刑的目的是：

> a. 接纳原住民社区成员参与量刑过程；
> b. 提高原住民社区对量刑过程的信心；
> c. 减少原住社区和法院之间的隔阂；
> d. 为原住民罪犯提供更恰当的量刑选择；
> e. 向原住民犯罪的受害者提供有力的支持；
> f. 使得原住民罪犯及受害人能够更多地参与量刑过程；
> g. 提高原住民罪犯对其罪行对受害人及其所属原住民社区所带来后果的认识，以及
219 h. 减少原住民社区的累犯数量。

第一个原住民法院——努加法院(the Nunga Court)1999 年设立在

阿德莱德港。第一次共同量刑发生在 2002 年，新南威尔士州南海岸的诺拉市。自那时开始，澳大利亚的所有州和地区都逐渐建立起了原住民法院和共同量刑的实践做法（马尔凯蒂和达利，2004 年）。虽然各州的具体做法各不相同，但马尔凯蒂和达利（2004 年，第 3 页）对新南威尔士州共同量刑过程的描述可以帮助我们了解这一实践做法：

> 参与者坐成一个圈，其中有四位社区长老、治安官、罪犯、罪犯的支持者、原住民项目官员、受害人及其支持者、辩护律师和警方检察官。法庭是关闭的，如果观察员想要坐在圈外观看诉讼程序，那么他需要获得治安官和长老的许可。治安官会准备一份文件，其中描述了罪行和有关罪犯背景的信息。包括罪犯在内的所有法庭参与者都会口头阐述文件内容。圈内成员讨论对罪犯的适当量刑方案。这一会议会在几个月后重新召开，以评估罪犯的进展。

目前尚不清楚共同量刑是否能够减少原住民再次犯罪（菲茨杰拉德，2008 年），但是提供一种文化上更恰当的、为改造提供基础的司法形式肯定是有好处的。新南威尔士州司法委员会在一份关于诺拉市共同量刑项目的初步报告中提到：

> 共同量刑组织所施加的惩罚，并不比常规法庭对类似罪行所施加的惩罚轻。然而，由于程序不太正式，犯罪者更有可能“突然注意”，并意识到犯罪行为对受害人所造成的伤害。有鉴于此，犯罪者普遍接受了自己行为的责任，并为犯罪行为道
> 歉——这是一个可以为改造奠定基础的平台。（珀塔斯等，2003 220
> 年，第 iv 页）

除了原住民法院和共同量刑之外，原住民劣势可以被视为量刑过程中的一个减轻刑罚因素。不过，法院一直在争论原住民罪犯是否应当与非原住民罪犯区别对待。这是一个难以解决的问题，因为根据某些观点，认可原住民的不利地位（包括酗酒和家庭暴力的历史）可能构成种族刻板成见和歧视。

在R诉巴格密案[R v Bugmy(2013)249 CLR 571]中，联邦高等法院声称，没有理由对原住民罪犯和非原住民罪犯作出不同的判决，也没有理由将原住民监禁率较高的情况纳入考虑。不过，高等法院承认，“原住民罪犯可能会因其在历史上曾经被剥夺各种权利的遭遇而被减轻量刑，与非原住民罪犯会因曾经经历过重大困难——包括酗酒史——而被减轻量刑一样（其他罪犯也可能如此）”。

不过，需要避免一种假设，即所有原住民罪犯都必然属于可以被减轻量刑的一类。正如高等法院在蒙达诉西澳大利亚州案（Munda v WA (2013)249 CLR 600）中所指出的，“认为原住民罪犯对其行为的责任一般比其他人小，就是否认原住民拥有充分的人的尊严”。法院不应当采取“种族刻板成见”的做法，“由于其种族和居住地”就将原住民罪犯视为“一类不像其他人一样能够进行得体行为的人”[蒙达诉西澳大利亚州案
221 (Munda v WA(2013)249 CLR 600)]。

## 九、监禁和假释

如果监禁是对罪犯施加的刑罚的一部分，那么他可能在法院正式执行总监禁刑期之前被有条件地释放。在服刑期间有条件获释被称为**假释**。假释与缓刑类似，罪犯可以自由地进行日常生活，但必须遵守某些要求和履行某些义务。这些要求和义务可能包括：接受矫正服务官员的探视、如果改变了工作或家庭住址要告知矫正服务官员、未经允许不得离开该州、参加咨询和

**假释：**在服刑期间有条件获释

康复系列会议，以及接受毒品和酒精测试。**矫正服务**是刑事司法体制中负责管理监狱的核心部门。它有专门的缓刑和假释官员，负责监督和管理释放到社区的罪犯。

> **矫正服务：**刑事司法体制中负责管理监狱的核心部门

如果罪犯违反假释规定，那么法庭命令的条件可以改变，或者可以将罪犯送回监狱。在昆士兰州，量刑法官必须为被判处三年或三年以下有期徒刑的罪犯设定假释日期[1992年《刑罚和量刑法》(昆州)，第160B条]。对于更严重的罪行，当罪犯有资格获得假释时，法院可以选择设定一个日期。有资格获得假释的罪犯必须向州**假释委员会**提出申请，该委员会是一个独立的机构，负责决定是否应当释放罪犯并具体规定释放命令的条件。

> **假释委员会：**与监狱相独立的一个机构，负责决定罪犯是否应当获得假释

在新南威尔士州，1999年《犯罪(量刑程序)法》(新州)为一系列罪行
规定了标准的不可假释期。不可假释期是指罪犯没有资格获得假释的刑 222
期。维多利亚州要求为两年或两年以上的有期徒刑设定不可假释期，除非法院认为不恰当。昆士兰州采取了一种限制更大的做法，要求法院只可对严重暴力犯罪设定不可假释期。

## 第二节　上诉

一个被定罪的被告人可以对自身的定罪或被判处的刑罚提出上诉。控方可以对过轻的量刑提出上诉，或在极少数情况下对无罪释放提出上诉。上诉是指被告人在上级法院对判决提出异议。纠正错误决定的能力是正当程序的一个核心方面。

## 一、上诉和法院位阶

上诉是向比案件审理法院更高级别的法院提出的,因此该程序也反映了第二章中讨论的法院位阶体系。在这一位阶的底部是地方法院或治安法院。这些法院没有**上诉管辖权**(指审理上诉的权力)。如果被告人不同意治安法院的判决,那么他可以(通常在一段较短的时间内)向地区法院提出申请。他既可以对定罪,也可以对量刑提出质疑。这是上诉过程中唯一一个能够全面重新审理证据的阶段。在地区法院审理上诉的法官可以维持、撤销或改变治安法院的判决,或给出任何其他适当的命令。

> **上诉管辖权:** 法院审理从低层级法院提起的上诉的权力

随着被告人提起上诉的法院等级越来越高,上诉的理由也越来越有限。如果被告人不同意地区法院或最高法院的判决,那么他们可以向最
223 高一级法院的上诉庭提出上诉,该上诉庭通常被称为上诉法院(不能从地区法院向最高一级法院的审判庭提出上诉,因为这些法庭仅审理初审刑事案件——读者可以在图 10.1 中看到这一点)。

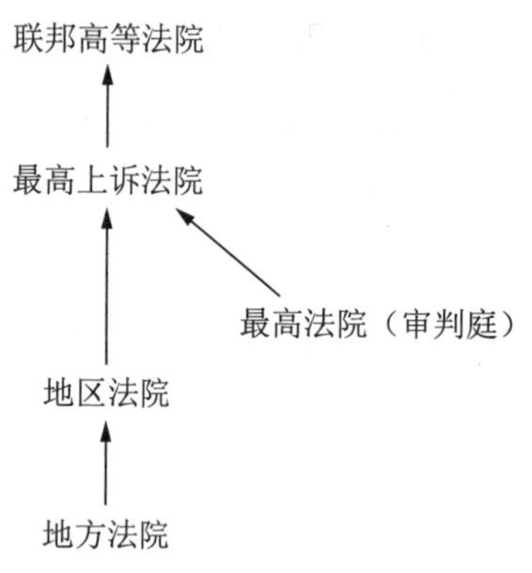


**图 10.1:上诉层级体系**

## 二、对定罪的上诉

如果被告人能够指出存在影响原判决的**法律问题**,那么他就可以在上诉法院对其定

> **法律问题:** 为上诉提供理由的法律问题

罪提起上诉。法官可能在某些法律问题上犯错，比如错误地向陪审团解释犯罪的构成要件，或者允许庭审时出示警方非法获取的证据。

如果被告人不能指出法律错误，那么他们仍然可以就事实问题提起上诉（即从本质上讲，他们认为陪审团的决定是错误的）。不过，这需要**法庭的许可**（允许审理该案件），而且并不能保证上诉一定能够获得审理。上诉法院一般不愿意推翻陪审团的决定，因为陪审团成员在刑事案件审理期间能够听到证人的证词并亲眼看到证据。与向地区法院提起的上诉不同，向最高级别的法院提起的上诉不涉及对证据的全面重新审理。 224

> **法庭的许可：**法庭允许审理上诉

在对定罪的上诉中，有三个可能的理由或许会使得法官推翻原来的决定。一是陪审团的有罪判决不合理，无法得到证据的支持。这意味着存在事实错误，有时被称为**证据不足的**裁决。二是法官犯了法律错误。三是出现了司法不公。从本质上讲，**司法不公**意味着存在错误定罪。该理由与前两个理由重叠，但其旨在赋予法官更广泛的裁量权，以便可以酌情推翻错误的判决。如果法院**允许**上诉（即同意被告人的观点），那么它或者改为**无罪**判决，这意味着被告人无罪，可以自行离开，或者可能会命令下级法院重审。

> **证据不足的：**描述被陪审团错误裁决的案件的短语

> **司法不公：**存在错误定罪的案件

> **允许：**在上诉过程中，法官同意被告人的观点

> **无罪：**发现被告人无罪

### 三、对量刑的上诉

针对量刑提起上诉的理由更为有限。当事人需要向法院申请许可，而且量刑法院所判处的惩罚种类或者惩罚严厉程度需要有实质性的错误。上诉法院只会纠正**明显过重**或**明显过轻**

> **明显过重：**用来描述量刑判决在上诉过程中被发现过于严厉的短语

> **明显过轻：**用来描述量刑判决在上诉过程中被发现过于宽大的短语

的判决。这意味着量刑必须过于严厉或过于宽大才会受到审理。

2013 年，贝拉尔·哈扎尔（Belal Khazaal）向新南威尔士州刑事上诉法院提起上诉，反对因出版“在线恐怖主义手册”而被判处 12 年有期徒
225 刑。哈扎尔认为，他所犯罪行不应当被列入最严重的等级，他一直品行良好，保释期间法庭所施加的条件过于苛刻。法院驳回了他的上诉，理由是谴责恐怖主义、保护社区和阻止潜在犯罪的需要：哈扎尔诉 R[Khazaal v R(No 2)[2013]NSWCCA 140]。

## 四、高等法院

如果一方当事人不同意上诉法院的决定，那么他们可以向联邦高等法院上诉。不过，如第二章所述，向高等法院上诉的理由相当有限。

申请人首先需要申请特别上诉许可。获得特别许可的案件必须涉及具有公共重要性、对司法有影响或解决州与州之间分歧的法律问题。一方当事人不能仅仅因为不同意定罪或量刑判决就向高等法院提起上诉。特别上诉许可申请的批准率很低。在 2018 年 10 月至 12 月的三个月中，高等法院审查了 90 份特别许可申请，仅批准了其中的 7 份，成功率不足 8%（澳大利亚高等法院，2018 年）。

一旦上诉经由高等法院审理，上诉的路就走完了，不再有更高一级的法院可以审理上诉。

## 五、好处和不足

上诉制度保护被告人不受错误定罪和其他司法不公的影响。它是正当程序的一个核心方面，有助于法治的实现。

然而，这一制度并不完善。兰斯利（Ransley）和戈德史密斯（Goldsmith）（2006 年）很好地解释了其中的几个原因。第一，无罪释放可能导
226 致司法不公（也就是说，有罪的人可能会被释放），但是检方只有在极少数

情况下才能对无罪释放决定提起上诉。第二,被告人可能会出于恐惧、无知或缺乏理解而认罪。如果发生这种情况,那么他们就不能对自身的定罪提起上诉,因为他们承认自己有罪。第三,即使一个错误的定罪被推翻,一个人被无罪释放,这可能也需要很长的时间,此人可能已经在监狱里待了很多年。第四,被告人仍然可能会因不公平的法律受到惩罚。例如,根据强制性最低刑罚规定被判刑的罪犯不能提起上诉,因为该惩罚是由议会的议员事先决定的。

## 本章要点

- 量刑法官的作用是在考虑案件所有情况的基础上得出恰当的惩罚。量刑法官必须综合考虑罪犯的行为和惩罚目的、量刑原则,以及任何加重或减轻刑罚的因素。
- 加重因素表明处罚应当更加严厉,减轻因素表明处罚应当更轻。常见的加重因素包括:使用武器或攻击易受伤害的人;常见的减轻因素包括:吸毒或精神疾病史。
- 强制性最低刑罚规定是有争议的,因为此类规定削减了量刑法官在确定恰当刑罚问题上的裁量权。此类规定还破坏了权力分离,且对原住民罪犯的影响更大。
- 对法院判决提起上诉意味着向上级法院提出对判决的质疑。随着案件在法院层级体系中逐渐上移,对判决提起上诉的理由越来越有限。 227

## 讨论题

1. 除监禁外,法院还能判处哪些类型的刑罚?

2. 刑罚目的与量刑原则有何区别？

3. 法官在决定恰当的刑罚问题上拥有裁量权，有哪些利弊？

4. 为什么强制性最低刑罚规定存在争议？在你看来，对某些罪行规定强制性最低刑罚是个好主意吗？

5. 对原住民罪犯的量刑是否与对非原住民罪犯的量刑有任何的不同？

6. 如果案件在地方法院或治安法院初审，那么它可能经历在哪些不
228 同级别法院的上诉？

第四部分

# 案 例 研 究

# 第十一章　网络犯罪

在本章中，读者将了解到：

- 不同类型的网络犯罪
- 法律如何应对新型犯罪？
- 恶意软件、特洛伊木马、病毒、蠕虫病毒和僵尸网络 231
- 组织报告个人数据违规行为的要求
- 色情短信、报复色情和网络欺凌等刑事犯罪
- 电子安全专员的作用

本书的最后两章关注最近立法中的热门领域。这些内容被设计成案例研究的形式，目的是将读者在前几章学到的知识汇集在一起，并在此基础上进一步拓展。现在，读者已经了解到了许多法律概念和理念，可以将这些知识应用到感兴趣的领域和正在进行的法律改革中。

这些案例研究也旨在强化法律不是一套固定规则的观点。相反，法律随着时间的推移不断发展和调整，以应对新型犯罪、道德价值观的变化和社会上发生的其他事件。

本章向读者介绍网络犯罪。网络犯罪与其他类型的犯罪一样，只是

在网络犯罪中，计算机是犯罪手段的一部分。网络犯罪给法律带来了新的挑战，因为为“现实世界”的犯罪设计的立法并不总是能够很容易地挪用到网络领域中。

本章解释不同类型的网络犯罪以及法律的应对方式。主要关注针对**色情短信**（发送私密图片）、**报复色情**（传播私密图片）和**网络欺凌**（在线骚扰）行为的新法律。本章还解释电子安全专员的角色，这是一个负责向社区提供网络安全方面的教育并调查有关有害在线内容投诉的办公室。

**色情短信：**发送和接收私密图片

**报复色情：**传播私密图片骚扰或羞辱他人

**网络欺凌：**骚扰、戏弄或其他重复、故意和残忍的在线行为

## 第一节　什么是网络犯罪？

在第八章中，我们讨论了某些类型的行为被视为犯罪行为的不同原因。同样的基本原则也适用于网络犯罪，只是网络犯罪涉及计算机。同样适用芬德利等人（2014 年）给出的框架，网络犯罪是指涉及计算机的行为：（1）对个人造成伤害；（2）对社区造成伤害；或者（3）在道德上是
232 错误的。抑或从纯粹的法律角度来看，我们可以说，网络犯罪仅仅是任何会受到刑事处罚的涉及计算机的行为。下文解释了其中的许多罪名。

我们可以使用与普通犯罪类似的框架来思考什么是网络犯罪，但实际上，网络犯罪给刑事司法体制带来了许多挑战。毛鲁沙特（Maurushat，2010 年）解释说，与更传统的犯罪形式相比，网络犯罪带来了四个重要挑战。首先，网络犯罪通常是跨国的，这意味着它跨越国家边界，涉及多个司

法管辖区。犯罪攻击的目标可能在澳大利亚,但攻击行为可能来自世界的另一端。其次,警官、律师、法官和议员通常不具备理解或应对网络犯罪所必需的技术专长。随着时间的推移,这种情况正在改善,但仍然是一个问题。再次,网络犯罪涉及"高度不稳定"的数字证据,这意味着这些证据很难捕获和保留,而且在审判发生时可能不复存在。最后,网络罪犯使用许多复杂的技术,如加密和**虚拟专用网络**(VPN)服务,使得罪犯可以保持匿名。**加密**是一种对文本或数据进行加密的数字技术,因此只有拥有称为"密钥"的特殊密码的人才能够读取文本或数据,而 VPN 是与网络之间的加密连接。这些技术使得对网络犯罪的刑事指控变得非常困难。

> **虚拟专用网络:**与网络之间的加密连接

> **加密:**对文本或数据进行加密的数字技术,因此只有拥有称为"密钥"的特殊密码的人才能够读取文本或数据

网络犯罪对澳大利亚的经济产生了重大影响。据估计,网络犯罪每年给澳大利亚经济造成的损失高达 20 亿美元(总检察长署,2013 年)。

本节简要介绍一些常见的网络犯罪类型,并解释法律是如何因此得以更新的。 233

## 一、"419 骗局"和网络约会诈骗

许多网络犯罪只是传统犯罪的网络版本。例如,欺诈罪是不诚实地偷窃某物。在"真实"或"现实"世界中,欺诈案件可能涉及一个人冒充推销员。这名罪犯在街上走来走去,敲开每个人家的大门,说服他们订购一种根本不存在且永远不会通过邮寄送达的产品。

> **"尼日利亚王子骗局":**在线骗局,受害人受他人欺骗提供金钱或银行账户详细信息

> **"419 骗局":**尼日利亚王子骗局的另一个名称

欺诈的网上版本很多。读者可能听说过**"尼日利亚王子骗局"**,这也被称为**"419 骗局"**,因为尼日利亚刑法中有一条专门处理

这些骗局的规定(麦克安德鲁,2018 年)。在骗局的最初版本中,一名骗子向多个目标发送电子邮件,称自己是尼日利亚王子,需要他人帮助自己将财富运出该国。如果你可以发送你的银行账户详细信息或支付少量费用来帮助他,那么王子会分给你他的巨大财富的一部分。对于每一个同意帮助“王子”的人,骗子都会获得小额款项,或者从其银行账户中盗窃钱款。

这些骗局似乎始于尼日利亚,但实际上可能来自任何地方(麦克安德鲁,2018 年)。罪犯使用许多不同版本的故事(不仅仅是关于尼日利亚王子的故事),但他们倾向于遵循这一基本模式,并依赖于受害人的类似心理。

人们仍然会上当受骗,这似乎令人惊讶,但是此类骗局利用了受害人的信任、易受骗性和帮助需要帮助的人的意愿。特别是,骗子往往依赖一系列不断升级的承诺,首先是向受害人提供少量资金,然后转移走越来越多的受害人的资金——受害人在心理上难以摆脱这一套路(麦克安德鲁,2018 年)。如今,人们受到了更多有关此类电子邮件骗局的教育,也对此
234 类诈骗形式有了更多的认识,但是 2018 年,澳大利亚人仍因所谓的“尼日利亚王子诈骗”案损失了近 140 万美元(澳大利亚竞争和消费者委员会,2018 年)。

“419 骗局”的最新版本发生在在线约会平台上。在这种情况中,骗子会利用在网上寻找伴侣的人们,找机会行骗。一个骗子会制作一份虚假的个人资料,与受害人建立起信任,很快就向他们表明爱意并开始要钱。与“419 骗局”一样,罪犯索要的金钱数额起初通常很小,然后逐渐增加到很大(澳大利亚竞争和消费者委员会,2018 年)。在网上约会骗局中,骗子通常会索要钱财来资助家庭成员的医疗手术或其他虚构的紧急情况。

2018 年,澳大利亚人因在线约会诈骗损失超过 2 450 万美元,最大的损失来自 55—64 岁的年龄群体(澳大利亚竞争和消费者委员会,2018 年)。这

表明骗子的目标是那些因最近离婚、失去长期伴侣或缺乏经验而易受到伤害的年纪较大的受害人(2014 年 5 月)。

这些在线诈骗行为被视为网络犯罪,尽管它们并非严格意义上的“新”的犯罪,因为其所涉及的行为类型是法律已经较为熟悉的。在某些方面,技术无疑使得欺诈变得更加容易。例如,犯罪者更加容易联系和诈骗大量受害者,且骗子更容易保持匿名。这使得追诉罪犯更加困难。网上银行也使得受害人更加容易在几乎一瞬间就完成大笔资金的转移。

不过,就刑法的目的而言,在线诈骗涉及的行为类型与不诚实盗窃的行为类型基本相同。基于这个原因,**技术犯罪**可能是描述此类诈骗的更好用语。“419 骗局”并不是一种涉及计算机的全新类型的犯罪,而是利用互联网更加容易实施的、更大规模的传统犯罪。 235

> **技术犯罪:**由于互联网的存在,使得犯罪行为更加容易实施,但是此类犯罪法律已经较为熟悉

## 二、身份盗窃和网络钓鱼

身份盗窃是法律较为熟悉的另外一种网络犯罪行为。**身份盗窃**是指犯罪人窃取他人的个人信息,如住宅地址、电话号码、银行账户详细信息、信用卡号码、用户名和在线密码,并利用这些信息购买商品或盗窃金钱的行为。通常,窃取个人信息的罪犯通过将信息出售给有组织的犯罪团体而不是直接访问受害人的账户来赚钱(澳大利亚联邦警察局,2018 年)。这些团体可以利用这些信息伪造身份证件,从而为恐怖主义行为和其他严重犯罪提供便利(联合国毒品和犯罪问题办公室,2019 年)。

> **身份盗窃:**盗窃他人的个人信息,如用户名、密码、银行账户详细信息和信用卡号码

在身份盗窃中,个人信息通常是通过**网络钓鱼**电子邮件窃取的。这些欺骗性的电子邮件,看起来像是来自官方组织,如银行或税

> **网络钓鱼:**欺骗某人提供个人信息(通常通过电子邮件)

务局。“网络钓鱼”(phishing)一词是指从互联网上的受害人海洋中“钓”取(fishing)密码和其他信息,但拼写为“ph”,因为这是黑客文化中“f”的常见替代拼写(泽特,2015 年)。

一封典型的网络钓鱼电子邮件会告诉受害人他们的账户上有可疑的或未经授权的活动,或者他们欠了一些钱,因此他们需要确认自己的账户详细信息。在点击一个链接后,受害人将他们的个人信息输入到一个伪造的表格中,罪犯用这个表格来收集受害人的信息。

钓鱼电子邮件最早在澳大利亚被发现是在 2003 年左右。当时,这些电子邮件中包含大量拼写和语法错误,假冒的网站也和官方版本不太一
236 样。如今,钓鱼电子邮件已经更加精细化了。

与“419 骗局”一样,我们可以根据现行法律对盗窃和欺诈的规定,对身份盗窃行为提起诉讼。不过,澳大利亚也颁布了直接针对身份盗窃行为的新的法律。例如,在新南威尔士州,处理或拥有“身份信息”,包括银行账户详细信息和护照号码,或拥有伪造身份证件的设备,都是犯罪行为。联邦法律也规定了类似的罪行。根据 1900 年《犯罪法》(新州)第 192K 条,拥有他人身份信息意图实施可公诉犯罪的行为会导致被判处最高为七年监禁的刑罚。2009 年《犯罪修正案(欺诈、身份和伪造犯罪)法》(新州)将上述这些新的罪名引入法律。

### 三、未经授权的访问和恶意软件

当犯罪所涉及的行为只有在新技术发展的情况下才可能发生时,网络犯罪与“现实世界”犯罪之间的区别就会愈发明显。换言之,某些类型的网络犯罪没有如欺诈或盗窃等明显的现实中的同类行为。这可能会导致出现关于哪些新型行为应当被视为犯罪行为的难题。

未经授权访问政府部门、银行或其他公司的计算机网络可以通过破解密码、利用计算机代码中的漏洞或使用许多其他犯罪性质的黑客技术

实现（克朗，2005 年）。这种行为可能会带来盗窃或欺诈，但是如果黑客只是在系统中四处窥探，而没有窃取任何东西呢？这种行为算是犯罪吗？访问计算机网络不一定会对任何人造成伤害，但是，如果这不是犯罪，那么黑客将可以自由访问重要的计算机网络而不需要承担任何后果。这将破坏**网络安全**，即对计算机和计算机网络免受有害行为的影 237
响的保护。当政府部门、医院或其他组织保护我们的私人信息时，网络安全尤为重要。

**网络安全：**对计算机和计算机网络免于遭受恶意行为影响的保护

另一种与传统犯罪有明显区别的网络犯罪发生在罪犯传播恶意软件时。**恶意软件**是各种流氓软件的总称。有不同类型的恶意软件，包括特洛伊木马、病毒、蠕虫病毒和勒索软件。这些软件使得攻击者能够远程访问其他人的计算机，窃取个人信息，记录用户的键盘敲击行为以查找密码，或者使设备发生故障。

**恶意软件：**流氓软件，包括特洛伊木马、病毒和蠕虫病毒

**特洛伊木马**是一种看似有用或无害的计算机程序，但一旦运行就会损坏计算机（卡巴斯基实验室，2019 年）。该病毒来自特洛伊木马的经典神话，即希腊人在特洛伊城外留下了一匹巨大的木马。特洛伊人认为这是一份礼物，于是把马带进了他们的城内，否则，特洛伊的城墙是无法攻克的。这匹马里藏有希腊士兵，他们在夜间从马里出来，帮助希腊军队的其余士兵进入特洛伊，最终占领了这座城市。

**特洛伊木马：**一种看似合法但一旦运行就会造成损害的计算机程序

**病毒**和**蠕虫病毒**是可以在计算机之间传播的自我复制代码。它们可以通过特洛伊木马、网络钓鱼电子邮件、电子邮件或短信中的附件或受感染的网站进入计算机。病毒和蠕

**病毒：**将自身附加到宿主文件或程序上的自我复制的计算机代码

**蠕虫病毒：**独立于其他文件和程序运行的自我复制的计算机代码

虫病毒的主要区别在于，病毒通过将自身附加到“宿主”文件或程序上进行工作，而蠕虫病毒是可以独立运行的单独程序（卡巴斯基实验室，2019年）。

有些蠕虫病毒被设计成仅仅进行反复复制，但不会造成额外的伤害。
238 这会占用内存和带宽，从而中断计算机网络。**内存**（也称为随机存取内存或 RAM）是指计算机为了同时处理多个任务可以临时存储信息的大小。这通常以千兆字节表示，大多数消费类计算机的 RAM 介于 4 到 16 千兆字节之间。**带宽**是指在一个固定的时间段内，系统可以传输多少数据。这通常以每秒兆字节表示（例如，读者的家庭互联网连接的带宽可能为每秒 25 或 50 兆字节）。

> **内存**：计算机为了同时处理多个任务可以存储信息的大小

> **带宽**：在一个固定时间段内，计算机系统传输的数据总量

更复杂的蠕虫病毒会对关键基础设施造成严重破坏。**关键基础设施**是指为民众提供必要服务——如天然气、水、交通、电力、通信和核能——所需的计算机网络、工程系统和设施。

> **关键基础设施**：为民众提供必要服务（例如天然气、水和电）所需的计算机网络、工程系统和设施

最著名的蠕虫病毒之一是**超级工厂**（Stuxnet），它对伊朗的核电站项目造成了巨大的破坏。超级工厂是一种非常复杂的蠕虫病毒，它利用计算机代码中的多个漏洞干扰纳坦兹核电厂的气体离心机。虽然没有人正式声称对此次袭击负责，但大多数消息来源都认为，这是美国-以色列联合情报行动的产物（中岛和沃里克，2012年）。

> **超级工厂**：一个非常复杂的蠕虫病毒，对伊朗核电站项目造成了巨大破坏

**勒索软件**是一种特殊类型的恶意软件，
239 可以通过蠕虫病毒快速传播。它还可以通过受感染的电子邮件附件和在线广告发送。勒索软件使得用户无法访问其计算机或文件，并要求用户支付金钱以重新获得访问权限（思科，2018年）。

> **勒索软件**：一种恶意软件，使用户无法访问计算机系统，并要求用户支付金钱以重新获得访问权限

2017 年 5 月，被称为**“想哭”**(Wannacry)的勒索软件通过运行微软软件的计算机在全球传播。攻击者对解密每个用户的文件都索要 300 美元的**比特币**(一种在线货币)。“想哭”传播至 150 个国家，感染了 23 万多台计算机[库珀(Cooper)，2018 年]。一个主要的受害者是英国国家卫生服务局(NHS)，因为全英国的许多医院和医疗中心的电脑都受到感染。此次袭击给该局造成的损失高达 1 亿英镑，并导致 19 000 项医疗预约被取消(帕尔默，2018 年)。

> **“想哭”**：一款复杂的恶意软件，感染了 23 万多台计算机，给英国的医院系统造成了巨大影响

> **比特币**：一种数字货币

另一种与传统犯罪明显不同的网络犯罪是**拒绝服务**(denial-of-service, DoS)**攻击**。这是指计算机、服务器或网络的请求过载，导致其速度大幅减慢或停止工作(卡巴斯基实验室，2019 年)。这项技术通常用于关闭政府网站。要访问网站，读者需要在网页浏览器(如 Safari 或 Chrome)中键入统一的资源定位器(URL)地址。浏览器根据该 URL 从**服务器**请求文件。服务器是一台大型计算机，它始终连接着网络，并提供文件供人们查看。如果数万台或数十万台计算机在同一时间请求这些文件，那么服务器将无法处理，这会导致没有人可以访问该网站。 240

> **拒绝服务攻击**：一种网络攻击，使计算机、服务器或网络的请求过载，导致其速度大幅下降或停止工作

> **服务器**：一台计算机或一个计算机程序，通过网络为其他计算机提供服务

拒绝服务攻击通常使用**僵尸网络**。这些计算机的网络已被破坏，由一个中央机构控制(思科，2018 年)。网络中的一台计算机被称为**僵尸**[bot，源自“机器人”(robot)，因为计算机在受害者不知情的情况下自动运行]。

> **僵尸网络**：被特洛伊木马或其他恶意软件破坏的计算机网络

> **僵尸**：在僵尸网络中，被破坏的一台计算机

黑客通过特洛伊木马或类似技术控制其他计算机，从而创建僵尸网

络。他们利用这些计算机的集体力量发动拒绝服务攻击、传播病毒或发送垃圾邮件。**垃圾邮件**是用户不需要的电子邮件。[Spam，这个词来自罐装午餐肉的商标名称，是“五香火腿”的缩写。这个词曾在蒙提·派森(Monty Python)的一幅著名的素描中使用过，菜单上满是包含午餐肉的不同食物，但客户不希望其中任何一种食物中含有午餐肉。]

> **垃圾邮件**：不需要的电子邮件

作为僵尸网络一部分的用户通常是无辜的，他们不知道自己的计算机已被破坏(读者也可能曾经在不知情的情况下成为僵尸网络的一部分!)。最大的僵尸网络之一是斯利兹比(Srizbi)僵尸网络，它利用了大约50万台计算机的力量，据说因此产生了世界上40%的垃圾邮件(托马森，2008年)。如果在拒绝服务攻击中，有多台计算机通过僵尸网络或其他方式攻击同一目标，那么这被称为**分布式拒绝服务**(distributed denial-of-service，DDoS)**攻击**。

> **分布式拒绝服务攻击**：由多台计算机、通常通过僵尸网络实施的拒绝服务攻击

### 四、法律对未经授权的访问和恶意软件的回应

这些访问和干扰计算机系统的新技术需要法律作出特殊回应。与
241 “419骗局”和身份盗窃不同的是，这些行为不容易通过现有的盗窃罪或欺诈罪进行起诉。

2001年，联邦议会颁布了2001年《网络犯罪法》(联邦)(即“网络犯罪法”)。其目的是将欧洲委员会《网络犯罪公约》(“网络犯罪公约”)的规定纳入澳大利亚法律。《网络犯罪公约》是第一个处理网络犯罪的国际条约。该公约寻求增加国家间的合作，通过法律执行加强调查，并**协调**(使之一致)不同国家的法律。

> **协调**：使不同政府颁布的法律互相一致

《网络犯罪法》在澳大利亚法律中引入了新的刑事罪名。1995年《刑法典法》(联邦)第10.7章现在包含针对未经授权的访问、修改或损害数

据或电子通信的犯罪行为的规定。例如,第477.2条规定如下:

**477.2条　未经授权修改数据造成损害**

(1) 任何人在下列情况下即属实施了犯罪行为:

(a) 此人未经授权擅自修改计算机中的数据;且

(b) 此人知道修改是未经授权的;且

(c) 此人全然不顾修改是否已经损害或将损害:

(i) 访问任何计算机中保存的该数据或任何其他数据;或

(ii) 该数据的任何可靠性、安全性或运作。

刑罚:10年监禁

阅读该罪行的构成要件,我们知道,一个人会面临最高10年的监禁,如果他:

1. 修改保存在计算机中的任何数据(犯罪行为);且

2. 知道他们无权修改该数据(犯罪意图);且 242

3. 全然不顾其行为是否会损害数据访问或以其他方式损害数据(犯罪意图)。

数据被宽泛地界定为任何信息、程序或程序的一部分。修改数据包括添加数据和更改数据。这意味着,该罪名可以适用于广泛的网络犯罪,包括病毒、蠕虫病毒或勒索软件的传播,或修改软件代码的黑客技术。

在第八章中,我们讨论了犯罪意图是如何通常等同于意图,但可能涉及其他精神状态的问题。在这里读者可以看到,心理要件并不要求犯罪者持有某种意图。第十章中还规定了其他犯罪,对于这些犯罪,意图是必要的心理要件。对于这种犯罪,心理要件是罪犯知道他们修改数据是不被允许的,而且他们全然不顾自己行为的后果。不计后果意味着犯罪者意识到发生这些后果的巨大风险,但无论如何仍然决定继续行使该行为。

新南威尔士州和维多利亚州已经立法规定了与联邦层面的罪行非常类似的罪行。在昆士兰州,“计算机黑客和滥用”是犯罪行为。1899 年《刑法典法》(昆州)第 408E 条规定了这一罪名:

> **第 408E 条　计算机黑客和滥用**
>
> 1. 任何人未经计算机控制者的同意而使用受限制的计算机,即属犯罪。
>
> 刑罚:最高刑罚——2 年监禁
>
> 2. 如果此人造成或意图造成伤害或损害,或获得或意图获得利益,那么此人的行为属于犯罪行为,可判处 5 年监禁。
>
> 3. 如果此人造成的伤害或损害价值超过 5 000 美元,或为任何人获得的利益价值超过 5 000 美元,或意图实施可公诉犯
> 243 罪,那么此人的行为属于犯罪行为,可判处监禁 10 年。

受限制的计算机实质上是指任何受到密码保护的计算机。

读者在这里可以发现,昆士兰州的法律为不同级别的行为设定了分级处罚机制。未经受害人同意访问和使用受限制的计算机,最高刑罚为两年监禁。如果罪犯造成损害或获得利益,或有上述任何一种意图,则刑期增加到五年。如果损害或获得的利益价值超过 5 000 美元,或此人打算实施可公诉犯罪,则刑期加倍至十年。

## 五、数据泄露通报

对这些新型网络犯罪的另一个重要回应是 2017 年《隐私修正案(数

据泄露通报)法》(联邦)。这项立法没有创设任何新的刑事犯罪;相反,它规定政府机构和企业有义务在个人信息被泄露时(通过恶意网络攻击、人为错误或其他方式)进行报告。为此,它修订了 1988 年《联邦隐私法》(即"隐私法"),建立了一个**数据泄露通报机制**。

> **数据泄露通报机制:** 要求组织和政府机构在个人信息被非法获取时予以报告的机制

根据《联邦隐私法》第 26WE 条规定,现在政府机构和企业必须报告"符合条件的数据泄露"。符合条件意味着出现了未经授权访问个人信息——如地址、银行账户详细信息或税务文件编号——的情况,并且该违规行为"可能会对任何信息被泄露的人造成严重伤害"。这些违规行为必须向**澳大利亚信息专员办公室**(OAIC)报告。 244

> **澳大利亚信息专员办公室:** 一个独立的办公室,监督对《隐私法》的遵守情况,并调查有关错误处理个人信息的投诉

信息专员办公室是总检察长管辖范围内的一个独立办公室,负责监督对《联邦隐私法》的遵守情况,并调查有关错误处理个人信息的投诉。

在 2018 年 7 月至 9 月的短短三个月时间内,向 OAIC 报告的符合条件的数据泄露事件有 245 起(澳大利亚信息专员办公室,2018 年)。大多数事件中泄露的是个人的联系信息,如地址和电话号码。其中两起违规事件影响了 10 万至 25 万澳大利亚人(澳大利亚信息专员办公室,2018 年)。这表明网络犯罪威胁在澳大利亚一直存在,可能会导致我们的个人信息被泄露。

## 第二节　色情短信、报复色情和网络欺凌

法律很难处理蠕虫病毒、勒索软件、分布式拒绝服务攻击和黑客技

术，因为它们涉及复杂的技术进步。为了有效地应对这些犯罪，法律需要进行更新，以追责插入计算机代码、修改数据和实施许多其他技术性行为的罪犯。

其他类型的网络犯罪包括通过短信、电子邮件、即时消息应用程序和社交媒体平台发送私密图像或视频。这些行为在技术上并不先进，法律并非仅仅因为技术问题需要更新，但是它们确实带来了其他挑战。通常，当一对成年夫妇将裸体照片发送给对方时，所涉及的行为可能是双方自愿的和无害的，因为这是健康的性关系的一部分。可是，如果这些图片被发送给更多人以使某人难堪，那么这就是对隐私的严重侵犯。

私密图像或视频也可能在未经个人同意的情况下拍摄和录制，并涉及强奸等严重犯罪。**儿童色情制品**是指儿童
245 的性化图像，包括性虐待的图像和视频。这是利用互联网犯下的最严重、道德上最应受到谴责的罪行之一。

**儿童色情制品：**儿童的性化图像，经常描绘性虐待场景

社交媒体用户可能会经历许多其他形式的在线骚扰（包括跟踪和欺凌），这些骚扰会损害他们的心理健康。法律要充分应对所有这些不同的情况是一项非常复杂的任务。

目前，澳大利亚各地针对这些技术发展颁布的法律差异很大。这反映出联邦政府体系的一些优点和缺点。联邦制允许联邦政府和州政府创制新的法律，其他司法管辖区可以采纳或修改这些法律。但是，这也可能导致人们在法律面前受到的对待不一致。

本节介绍针对性色情短信（发送私密图片）、报复色情（传播私密图片）和网络欺凌行为的新法律。电子安全专员发挥了重要作用，该办公室的设立是为了教授社区关于网络安全的知识和处理有关有害在线内容的投诉。

## 一、色情短信和报复色情

色情短信指拍摄裸体或部分裸体的照片或视频，并通过手机、电子邮件或社交媒体发送。根据一项研究显示，16—18 岁的澳大利亚年轻人中，有 50%发送过自己的性照片或视频，70%收到过一张性图片或一段性视频[李(Lee)等，2015 年]。“三 J(Triple J)电台”的一项调查显示，18—29 岁的澳大利亚人中有三分之二的人看过他们不想看的裸体“自拍”[“三 J 黑客(Triple J Hack)”，2018 年]。

年轻人发送的色情短信给刑事司法体制带来了挑战，因为很难搞清楚在何种情况下发送者应当承担刑事责任。如果两个 16 岁或以上的人同意拍摄裸照，并且只与对方分享，那么诉诸刑法似乎不是一个合适的回应。双方都被认为在法律上有能力同意性交，因此没有强有力的法律理由将这种行为定性为非法。这并不意味着在任何情况下这种行为都应当 246
被允许——它只是意味着诉诸刑法可能并不是恰当的。家长可以纠正自己孩子的行为，政府也可以开发用于学校的指引和教育材料。

当行为人的年龄下降到 15 岁或更小时，发送色情短信的行为就变得更加可疑。我们尚不清楚年幼的儿童是否能够对这种行为表示有效同意，而且图像或视频可能被更广泛传播的风险也变得更大。根据澳大利亚的法律规定，10 岁以下的儿童不承担刑事责任，但 10 岁或以上的儿童可以被判有罪。因此，刑法是一种可能的回应，但它是不是一种恰当的回应仍然是不确定的。因发送色情短信起诉 10—15 岁的未成年人对公众来说几乎没有什么好处，即使我们认为这种行为是有害的。与 16—18 岁的孩子一样，我们有许多其他的选择来应对这种行为，比如让家长、老师和学校辅导员参与进来。并非所有可能有害的行为都需要被规定为犯罪行为。

如果某人未经他人同意拍摄或录制色情图像或视频，或者未经他人同意将色情图像或视频发送给其他人，那么我们有更充足的理由认为，这种行为应当构成犯罪。复仇色情是指某人向他人发送或张贴前伴侣的色情图片,以供他人观看(目的是在分手后让他们难堪),尽管该术语可以指未经同意发布色情内容。复仇色情还可能包括威胁要发布此类内容的行为。

澳大利亚已经颁布了许多新的法律来处理此类行为。可是,我们需要做更多的工作来确保这些法律之间互相一致。最重要的是,我们需要做更多的工作,以确保色情短信和报复色情不会导致年轻人因儿童色情和剥削儿童等非常严重的罪行而被起诉。

大多数澳大利亚的州都颁布了针对报复色情的新法律。例如,1900
247 年《犯罪法》(新州)第 91P 条规定,未经同意记录或传播私密图像属于可公诉犯罪,可被判处三年监禁。对 16 岁以下儿童的起诉必须得到检察官的同意。在维多利亚州,1966 年《即决犯罪法》(维州)第 41DA 条规定,传播私密图像属于即决犯罪,可被判处两年监禁。在维多利亚州,更严重的罪行是传播虐待儿童的内容,但年轻人可免于被认定实施了此类罪行。这些新的罪名和豁免规定确保报复色情会受到恰当的惩罚。

联邦和昆士兰州的法律规定得更加严格,年轻人可能被指控实施了与儿童色情和剥削儿童有关的严重犯罪。这些法律没有充分区分在互联网上犯下的非常严重的罪行和参与涉及色情短信或报复色情行为的年轻人。

**通信服务**:任何电子通信手段

根据联邦法律规定,以威胁、骚扰或具有冒犯性的方式使用**通信服务**(任何电子通信手段)属于犯罪行为,可判处三年监禁。如果有人传播"私密色情内容"(指 18 岁以上的人的色情图片或视频),则适用该罪行的加重版本,可判处五年监禁。当一个人在社交媒体上发布成人色情图片,以骚扰或冒犯他人之时,就适用加重规定。

这些是在联邦层面起诉报复色情行为最恰当的法律。2015 年《加强在线安全法》(联邦)还规定,未经同意发布他人的私密照片将被处以 10

万澳元的罚款。

不过，法律也规定了严重的儿童色情联邦犯罪，可能适用于参与色情短信和报复色情行为的年轻人。根据 1995 年《刑法典法》（联邦）规定，生产、持有、获取或提供儿童色情制品属于犯罪行为，可判处 15 年监禁。儿童色情制品指未满 18 岁的人的色情图像或视频。 248

这一定义旨在处理非常严重的犯罪，即成年人拍摄儿童色情图像和视频，并在网上传播。可是，该定义太过宽泛，足以涵摄参与色情短信或报复色情行为的年轻人。这些罪名可能适用于发送、张贴或接收其他儿童私密照片的儿童。对 18 岁以下的人提起诉讼只有在得到总检察长同意的情况下才能进行。可是，在严重的儿童色情案件中，对于在非常不同的情况下发送或接收色情图像的年轻人却没有特殊的豁免规定。

在昆士兰州，2019 年《刑法典（非自愿分享私密照片）修正案》（昆州）对报复色情行为规定了新的处罚。任何人未经同意传播私密照片或录像，最高可被判处三年监禁。16 岁以下的人不被视为有同意的能力，这意味着任何传播 16 岁以下儿童私密照片的行为都被认为违反了法律。

这些法律适用于在昆士兰州起诉报复色情行为。不过，还有一些针对儿童剥削的其他罪名也可能适用于类似情况。虽然儿童剥削的定义包括涉及虐待或酷刑的更严重情况，但在其他方面与联邦法律规定的儿童色情制品的定义类似。制作包含剥削儿童内容的制品可判处 20 年监禁，传播或拥有此类制品可判处 14 年监禁。这些罪行也适用于发布、发送或接收色情信息的年轻人。

除了这些严厉的惩罚外，被判实施了这些罪行的人还会被列入性犯罪者登记册。**性犯罪者登记册**（在昆士兰州被称为儿童保护登记册）是一份官方的机密名单，上面列出被 249
判处实施了性犯罪或其他严重侵犯儿童的犯

**性犯罪者登记册：**一份列有被判处实施性犯罪或其他严重侵犯儿童的犯罪的人的名单，这些人必须向警方报告其个人详细情况和下落罪的人的名字。登记册上所列人员必须向警方报告其个人详细情况和下落,不得从事涉及儿童的工作或志愿工作。被列入性犯罪者登记册是一个非常严重的后果,不适合用来惩罚给彼此发送色情信息的年轻人,甚至不适合用来惩罚恶意发布报复性色情作品的年轻人。

2016 年的前十年间,昆士兰州有近 1 500 名儿童因与儿童剥削有关的罪行被定罪(昆士兰州量刑咨询委员会,2017 年)。这被归因于色情短信和报复色情行为的增加(昆士兰州量刑咨询委员会,2017 年)。这些儿童中只有 28 名被判刑,其余儿童受到了正式警告或被送到恢复性司法会议进行处理(昆士兰州量刑咨询委员会,2017 年)。这表明法官们正在理智地对待对此类罪名的量刑。鉴于昆士兰州议会颁布了专门针对报复色情的新法律,对剥削儿童行为的起诉数量可能会减少。不过,昆士兰州的法律需要进一步修改,以确保参与色情短信和报复色情行为的年轻人不会被指控实施了剥削儿童的严重罪行。

## 二、网络欺凌和电子安全专员

网络欺凌是指使用技术实施的故意的和重复的行为,这些行为是残忍和有害的(昆士兰州法律援助中心,2016 年)。这可能包括:发送使人痛苦的信息、威胁造成他人身体伤害、戏弄和取笑他人、发布令人尴尬的照片、散布谣言或重复进行不受欢迎的接触。网络欺凌可能是由受害者认识的人(如同学)或完全陌生的人实施的。其可以通过短信或即时消息、社交媒体、电子邮件、在线游戏、聊天室、讨论板和论坛来实施。网络欺凌会严重影响受害人的心理健康,他们会感到孤独、悲伤和愤怒[“超越
250 抑郁”(Beyond Blue),2018 年]。如果这种情况持续更长时间,那么网络欺凌存在导致受害人焦虑、抑郁和自杀的风险。

如果情况足够严重,那么网络欺凌可能构成犯罪。根据联邦法律规定,如果罪犯使用通信服务威胁杀害或严重伤害他人,且打算将这一威胁

付诸实践，那么他的行为构成严重犯罪。如前所述，根据联邦法律规定，以威胁、骚扰或具有冒犯性的方式使用通信服务本来就是犯罪行为。有的州法律规定，跟踪也是犯罪行为。在新南威尔士州，2007 年《犯罪（家庭和个人暴力）法》（新南威尔士州）第 13 条规定，跟踪或恐吓他人，意图使他人害怕受到身体或精神伤害，可判处 5 年监禁。

对于其他网络欺凌案件，**电子安全专员**可以参与其中。该办公室是根据 2015 年《加强网络安全法》（联邦）设立的。电子安全专员有着许多与网络安全有关的不同职能。这些职能包括促进网络安全、支持和鼓励研究、发表报告和论文，以及评估社区网络安全意识项目。

**电子安全专员：**2015 年设立的办公室，旨在促进网络安全和处理有关有害网络内容的投诉

2015 年的《加强网络安全法》（联邦）为电子安全专员规定了一项任务，即调查有关网络欺凌和其他有害的网络行为的投诉。该法第 5 条将网络欺凌内容定义为社交媒体或其他电子服务上针对儿童的内容，普通的理性第三人会认为，这些内容可能会严重威胁、恐吓、骚扰或羞辱儿童。孩子或家长可以向电子安全专员投诉网络欺凌情况，该专员可以在信息专员办公室认为合适的情况下对投诉进行调查。电子安全专员可以向发布该材料的用户或相关社交媒体公司发出通知，要求删除该材料。同样的投诉也适用于未经同意发布私密照片的情况。 251

## 本章要点

- 某些类型的网络犯罪（如“419 骗局”和身份盗窃）本质上是在互联网上实施的传统犯罪。其他类型的网络犯罪［如传播恶意软件或进行分布式拒绝服务（DDoS）攻击］则与现实世界中的犯罪非常不同，需要法律的特殊应对。

- 为色情短信、报复色情和网络欺凌制定恰当的法律是困难的，因为我们不清楚参与这些活动的年轻人在何种情况下应当承担刑事责任。其中涉及的行为也可能属于更加严重的儿童色情和剥削儿童犯罪。
- 电子安全专员在促进网络安全和调查有关报复色情、网络欺凌和其他有害网络内容的投诉方面发挥着重要作用。

## 讨论题

1. 与谋杀和攻击等传统犯罪相比，你如何定义网络犯罪？

2. 网络犯罪的主要类型是什么？

3. “技术犯罪”一词是什么意思？

4. 关于超级工厂和“想哭”软件，你还能发现什么？你能否指出近年来发生的任何其他重大恶意软件攻击事件？

5. 你能在 1995 年《刑法典法》(联邦)第 10.7 章中找到刑事犯罪的例子吗？这些犯罪的构成要件(犯罪意图和行为)是什么？

6. 你认为，发送色情短信应当属于犯罪行为吗？如果某人发送、某人接收色情信息，那么你的回答是否会有所不同？如果这个人是 10 岁、14 岁、16 岁、18 岁或 25 岁呢，你的答案会有所不同吗？

7. 你认为报复色情应当属于犯罪行为吗？具体在什么情况下应当属于犯罪行为？

8. 你认为网络欺凌应当属于犯罪行为吗？具体在什么情况下应当属
252 于犯罪行为？

# 第十二章　反　恐

在本章中，读者将了解到：

- 澳大利亚法律对恐怖主义威胁的回应
- 关于恐怖主义的刑事罪名
- 警察和情报机构防止和打击恐怖主义的权力
- 联邦议会迅速颁布反恐法律
- 反恐法律对人权和新闻自由的影响 253

与许多其他国家一样，澳大利亚面临着持续不断的恐怖主义威胁。澳大利亚政府对这一威胁作出了回应，出台了超过 75 项立法。这些法律创设了新的刑事罪名，扩大了警察和情报机构的权力。这些法律影响到多项人权，包括自由、隐私、言论自由和公平审判权等。许多法律都是非同寻常的，因为它们大大扩大了传统刑法的范围，也因为澳大利亚在应对恐怖主义方面比其他许多对人权的法律保护更为有力的国家走得更远。

本章简要介绍澳大利亚应对恐怖主义的法律对策，并指出其中的一些关键问题和教训。澳大利亚在反恐法律方面的经验证实，在议会中适当审查立法、保护人权，以及维持自由和独立的新闻媒体十分重要。

## 第一节　澳大利亚法律对恐怖主义的回应

2001 年 9 月 11 日早上，19 名劫机者控制两架飞机撞向纽约世贸中心大楼。他们控制另一架飞机撞向五角大楼，五角大楼是美国国防部的所在地。第四架飞机，联合航空公司 93 号航班，坠入宾夕法尼亚州的一块田地，机上所有乘客遇难。“9 · 11”袭击造成近 3 000 名无辜者死亡，6 000 多人受伤。劫机者是恐怖组织“基地”组织的成员，该组织当时由乌萨马 · 本 · 拉登（Osama bin Laden）领导。

2005 年 7 月 7 日，四名自杀式炸弹携带者在伦敦地铁网络和塔维斯托克广场的一辆双层巴士上引爆炸弹。人们很快就知道，伦敦七七爆炸案造成 52 人死亡，700 多人受伤。袭击者是四名年轻的英国男子，他们
254 用廉价和现成的材料制造了炸弹。

2014 年 6 月 29 日，恐怖组织伊斯兰国（“IS”，也被称为 ISIS、ISIL 和 Daesh）的领导人阿布 · 巴克尔 · 巴格达迪（Abu Bakr al-Baghdadi）宣布在伊拉克和叙利亚大部分领土上建立**哈里发国**（特兰和韦弗，2014 年）。哈里发国是一个由自称为**哈里发**的统治者根据严格的伊斯兰法律统治的国家。通过发表这一声明，巴格达迪告诉世界，他是先知穆罕默德的后裔，拥有统治这片领土的绝对权力。在其权力的巅峰时期，有多达 800 万人居住在 IS 声称具有控制权的领土上（伯克，2017 年）。

> **哈里发国：**根据伊斯兰法律进行统治的国家

> **哈里发：**哈里发国的统治者

对 IS 杀害人数的估计，各方差异很大。据一份报告称，截至 2016 年，该组织在伊拉克和叙利亚以外的 29 个国家发起或煽动了 140 多起袭击，杀害了 2 000 多名无辜者（李斯特等，2016 年）。IS 已经失去了曾经

实际控制的领土，但该组织的分散形式仍然对全球安全构成严重威胁（伯克，2018）。

在过去二十年中，世界各地发生了数万起恐怖袭击。仅 2017 年一年，就有 10 900 起袭击造成 26 400 多人死亡［研究恐怖主义和应对恐怖主义全国联盟（START）①，2018 年］。不过，上述三个关键时刻——“9・11”、伦敦七七爆炸案和 IS 哈里发国的建立——对法律对恐怖主义的回应影响最大。为了应对这些事件，澳大利亚和许多其他国家引入了新的罪名，以防止未来可能发生的恐怖主义袭击。

澳大利亚没有经历过与美国、英国、法国或许多其他国家相同程度或频率的恐怖袭击，但它面临着持续的威胁。自 2014 年以来，国家安全威胁级别被设定为“非常可能”，这意味着有可靠的情报表明，某些个人和团体具有在澳大利亚实施恐怖袭击的意图和能力（澳大利亚联邦政府，2019 年）。 255

这种威胁是双重的。其一，澳大利亚面临着**外国战斗者**回国的威胁。这些士兵是在海外与伊拉克和叙利亚的 IS 并肩作战的澳大利亚公民。2017 年，约 100 名澳大利亚人仍在海外为 IS 而战，约 40 人已回国（沃，2017 年）。其二，澳大利亚境内的团体和个人可能构成**本土恐怖主义**的威胁。这包括所谓的**独狼**恐怖分子，他们不是恐怖组织的成员，但受到海外事件和网络宣传的诱导，在澳大利亚境内实施恐怖袭击。

**外国战斗者：**前往叙利亚和伊拉克与恐怖组织伊斯兰国并肩作战的人

**本土恐怖主义：**来自一国境内团体和个人的恐怖主义威胁

**独狼：**非恐怖组织的成员，但是受到海外事件或网络宣传的诱导实施恐怖行为的人

① START 是 National Consortium for the Study of Terrorism and Responses to Terrorism 的缩写。——译注

澳大利亚境内的恐怖主义行为夺走了许多无辜的生命。2014 年 12 月，曼·哈龙·莫尼斯在悉尼林德咖啡馆劫持 18 个人作为人质。在人质被劫持 16 小时之后，两名人质被杀害。2015 年 10 月，法哈德·贾巴尔(Farhad Jabar)，一名 15 岁的悉尼少年，在光天化日之下在位于帕拉马塔市(Parramatta)的新南威尔士州警察总部外枪杀了一名会计。受害人是柯蒂斯·程，一位已婚男性、两个孩子的父亲，他在新南威尔士州警察局金融和商业部门工作了 17 年。2017 年 6 月，一名刑满释放人员在恐怖主义指控未能成立因而被无罪释放后，在墨尔本枪杀了一名男子，并劫持了一名性工作者作为人质，随后该男子被警方击毙。2018 年 11 月，一名 30 岁男子哈桑·哈利夫·夏尔·阿里(Hassan Khalif Shire Ali)在墨尔本布尔克街将一名餐馆老板刺死，另造成两人受伤。

为了应对恐怖主义的威胁，澳大利亚政府在联邦议会引入了超过 75
256 项立法(哈迪和威廉姆斯，2018 年)。[①]其中大部分是对“9·11 事件”和伦敦七七爆炸案的回应。2002 年至 2007 年间，霍华德政府通过了 44 部法律(威廉姆斯，2011 年)。这意味着联邦议会在此期间每 6.7 周通过一部新的反恐法律(威廉姆斯，2011 年)。2007 年至 2012 年间，在陆克文和吉拉德工党政府的领导下，立法步伐大幅放缓，但此后议会针对 IS 颁布了许多新的法律(哈迪和威廉姆斯，2016 年)。这些法律中涉及的主要权力和罪名将在以下内容中予以解释。

澳大利亚针对恐怖主义的立法远远超过了英国、加拿大、新西兰和美国等国家。肯特·洛奇(Kent Roach)是多伦多大学的教授，也是世界反恐法律顶尖专家之一，他将澳大利亚反恐的方式描述为“超级立法”(洛奇，2011 年)。通过这个语词，他意指澳大利亚在制定新的反恐法律方面超过了其他国家，而立法的“不停歇的步伐”缩短了议会审议法律的时间

① 这一数字包括该文章发表以后颁布的至少五部新的反恐法律。

（洛奇，2011 年）。克莱夫·沃克尔（Clive Walker）是利兹大学反恐法律方面的顶尖专家，他称澳大利亚反恐法律中大多数是“恐慌立法”（沃克尔，2006 年）。

## 第二节　什么是恐怖主义？

澳大利亚的所有反恐法律都依赖于 2002 年澳大利亚第一部国家反恐法律引入的对恐怖主义的定义。

在“9·11”之前，澳大利亚没有专门针对恐怖主义的联邦或州的法律。在除北领地以外的所有司法辖区，恐怖主义行为都是根据传统刑法处理的（如谋杀罪和造成严重人身伤害的攻击罪）。这并不奇怪，因为澳大利亚的恐怖主义历史与许多其他国家不同。 257

澳大利亚对恐怖主义的法律定义载于 1995 年《刑法典法》（联邦）的第 100.1 条。给恐怖主义下定义是一项众所周知的艰巨任务，因为各国对什么是非法的政治暴力有着截然不同的看法。有的国家认为是恐怖主义的行为，其他国家可能会认为是合法的政治抗议。因此，没有国际上统一认定的恐怖主义定义。

不过，在“9·11”袭击发生时，英国在其 2000 年制定的《恐怖主义法》中就已经有了对恐怖主义的法律定义。该立法巩固了为应对北爱尔兰恐怖主义威胁而引入的一系列临时和紧急权力。澳大利亚和其他许多国家基本上都照搬了英国的定义。部分原因是，2001 年 9 月 28 日，联合国安全理事会发布了**第 1373 号决议**。**安全理事会决议**是联合国安全理事会（联合国负责国际和

> **第 1373 号决议**：联合国安全理事会在 2001 年 9 月 28 日发布的决议，要求联合国成员国颁布针对恐怖主义预备和资助的法律

> **安全理事会决议**：联合国安全理事会发布的文件，要求联合国成员国采取特定行动

平与安全的机构）作出的决定或建议。第 1373 号决议要求联合国的成员国在 90 天内颁布针对恐怖主义预备和资助的新法律。

澳大利亚在《刑法典法》（联邦）第 100.1 条中的定义将恐怖主义行为界定为满足三个要素的任何行为或实施行为的威胁。第一，行为或威胁必须旨在推动政治、宗教或意识形态目标的实现。这通常被称为**动机要件**，是将恐怖主义与其他类型的犯罪区分开来的关键特征。
258 通常，一个人犯罪（如谋杀或攻击）的原因与此人是否有罪无关。动机要件对量刑有影响，但在审判中，唯一的问题是，他们是否打算实施某些行为。例如，如果有人因为欠了巨额赌债而偷钱，那么确定其有罪的唯一相关问题就是他是否有意偷钱。可是，就恐怖主义而言，为推动宗教、政治或意识形态目标而造成伤害的动机被视为犯罪的决定性要件。

> **动机要件**：恐怖主义法律定义中的要件，要求恐怖主义行为应当旨在推动政治、宗教或意识形态目标的实现

恐怖主义定义中第二个要件是，行为或威胁必须旨在恐吓政府或部分民众。这是较为典型的犯罪意图。第三个要件是，行为必须造成一种或多种特定类型的伤害（或者，在威胁的情况下，意图造成其中一种伤害）。第 100.1 条第 2 款中列举的伤害包括以下内容：

(a) 对人身造成严重伤害；或

(b) 造成严重财产损失；或

(c) 导致某人死亡；或

(d) 危及他人的生命，而非采取行动的人的生命；或

(e) 对公众或部分公众的健康或安全带来严重危险；或

(f) 严重干扰、严重阻断或破坏电子系统，包括但不限于：

(i) 信息系统；或

(ii) 电讯系统；或

(iii) 金融系统；或

(iv) 用于提供基础政府服务的系统；或

(v) 用于或由基础公共设施使用的系统；或

(vi) 用于或由运输系统使用的系统。 259

读者在这里可以看到，可能的危害不仅包括死亡和严重的人身伤害，还包括严重的财产损失、危及生命以及给健康或安全带来重大危险。这意味着，根据澳大利亚法律规定，任何行为或威胁都不必意图杀害或严重伤害任何人，就可以被认定为恐怖主义。

第 2(f)款旨在应对**网络恐怖主义**的威胁(哈迪，2011 年)。网络恐怖主义是为了政治、宗教或意识形态目的利用计算机攻击电子系统的行为。对关键基础设施的物理攻击(如轰炸交通或电力系统)也属于此条规定的行为。

**网络恐怖主义：**对电子系统进行网络攻击的恐怖主义

恐怖主义定义的最后一个方面是合法政治抗议豁免。这一款规定可以将某些行为排除在立法禁止的范围之外。如果一项行为或威胁是鼓吹、抗议、异议或罢工行动，并且只是为了造成严重的财产损失，那么这种行为将不适用恐怖主义规定。豁免的可能范围尚未在法庭上得到检验。

## 第三节　刑事犯罪

澳大利亚的反恐法律引入了许多新的刑事罪名。这些罪名在几个重要方面超出了传统刑法的范围。

## 一、预备犯罪

澳大利亚反恐法律的一个主要特征是，针对预备恐怖主义行为规定了一系列罪名。这些罪名于 2002 年出台，载于 1995 年《刑法典法》（联邦）第 101 条。这些犯罪被称为**预备犯罪**，因为它们超越了关
260 于犯罪未遂的普通法律规定。

> **预备犯罪**：载于 1995 年《刑法典法》（联邦）第 101 条中的系列罪行，针对预备恐怖主义行为

在第八章中，我们讨论了被认定实施了犯罪未遂行为意味着什么。谋杀未遂是指一个人试图谋杀，但由于某种原因（如未击中目标或枪失灵）而失败。准备实施谋杀行为——例如，购买枪支——并不被视为犯罪。

由于法律针对恐怖主义引入了特殊罪名，因此现在准备实施恐怖主义构成犯罪。1995 年《刑法典法》（联邦）第 101.6 条规定了这一重要罪名：

**第 101.6 条　为准备或策划恐怖主义行为而采取的其他行动**

(1) 任何人如为恐怖主义行为做准备或策划，他的行为即属犯罪。

刑罚：终身监禁。

(2) 任何人的行为构成第(1)款所述罪行，即使：

(a) 没有发生恐怖主义行为；或

(b) 此人的行为不是为了准备或策划某个具体的恐怖主义行为；或

(c) 此人的行为是为了准备或策划一次以上的恐怖主义行为。

第(1)款规定主要犯罪行为，将一个人在准备或策划恐怖主义行为时

所实施的任何行为的最高刑罚设定为终身监禁。例如，这些行为会包括购买枪支、弹药或制造炸弹的化学物质。

第(2)款很重要，因为它确认即使没有发生恐怖袭击，也可以适用最高刑罚。如果某人没有准备进行具体的攻击，也将受到处罚。罪犯可能处于准备的非常早期阶段，对他们可能打算袭击的时间、地点或对象只有模糊的概念。 261

第 101 条的其他条款将下列行为界定为犯罪：

- 提供或接受与恐怖主义有关的培训(第 101.2 条)；
- 拥有与恐怖行为有关的物品(第 101.4 条)；
- 收集或制作可能帮助恐怖行为的文件(第 101.5 条)。

这些罪名针对的是**辅助行为**，即与准备恐怖主义行为有关的活动，而第 101.6 条直接针对预备行为。

**辅助行为**：与准备恐怖主义行为有关的行为，例如为恐怖主义提供培训或支持

这些罪名的目的是应对恐怖主义发生的风险，而不是惩罚实施恐怖主义行为的人。实施恐怖主义行为属于犯罪(见第 101.1 条)，但这种行为从未被起诉过。

这与我们在第四章中讨论过的伤害原则有些不同。通常，刑法惩罚对他人造成伤害或试图造成伤害的罪犯。澳大利亚的反恐法律却在罪犯准备犯罪的早期阶段就已经启动。在未来不确定的某个时间和地点，犯罪行为可能发生，也可能不会发生。因此，澳大利亚和其他国家的反恐法律被视为是一种**前犯罪**的形式(泽德纳，2007 年)。法律因一个人将来可能会做的事惩罚他，而不是在确定他已经做了什么之后施加惩罚。

**前犯罪**：用以描述许多反恐法律的术语，因为这些法律因一个人将来可能会做的事惩罚他

## 二、恐怖组织犯罪

澳大利亚反恐法律的另一个关键特征是规定了一系列与恐怖组织有
262 关的罪名。这些罪名载于 1995 年《刑法典法》(联邦)第 102 条。它们依赖对**恐怖组织**的法律定义,以及制定被称为禁止机制的条例的过程。

> **恐怖组织:**参与准备、策划恐怖主义行为或鼓吹恐怖主义的组织

根据第 102.1(1)条,如果一个组织"直接或间接参与、准备、策划、协助或助长恐怖主义行为",那么该组织就是恐怖组织。如果一个组织**鼓吹**恐怖主义,那么它也是恐怖主义组织。鼓吹意味着某个组织建议、推动、鼓励或敦促他人实施恐怖主义行为,或就如何实施恐怖主义的行为提供指导。这类似于我们在第八章中看到的协助犯罪责任的概念。不过,鼓吹的定义还包括"赞扬"恐怖主义,如果这种赞扬有可能导致他人实施恐怖主义行为的"重大风险"的话。"赞扬"行为的范围更加广泛,因为它不需要一个人协助他人实施特定的犯罪行为。该行为可能包括在网上发布支持恐怖主义的一般声明。

> **鼓吹:**建议、推动、鼓励、敦促、赞扬或促进恐怖主义行为的实施

根据第 102 条的规定,总督有权制定条例,将某些组织列为指定的恐怖组织。这被称为**禁止机制**,因为条例中列出的每个组织都会成为**被禁止的组织**(意味着该组织被正式谴责或禁止)。

> **禁止机制:**禁止恐怖主义组织、惩罚其成员的机制

> **被禁止的组织:**被澳大利亚政府正式列为恐怖组织的组织

截至 2019 年 3 月,26 个组织被列为被禁止的恐怖组织。其中包括
263 IS、基地组织的几个不同分支和许多其他组织。如果一个组织被以这种方式**禁止**,那么该组织是恐怖组织的事实就不需要在法庭上予以证明。读者可以在澳大利亚国家安全网站(澳大利亚联邦政府,2019)上看到当前被禁止组织的

> **禁止:**禁止某个组织

列表。

一旦一个组织被禁止，或者该组织可以在法庭上被证明是恐怖组织，那么随后就会认定其一系列的严重犯罪行为。这些包括：

- 指挥恐怖组织的活动（第 102.2 条）；
- 恐怖组织成员资格（第 102.3 条）；
- 为恐怖组织招募人员（第 102.4 条）；
- 参加恐怖组织的培训（第 102.5 条）；
- 向恐怖组织提供资金、从恐怖组织处获得资金或为恐怖组织筹集资金（第 102.6 条）；
- 向恐怖组织提供支持（第 102.7 条）；
- 与恐怖组织有联系（第 102.8 条）。

作为恐怖组织成员的罪名被称为**身份犯罪**，因为这并不要求此人在实际上做任何事情：作为恐怖组织的成员足以导致最高十年监禁。换句话说，罪名针对的是与某人相关的某些方面，而不是他们所做的事情。

**身份犯罪：**由一个人的身份（例如归属于某个组织）而不是行为构成的犯罪

与恐怖组织有联系（第 102.8 条）是另外一种截然不同的罪名。如果一个人在两个或两个以上的场合与另一个他明知是恐怖组织成员的人联系，他就可能会被判入狱三年。这一罪名的成立不需要为恐怖主义或其他有害行为做准备，只需要两个人见面多次（尽管见面必须旨在以某种方 264
式支持恐怖组织）即可认定。

## 三、故意进入或停留在已宣布为恐怖组织活动区域犯罪

2014 年，联邦政府针对 IS 的威胁出台了一系列新的反恐法律（哈迪

和威廉姆斯，2016 年)。当时引入的最特别的罪名之一是故意进入或停留在已宣布为恐怖组织活动区域犯罪，该罪名载于 1995 年《刑法典法》(联邦)第 119.2 条。

该条规定，任何人故意进入或停留在已宣布为恐怖组织活动的区域，最高可被判处十年监禁。**已宣布区域**有两个地区被以这种方式宣布为禁区：伊拉克的摩苏尔市(Mosul)和叙利亚的拉卡省(Raqqa)(澳大利亚联邦政府，2019 年)。这是 IS 的两个主要据点。

**已宣布区域：**是指被外交部长宣布为"禁区"的任何其他国家的任何区域

任何进入或停留在已宣布为恐怖组织活动区域的人都可能受到最高惩罚，无论他们是否参与恐怖主义活动。除进入或停留在该区域外，没有其他的犯罪要件。这意味着，一个人可能仅仅因为"在"某个地方就被关进监狱很长一段时间。控方无需证明罪犯造成了或意图造成任何伤害。

被告人可以以其进入或停留在该地区是"完全出于合法目的"作为辩护。这与无罪推定相冲突，因为它要求被告人证明自己无罪，而不是要求控方证明被告人实施了有害的行为。该法律推定，如果此人在已宣布为恐怖组织活动区域内，那么他一定实施了犯罪行为。

该法律列出了进入宣布为恐怖组织活动区域的合法理由清单。其中
265 包括：提供人道主义援助、制作官方新闻报道和进行真实的家庭拜访。可是，该清单没有包括无辜者可能进入或停留在冲突区域的许多其他原因，例如探访朋友、开展业务或制作非官方新闻和人权报告。

## 四、鼓吹恐怖主义

1995 年《刑法典法》(联邦)第 80.2C 条规定的鼓吹恐怖主义犯罪也是 2014 年引入的。根据该条规定，鼓吹恐怖主义是一种犯罪行为，如果犯罪者全然不顾另一个人是否会因此参与恐怖主义行动。鼓吹恐怖主义

意味着建议、推动、鼓励或敦促实施恐怖主义行为或恐怖主义罪行。该罪名类似于上文解释的协助犯罪责任和禁止恐怖主义组织的情况。

与禁止恐怖组织一样，这一罪名的范围比我们在第八章中讨论的协助犯罪责任概念更广。这是因为，“推动”恐怖主义能够适用于在社交媒体或互联网论坛上发布的支持恐怖主义的一般声明。它不要求罪犯鼓励、支持或协助他人实施特定的恐怖主义行为。

该罪名尚未在澳大利亚法院得到检验，但类似的罪行已在英国被成功起诉。在英国的一个案件中，一名大学生在 YouTube 上发布了一段视频，其中包含了伊拉克战争的录像和支持恐怖主义的声明，他因此被监禁五年[R 诉古尔(R v Gul(2012)EWCA CRIM 280)]。

## 第四节　警察和情报机关权力

除了创设新的刑事罪名之外，澳大利亚的反恐法律还赋予警察和情报机构一些新的重要权力。尤其是法律赋予了澳大利亚安全情报组织(ASIO)巨大权力，该组织负责保护澳大利亚的国家安全。 266

### 一、管制令

2005 年，为了应对伦敦七七爆炸案，澳大利亚联邦政府引入了两大新的警察权力。第一种是管制令权力。该规定是基于英国立法的类似规定出台的，在 1995 年《刑法典法》(联邦)第 104 条。**管制令**是为反恐目的对某人施加限制和义务的法院命令。该命令由州最高法院法官根据澳大利亚联邦警察局(AFP)高级成员的申请发布。州警察局不能申请管制令。

> **管制令**：为防止恐怖主义行为或防止对恐怖主义的支持或帮助，对某人施加限制和义务的法院命令

第 104.5(3)条列出了一长串可根据管制令施加的限制和义务。除此之外,管制令可以要求一个人遵守**宵禁规定**(在白天和晚上的特定时间待在家里),定期向警察局报告,并佩戴电子监控手环。违反任何规定的行为都是犯罪行为,可被判处五年监禁。

**宵禁规定:**管制令中的要求,要求某人在白天和晚上的特定时间待在家里

管制令类似于法庭的保释、缓刑或假释命令,但有一个重大区别。保释、缓刑和假释都是刑事司法体制的组成部分。它们适用于被控或被判实施了刑事犯罪行为的人。管制令由法院签发,但与刑事司法程序无关。管制令是根据民事法律签发的一项单独命令,可以基于多种原因,包括防止恐怖行为或防止对恐怖主义的支持。这意味着受管制令约束的人(称为**被管制人**)不一
267 定被政府怀疑实施了恐怖主义犯罪行为。

**被管制人:**被管制令控制的人

## 二、预防性拘留令

澳大利亚应对伦敦爆炸案的另一个主要措施是引入**预防性拘留令**(PDO)权力。1995 年《刑法典法》(联邦)第 105 条规定了该权力。根据预防性拘留令规定,联邦警察局可以为了防止"即将发生"的恐怖袭击或保存最近袭击的证据的目的,将一个人拘留最多 48 小时——根据州法律规定最多 14 天。与管制令一样,被拘留者不一定被政府怀疑实施了刑事犯罪行为。

**预防性拘留令:**允许警察为了防止即将发生的恐怖主义行为或保存最近袭击的证据,将一个人最多拘留 14 天的权力

预防性拘留令对被拘留者与外界的接触有很大的限制。被拘留者可以联系家庭成员及其雇主,但只能说自己"安全,但暂时无法联系"。如果他们透露任何有关拘留的情况,那么将面临可被判处五年监禁的刑事犯罪指控。

预防性拘留令是一项巨大的权力,英国、加拿大或美国等国家的政府

不拥有这一权力。2013 年，澳大利亚联邦政府委员会（COAG）任命的一个委员会审查了预防性拘留令和其他反恐权力。主持审查的新南威尔士州最高法院前任法官惠利（Whealy）在委员会的最终报告中，就预防性拘留令权力写道：

> 在并非最极端的情况下，警察在没有提出指控之时将他人“完全与外界隔离地”监禁长达 14 天的理念在自由民主国家可能会被认为是不可接受的。社会上有许多人认为这种拘留是不合适的。对一些人来说，这可能会让他们想起上个世纪在声名狼藉的极权政权的可怕统治下，公民突然无法解释地“失踪”（澳大利亚联邦政府委员会 2013 年，第 68 页）。 *268*

**完全与外界隔离地**拘留某人意味着此人在被拘留期间无法与任何人联系，或者甚至无法解释他们失踪的原因。尽管有许多废除预防性拘留令权力的建议，但其仍然是法律的现行有效规定。

> **完全与外界隔离地：** 在这种情况下，被拘留者不能联系任何人

## 三、讯问和拘留令

另一项巨大的反恐权力是澳大利亚安全情报组织拘留非嫌疑人进行审问的权力。**澳大利亚安全情报组织**是澳大利亚的国内情报机构，这意味着它收集和分析有关国家安全威胁的信息。这需要广泛的秘密权力，如拦截通信、检查邮件和在车辆上安装跟踪装置。澳大利亚安全情报组织的官员也进行秘密行动，利用特工佯装恐怖组织和其他团体的成员。

> **澳大利亚安全情报组织：** 澳大利亚国内情报机构，负责保护国家安全

2003 年，联邦政府出台了新的法律，允许澳大利亚安全情报组织的

总干事向联邦检察长申请**讯问和拘留令**。这些权力载于 1979 年《澳大利亚安全情报组织法》(联邦)(即《澳大利亚安全情报组织法》)第三章的第三节。澳大利亚安全情报组织法是规定该组织所有情报收集权力的主要立法。

> **讯问和拘留令**:允许澳大利亚安全情报组织拘留某人最长不超过一个星期以进行讯问的权力

根据第三章第三节的规定,该组织可以对某人进行 8 小时的拘留讯问,最长不超过 24 小时,如果这将"大大有助于收集与恐怖主义罪行有关的重要情报"。如果有合理理由相信某人将提醒另一名参与恐怖主义犯罪的人不接受安全情报组织的讯问或销毁证据,那么此人可能会被拘留
269 长达一周的时间以进行讯问。重要的是,除非此人未满 18 岁,否则他们不必被怀疑参与恐怖主义行为就可以被拘留讯问。这意味着,这些权力可以用来对付家庭成员、记者或无辜的旁观者。拒绝回答安全情报组织的问题或披露有关提问和拘留的信息构成犯罪,可被判处五年监禁。

## 四、特别情报行动

2014 年,为了应对来自 IS 的恐怖主义威胁,联邦政府制定法律建立了一个特别情报行动机制。**特别情报行动**(special intelligence operation, SIO)是经检察长批准的一项特别卧底行动,在该行动中,澳大利亚安全情报组织的官员被授予免除民事和刑事责任的豁免权。豁免权意味着情报组织的官员在特别情报行动期间实施的犯罪行为或做出的其他非法行为不应受到法庭的惩罚。对于可能导致死亡或严重伤害、构成酷刑、造成严重财产损失或涉及性犯罪的行为,则不能获得豁免。

> **特别情报行动**:经检察长批准的一项特别卧底行动,在该行动中,澳大利亚安全情报组织的官员被授予免于民事和刑事责任的豁免权

围绕特别情报行动机制的最大争议之一与《澳大利亚安全情报组织法》第 35P 条有关。第 35P 条规定,如果一个人披露有关特别情报行

动的任何信息，并且该信息的披露将危及他人的身体健康或安全，或“损害”（破坏）该行动（的成功），那么，可对此人判处最高为五年监禁的刑罚。该罪行的最初版本不要求披露信息造成任何伤害。这引发了关于该规定对报道国家安全事务的记者的影响这一重大争议。任何鲁莽
披露特别情报行动信息的记者都可能面临长期监禁（哈迪和威廉姆斯， 270
2016 年）。

### 五、元数据

2015 年对 1979 年《电讯（拦截和接入）法》（联邦）的修正案意味着所有通信服务提供商（CSP）必须将元数据保留两年。通信服务提供商是像 Telstra 和 Optus 这些提供移动电话、电子邮件和其他通信服务的企业。

**元数据**是一个流行术语，用于描述与通信有关的数据，而不是其实体或内容。换句话说，元数据捕获电话、电子邮件或手机短信的时间、日期、位置和其他信息，但不捕获其中的内容。通信服务提供商必须将所有有关我们通信的数据保留两年。这对隐私造成了威胁，因为元数据可能会透露有关我们生活的重要信息：我们与谁交谈、交谈时间长短，我们在哪里度过我们的时光，以及我们上下班路上所花费的时间（奥肯登，2015 年）。

> **元数据：**一个流行术语，用于描述与通信有关的数据，而不是其实体或内容

根据新的法律规定，“执法机构”无需授权即可访问元数据。如果是因执行刑法、罚款或寻找失踪人员等合理原因需要访问元数据，那么相关机构可以提出此类请求。执法机构包括警察和其他调查机构，如廉政公署（Independent Commission Against Corruption，ICAC）。不过，有更多的机构曾经根据新的法律规定访问过元数据，其中包括地方议会（安德森，2016 年）。这一点令人担忧，因为它表明，关于人们行踪和私人通讯的数据正在被一些机构访问，以便进行轻微的罚款和实施侵权行为。不

271 仅如此，对这些数据的使用不受刑事法庭提供的相同的法律保护（如证据法）的约束。

## 第五节　教训

澳大利亚在反恐法律方面的做法给了我们的法律和议会制度一些重要的教训。下面介绍其中三个。

### 一、议会程序

澳大利亚的反恐法律使我们认识到，议会需要在法律颁布之前花费充分的时间对其进行审议。除了澳大利亚安全情报组织的讯问和拘留令权力外，澳大利亚的大多数反恐法律都是在经过寥寥几天的议会审议后通过的。

一个重要的例子是2014年引入的旨在应对外国战斗者威胁的立法。该立法创设了进入和停留在已宣布为恐怖组织活动区域犯罪和鼓吹恐怖主义犯罪，以及许多其他罪名和权力。该法案共160页，对25项以上的现行立法进行了许多复杂的修改。议会情报和安全联合委员会（Parliamentary Joint Committee on Intelligence and Security，PJCIS）进行的公开征求意见只给了法律改革组织和公众八天时间提交意见。这一过程之后，该法案在议会仅进行了三天的审议，众议院的辩论仅持续了两天。

另一个令人担忧的趋势是，联邦议会会颁布它明知存在问题的法律，并在立法之后才对其进行审查。2014年《国家安全立法修正案》（第1号）（联邦）创设了特别情报行动机制和第35P条中规定的罪名。2018年再次发生类似情况，新的法律要求技术行业协助警方和情报机构打击恐怖主义(博格尔,2018 年)。这种情况早在霍华德政府执政期间就已经发生过,当时一些恢复曾经的煽动罪名的有争议的法律获得通过,前提是澳 272
大利亚法律改革委员会将会立即对这些法律进行审查(2006 年)。

当法律冗长、复杂、超越了其他国家制定的法律,并且显然对重要的人权产生影响时,如此迅速地在联邦议会通过这类法律对于澳大利亚这样先进的自由民主国家来说是不合理的。颁行我们的民选代表明知存在问题的法律,并期望稍后再对这些法律进行审查,这几乎是议会的失职。此类立法还赋予了政府行政部门过多的权力,破坏了权力分离原则。理论上,议会应当决定行政部门可以诉诸哪些法律。在反恐方面,行政部门经常要求获得新的权力来应对安全威胁,而议会并不能起到有效的制约与制衡作用。在我们的民主制度中,议会被设计成一个代议性的论坛,每一项立法都应当得到恰当的和彻底的审查。

## 二、人权

澳大利亚的反恐法律对许多不同的人权都产生了影响。这些权利包括:行动自由(进入和停留在已宣布为恐怖组织活动区域犯罪)、言论和意见自由(鼓吹恐怖主义犯罪)、隐私权(元数据规定)、自由、公平审判和免受恣意拘留的权利(管制令和预防性拘留令)。通过将拒绝回答澳大利亚安全情报组织问题的行为规定为刑事犯罪,该组织的讯问和拘留令权力侵蚀了沉默权,该权利通常使得一个人不必回答执法部门向其提出的问题。进入和停留在已宣布为恐怖组织活动区域犯罪侵蚀了无罪推定原则,因为该罪名假定在已宣布区域内的任何人必然实施了某些有害行为。这一罪名要求被告人提供证据,证明他们出现在已宣布区域完全是出于
合法的理由。 273

在一个人权保护更为有力的国家,这些权力中的许多根本不可能出现。如果澳大利亚有对人权的宪法保护,那么我们可以利用高等法院的

司法审查权废除这些法律。在缺乏此类保护的情况下,法院不能以侵犯人权为由宣布立法无效。我们可能会找到其他使立法无效的理由——例如,一项法律可能违反权力分离原则——但到目前为止,所有法律仍然有效。

议会人权联合委员会(Parliamentary Joint Committee on Human Rights)审查立法对人权的影响,但这一过程并没有出现在澳大利亚大多数反恐法律的制定颁布过程中。无论如何,委员会只能向联邦议会提出建议,它不能阻止议案成为法律。面对政治上和社区对恐怖主义威胁作出的强烈反应的压力,该委员会的作用微乎其微。许多明显影响人权的议案在颁布时几乎没有经过仔细审查或进行实质性修改。

## 三、出版自由

最后一个令人担忧的趋势是,反恐法律侵蚀了媒体报道国家安全事务的能力。关键的例子包括:与特别情报行动机制、预防性拘留令和澳大利亚安全情报组织的讯问和拘留令相附随的各种信息泄露罪名。这些罪名阻碍了记者对权力使用情况的报道,即使这样做能够披露澳大利亚民众所应当知道的信息。例如,法律禁止记者披露澳大利亚安全情报组织官员在调查期间对嫌疑人进行身体虐待的情况。

元数据法律也给记者带来了风险,因为其中规定的权力可以用来披露记者的机密信息来源。因此,立法现在要求执法机构申请“记者信息许
274 可证”,以请求访问记者的元数据。可是,记者不能质疑这些许可证,他们甚至不会接到相关许可证已经被签发的通知。

联邦政府一再指出,它不会利用反恐法律起诉一名“尽职尽责”的记者(泰勒,2014年)。此类保证取决于行政裁量权,并不足以保护澳大利亚的新闻自由。新闻自由意味着媒体组织可以决定它们想要发布的内容,并且可以批评政府机构而不必担心遭到报复。这意味着,新闻工作者

应当可以自由发布符合公众利益的信息，即使这些信息会让政府难堪或暴露不法行为。事实上，正是那些涉及政府不法行为的信息才是需要记者报道的重要内容。

当然，为了保护澳大利亚的国家安全，有很多关于反恐的情况不应当在媒体上进行报道。可是，立法没有考虑到为备受尊重的媒体组织工作的记者披露符合公共利益的重要信息的情况。澳大利亚最大的媒体组织联盟在提交给议会情报和安全联合委员会公开咨询意见的文件中写道，“公平审查和公共利益报道越来越困难，记者因尽职尽责工作而入狱的风险也越来越大”[媒体、娱乐和艺术联盟(Media, Entertainment & Arts Alliance)，2018 年]。 275

## 本章要点

- 联邦议会针对恐怖主义威胁颁布了超过 75 项立法。这些法律创设了许多新的刑事罪名，并极大地扩大了警察和澳大利亚国内情报机构澳大利亚安全情报组织的权力。
- 澳大利亚有一些世界上最特别的反恐法律。这些法律在澳大利亚是可能的，因为《澳大利亚宪法》没有为人权提供保障。
- 泄露关于国家安全事项信息的刑事犯罪规定，以及新的元数据法律限制了记者报道符合公共利益的重要信息的能力。

## 讨论题

1. 在你看来，澳大利亚的反恐法律是对恐怖主义威胁的合理回应吗？
2. 预备犯罪与普通的犯罪未遂规定有何不同？
3. 哪些恐怖组织目前被澳大利亚联邦政府所禁止？关于这些组织，

你能找到些什么（比如，它们的动机、策略和最近的袭击行动）？

4. 进入和停留在已被宣布为恐怖组织活动区域犯罪如何侵蚀了无罪推定原则？

5. 什么样的行为可以被认定为鼓吹恐怖主义犯罪？在你看来，在网上发布支持或推动恐怖主义的内容应当属于刑事犯罪行为吗？

6. 管制令与保释、缓刑和假释有何不同？

7. 元数据法律对我们的隐私权构成了多大的威胁？元数据能揭示多少关于我们生活的私密信息？

8. 如何修订澳大利亚的反恐法律，以便为新闻自由提供更大的
276 保护？

# 致 谢

我把这本书的大部分内容归功于新南威尔士大学吉尔伯特·托宾公法中心(Gilbert + Tobin Centre of Public Law)出色的公法教学团队。我特别感谢乔治·威廉姆斯(George Williams)教授、安德鲁·林奇(Andrew Lynch)教授和本·戈尔德(Ben Golder)副教授的指教和引导,以及多年来在该中心就澳大利亚法律和政治问题进行的讨论。

还要感谢艾伦和艾文出版社(Allen & Unwin)的桑德拉·里格比(Sandra Rigby)和泰莎·费根(Tessa Feggans),以及匿名评论员,他们富有启发的反馈帮助这本书最终成形。

我同样要感谢我在格里菲斯犯罪学科的新家,这里有着极好的教学和科研环境。我的同事们不断提醒我,在实践中检验法律和改善澳大利亚的司法状况是多么重要。我很幸运地承接了两门关于刑事司法和政府的精彩课程,这两门课程向犯罪学系的学生介绍澳大利亚的法律体系。

我特别感谢格里菲斯犯罪学研究所所长珍妮特·兰斯利(Janet Ransley)教授的持续支持,并感谢格里菲斯的学生们进行的许多有趣的讨论。

我希望,公法和犯罪学之间的这种交叉将有助于学生从整体上理解
澳大利亚的法律体系。 277

# 术语表

## 导论　社会中的法律

**刑事犯罪:**根据法律应当受到惩罚的行为

**赔偿:**用以修复损害的金钱

**救济:**通过实现一项权利或纠正一项错误来执行法院命令

**调整:**控制、允许和引导行为

**规则:**一条声明、原则或指示,说明某人能做什么或不能做什么,以及必须如何做

**搜查令:**法官签发的允许警察使用特殊权力的命令

**抗辩理由:**关于一个人无罪的观点

**人权:**每个人都应当得到的核心保护

**《澳大利亚宪法》:**澳大利亚的根本性法律文件

**法治原则:**国家应当依法治理以避免权力滥用的原则

## 第一章　制定法

**管辖权:**法律发生作用的区域

**议会:**由当选的议员组成的论坛

**众议员:**被选入众议院的议员

**参议员:**被选入参议院的议员

**联邦议会:**堪培拉的澳大利亚议会

**联邦体制:**由一个国家政府和几个州或地区政府组成的政府体系

**共和国议会:**堪培拉的澳大利亚议会

**修改法律:**改变法律

**废除法律:**删除或撤销法律

**法案/法令:**一部制定法

**颁布:**使议案成为法律

**条:**制定法中的一个规则

**议案:**立法提案

**院:**议会中的一个议院

**室:**审议制定法的大房间

**两院制:**由两院组成的议会

**众议院:**联邦议会的下院

**下院:**众议院的另一个名称

**参议院:**联邦议会的上院

**上院:**参议院的另一个名称

**审读:**议会审议议案的步骤

**议长:**被选出来主持会议、确保议案审议按照议事规则的规定进行的议员

**议事规则**:议会的议事规则

**部长**:政府的高级成员

**二读发言**:部长在议会中的讲话,概述议案的目的和内容

**总督**:女王在澳大利亚的代表

**国家元首**:主权国家的最高代表

**御准**:总督签署议案使之成为法律

**委员会审议阶段**:议会审议议案的一个阶段,在该阶段,议案会被提交给一个委员会以便进行公开咨询意见和更详细的审查

**联合委员会**:由参众两院议员组成的议会委员会

**《议会议事录》**:对议会进程的记录

**提交**:将文件正式提交议会记录

**AustLII**:澳大利亚法律信息研究院,澳大利亚制定法和判例法的在线数据库

**解释性备忘录**:附随于议案的文件,解释该议案所包含的内容

**现行制定法**:最新的和完整的制定法版本

**系列制定法**:不同年度颁布的同一制定法

**章**:在制定法中,由几个小节组成的部分

**节**:在制定法中,由几个条文组成的部分

**构成要素**:法律检验的组成部分或成分

**行政条例**:由部长而不是议会制定的法律规范

**次级立法**:行政条例的另一个名称

**附属立法**:行政条例的另一个名称

**委托立法**:行政条例的另一个名称

## 第二章　判例法

**管辖范围**:法律生效实施的地理区域,以及法院审理不同类型案件的权力

**案件**:由法院解决的双方之间的法律纠纷

**事项**:表示案件的另一个术语

**方**:法律案件中的一方

**被告人**:在刑事案件审理过程中,被指控实施了犯罪行为的人

**王室**:当政府是法律案件一方当事人时,我们对它的称呼

**对抗式制度**:当事人互相反对的诉讼制度

**法官**:被任命处理法律争议的、有经验的法律人

**异议判决**:法庭中的少数意见

**判决书**:解释法官如何以及为什么以特定的方式裁决案件的公开陈述

**普通法**:判例法的另一个名称

**陈述意见**:法庭上提交的准备好的法律意见

**判决指出**:我们用以指称法院作出判决的语词

**先例约束原则**:一项原则,意味着法院应当对具有相似事实的案件作出同样的判决

**具有约束力的先例**:下级法院必须遵循上级法院的判决

**stare decisis**:先例约束原则的拉丁文表述(意指"遵循已作出的决定")

**地方法院**:法院位阶体系中最底层的法院

**治安法官**:地方法院的法官

**地区法院**:第二层级的法院,审理最严重的刑事案件和涉及大量金钱的纠纷

**陪审团**:一个由(通常是 12 个)公民组成的小组,审理案件并根据事实作出裁决

**最高法院**:各州的最高级别法院

**上诉**:在上级法院提出的对下级法院判决的异议

**高等法院**:澳大利亚最高级别的法院

**有说服力的先例**:先前的判决可能被其他法院遵循

**初审管辖权**:高等法院首次审理宪法案件的权力

**上诉管辖权**:法院审理对下级法院判决的上诉的权力

**特别上诉许可**:案件由高等法院审理的许可

**民法**:涉及公民或公司之间的私人纠纷——通常是财务问题——的法律领域

**私法**:民法的另一个名称

**刑法**:涉及对刑事犯罪的指控的法律领域

**公法**:政府法

**合同法**:涉及双方或多方之间有拘束力的协议的法律领域

**侵权法**:涉及尚未构成犯罪的伤害行为的法律领域

**行政法**:在这个法律领域中,政府成员被要求对自己的决定负责

**财产法**:涉及土地、房屋所有权、拍卖和租赁协议中纠纷的法律领域

**宪法**:涉及如何解释《宪法》争议的法律领域

**律商联讯**:可以通过大学图书馆查阅的判例法数据库

**裁判所**:准法庭,政府行政机关的一部分,通常审理特定类型的案件

**简化引用**:一种简化的、不太正式的引用,通常用于线上资源

**提示词**:在判决书一开始出现的一系列关键词,总结案件的来龙去脉

**重要事实**:判决中与先例有关的最重要事实

**判决理由**:判决书中的关键规则或推理,必须作为先例适用(指"决定的理由")

**附随意见**:法官所说的、并非判决理由,但可能与未来案件有关的内容(意思是"顺便说的话")

**判例法**:澳大利亚各地发布的判决书的合集

## 第三章 政治和媒体

**第四阶层**:用于指代媒体的短语,因为它在让政府负责方面发挥着重要作用

**政府**:在众议院赢得多数席位的政党

**总理**:政府的领导人

**反对党**:在众议院拥有第二多数议席的政党

**偏好投票**:众议院议员选举使用的投票制度,候选人赢得选区 50%以上的多数票当选

**选区**:选举一名众议院议员的特定地理区域

**强制投票**:惩罚不参加选举的人的制度

**第一偏好投票**:在选票上标为"第一号"的选择

**多数制**:由两个政党主导的政府

制度

**参议员**:被选入参议院的议员

**双重解散**:议会两院均被解散的特别选举程序

**解散**:解散议会的一整个议院,并对其成员进行重新选举

**比例投票**:参议院议员选举时使用的投票制度,候选人获得达到配额的票数比例即可当选

**配额**:确定的票数百分比

**转移价值**:当超过配额的选票被重新分配给其他候选人时,选票经缩减后的价值

**小党**:除工党和自由党以外的政党

**独立人士**:非政党成员的民选代表

**在分界线之上**:用于描述选民在投票选举参议院议员时表明自己对政党的偏好的短语

**在分界线之下**:用于描述选民在投票选举参议院议员时表明自己对候选人的偏好的短语

**偏好交易**:政党之间通过谈判达成的协议,以分配除选民第一位偏好之外的其他偏好

**举足轻重的位置**:议会一院(通常是参议院)中的决定性投票

**自由党**:中右翼政党,澳大利亚两大政党之一

**工党**:中左翼政党,澳大利亚两大政党之一

**左翼**:持有更激进政治观点

**右翼**:持有更传统和保守的政治观点

**激进**:愿意接受重要的社会或经济变化

**保守**:不愿意接受重要的社会或经济变化

**中间派**:在左翼和右翼政治观点之间的人

**派系**:一个政党内部的半组织化团体,其成员倾向于一起制定策略并投票,因为他们的想法是一致的

**党内改选**:举行投票程序竞争一个政党内部的领导权

**小型政府**:政府应当对商业和公民的生活进行最小限度干预的理念

**民族党**:中右翼政党,通常和自由党组成联盟

**联盟**:政党之间形成的、关于在议会中共同投票的协议

**绿党**:一个具有影响力的小党,主张保护环境

**绿色政治**:通常支持环境保护、可再生能源、动物权利、非暴力和社会正义的政治观点

**告密者**:揭露实施了不法行为的政府或其他组织的成员

**行政机关**:在实践中执行(使用)法律的政府部门,包括女王、总督、首相、部长和政府部门

**部长**:政府的高级成员,负责一个特殊的政策领域

**职务**:被交给部长负责的政府政策领域

**内阁**:负责国防、财政和教育等重要事务的高级部长会议

**集体责任**:规定内阁成员必须公开支持整个内阁达成的政策立场的原则

**媒体**:向公众传播信息的广播和出版公司群体

**记者席**:在议会大厦工作的 250 多名记者和其他媒体工作人员

## 第四章　基本原则

**自由民主**:自由主义与民主相结合的政府制度

**自由主义**:强调个人免受国家干涉的政治思想体系

**启蒙时代**:中世纪和文艺复兴之后的历史时期,从宗教思维转向科学理性思维

**国家**:政治哲学中用来指代政府的词语

**伤害原则**:只有在行为给他人造成伤害时,法律才应当予以禁止的理念

**社会契约**:假想的协议,是我们作为生活在政府统治之下的公民之间达成的

**无政府状态**:无序冲突状态

**自然状态**:卢梭所用的术语,用来描述我们生活在政府统治之下之前的无政府状态

**主权者**:有权控制所有公民的政府

**公民自由**:作为生活在政府统治之下的公民,我们获得的个人权利和自由

**代议制政府**:一种政府制度,议员由人民选举,并代表人民作出决定

**直接民主**:一种在很大程度上是假想的政府制度,其中人民参与讨论每一项决定

**民粹主义**:有利于大多数人利益和价值观的决定

**平等选举权**:每个人都有重要性相同的一个投票权的民主理念

**游说**:个人或团体请求一个政党以特定方式制定法律和政策的过程

**邦联**:1901 年 1 月 1 日,各殖民地作为州联合起来组成的澳大利亚共同体

**联邦制**:一个联邦政府与几个地区或州政府共享立法权的政府体系

**权力清单**:《澳大利亚宪法》第 51 条中列举联邦议会立法权力的款项

**共有权力**:联邦和州政府都可以行使的立法权

**无限权力**:无限制的立法权

**保留权力原则**:联邦议会应当享有明确的立法权,所有剩余的立法权应当由各州享有的理念

**地方政府**:澳大利亚最低层级的政府,负责公共娱乐设施、废物收集和城市规划事宜

**澳大利亚联邦政府委员会**:澳大利亚三级政府领导人参加的一个定期会议

**中央集权**:联邦政府获得更大立法权的过程

**协调型联邦制**:在联邦政府和州政府之间明确划分责任的联邦政府体系

**合作型联邦制**:联邦政府和州政府共同决策的联邦政府体系

**强制型联邦制**:联邦政府控制州政府的联邦政府体系

**纵向财政失衡**:公共收入的不平衡状态,联邦政府拥有大部分资金,而各州则无法筹集到足够的资金来提供自己需要提供的服务

**权力分离**:权力应当在政府的三个部门或分支——立法机关(议会)、司法机关(法院)和行政机关——之间进行分配的理念

**立法机关**:指代议会的一个专业术语,在讨论权力分离的时候使用

**行政机关**:执行(使用)法律的政府部门

**执行**:表示在实践中使用法律并根据法律作出决定的专业术语

**司法机关**:指代法院体系的专业术语,在讨论权力分离的时候使用

**责任政府**:一种政府体制,部长们在议会中任职,因此模糊了行政和立法部门的权力界线

**质询**:指定的议会辩论时间,部长们必须在事先未获得通知的情况下回答问题

**在事先未获得通知的情况下回答问题**:在议会中提出的问题,部长们事先没有被告知,因此他们无法准备答案

**溯及既往的立法**:适用于立法颁布之前的日期的法律,使得一个人可能因为在他们实施的时候尚不认为是犯罪的行为而受到惩罚

## 第五章　正义

**正义**:一个复杂的概念,包含了许多与公平和平等有关的不同观点

**报应**:作为对有害行为的回应施加的惩罚

**赔偿**:支付金钱以修复先前的伤害

**国家救济计划**:为遭受政府机构应当承担责任的性虐待的儿童受害者提供赔偿的计划

**受害人影响陈述**:向法庭提交的书面陈述,解释犯罪对被害人或被害人家庭的影响

**程序正义**:过程和程序应当公平的理念

**实体正义**:结果应当公平且机会应当公平分配的理念

**社会正义**:社会中的不平等应当予以解决的理念

**分配正义**:成果、机会和资源应当在全社会公平分配的理念

**平等**:实现成果、机会和资源的平等分配

**公平**:重新分配成果、机会和资源,以弥补不平等

**功利主义**:杰里米·边沁创立的哲学,认为政府应当致力于最大程度地提高最大多数人的幸福

**正当程序**:每个人的案件都应当在法庭上接受公正审理的要求

**通知**:每个人都应当知道对他们不利的案件和证据的要求

**公开**:法庭程序应向每个人公开的要求

**开放的法庭**:向每个人公开的法庭

**证明标准**:在法庭中的案件以一定的确定性被证明的要求

**排除合理怀疑**:刑事诉讼中的证明标准

**举证责任**:在法庭中证明某事的责任

**无罪推定**:除非被证明有罪,否则任何人都是无罪的原则

**盖然性权衡**:民事诉讼中的证明标准

**造成伤害**:不公平地表明某人有罪的证据

**无偏私性**:法官必须像中立的裁判员一样行为的原则

**回避**:法官因利益冲突退出案件审理的情况

**暂缓**:某个法庭案件根据法官的指令推迟审理的情况

**累犯**:人们在获释后再次犯罪并最终再次入狱

**治疗法理学**:描述促进罪犯和受害人福祉的法庭程序的概念

**恢复性司法**:解决案件的手段,通常通过争端解决程序

**多方会议**:在恢复性司法中,罪犯、受害人和其他代表之间的一种会议,为讨论犯罪情况提供一个安全的场所

**共同量刑**:基于原住民传统实践发展而来的调解过程

**正义再投资**:政府将资金从监狱转向支持以社区为核心、解决犯罪根本问题的相关政策

**接近正义**:人们获得法律意见和代理以及诉诸法律制度的能力

**法律援助**:由政府资助的、为需要的人提供免费的法律意见和服务的办公室

**社区法律中心**:独立的社区组织,为社区提供法律意见和服务

## 第六章 人权

**《世界人权宣言》**:人权运动的基础性文件,由联合国大会在 1948 年发布

**序言**:如宪法或人权宣言等正式文件的开场白

**条**:条约或其他国际文件的一个条款

**条约**:列明两个或多个政府之间正式协议的国际法文件

**宣言**:没有拘束力的条约

**自决**:共同体应当能够自由决定其政治地位和未来发展的理念

**批准**:签署条约并同意其条款

**不可剥夺的**:不能被剥夺的

**克减**:中止或中断法律义务

**不可克减的**:不能克减的

**澳大利亚《宪法》**:澳大利亚的根本性法律文件

**全民公决**:澳大利亚人民修改《宪法文本》的投票

**双重多数**:对《宪法》文本的任何修改都必须得到多数州中的多数人和全体澳大利亚人中的多数的批准的要求

**僵硬的宪法**:非常难以修改的宪法

**灵活的宪法**:易于修改的宪法

**制宪会议**:19 世纪 90 年代举行的一系列会议,讨论和起草《澳大利亚宪法》文本

**宪法惯例**:引导澳大利亚许多法律和政治制度的不成文规则

**《人权法案》**:一国宪法的一个组成部分,为人权提供法律保护

**隐含的权利**:《澳大利亚宪法》没有明确保护、但是高等法院通过解释《澳大利亚宪法》中的其他文字发展而来的权利

**司法审查**:高等法院推翻违反《澳大利亚宪法》条款的无效立法的权力

**合宪解释**:高等法院将法律条文解释为与《澳大利亚宪法》相符合的情况

**合法性原则**:解释制定法的方法,认为法院应假定议会无意干涉基本权利和自由

**议会人权联合委员会**:负责审查立法是否与人权保障相符的议会委员会

**人权立法**:允许法院宣告立法与人权保护不相符的一项立法

**不相容声明**：法院根据人权立法签发的声明，指出某项立法与人权保护不相容

**对话模式**：一种人权保护模式，法院可以宣告立法与人权保护不相容，但最终由议会决定是否修改法律

## 第七章　原住民和法律

**主权**：传统上意味着统辖某一特定领土的权力的概念

**失窃的几代人**：一代又一代的原住民儿童，他们被强行从家庭中带走，并被教育接受白人文化

**同化**：处于其他文化传统之中的人应当拒绝接受他们文化的遗产、并成为占主导地位的白人社区的一部分的政府政策

**主权者**：有权统治某一特定领土的统治者；经常可以与国王或女王互换使用

**君主**：国王或女王

**主权国家**：一个独立的国家的政府

**机构主权**：像议会等机构享有的法律和政治权力

**民众主权**：人民固有的立法权力

**《发自内心的乌鲁鲁宣言》**：公民投票委员会在 2017 年发布的关于原住民权利和承认的宣言

**自决权**：共同体应当能够自由决定自己的政治地位和未来发展的理念

**征服**：通过武力控制一个国家

**让与**：投降、放弃或转让

**定居**：主张对无主土地的所有权

**无主土地**：法律上的拟制，允许英国在澳大利亚定居（指"不属于任何人的土地"）

**法律拟制**：具有法律效力但是事实上并不准确的原则

**《坦特菲尔德演说》**：亨利·帕克斯爵士解释建立联邦体制的演讲

**《澳大利亚联邦会议记录》**：制宪会议记录

**抵触**：早期澳大利亚法律中的一种理论，认为澳大利亚议会不能颁布与英国法律相冲突的法律

**治外法权**：早期澳大利亚法律中的一种理论，认为澳大利亚议会不能对其边界以外的区域立法

**衍生所有权**：对澳大利亚土地的法律所有权，服从于有效的原住民所有权主张

**原住民土地所有权**：一种土地所有权，源于原住民群体的传统法律和习俗

**永久业权**：一种适用于大多数私人持有土地和住宅用地的完全法律所有权

**种族立法权力**：《澳大利亚宪法》第 51 条第 26 款，规定联邦议会可以为任何种族的人制定特别法

**两党的**：得到两大政党（工党和自由党）的支持

**公投委员会**：2016 年成立的一个组织，就原住民如何在《澳大利亚宪法》中获得承认的问题提出建议

**第一批民族议会之声**：由公投委员会建议设立的、在议会中的原住民代表机构

**马卡拉塔委员会**：一个讲述真相的委员会，将帮助人们克服曾经的伤痛，象征着和平地恢复

## 第八章　刑事犯罪

**犯罪**:造成伤害或道德上错误且根据法律应当受到惩罚的行为

**应受惩罚**:法律上应当受到某种处罚

**猥亵行为**:未经他人同意在其面前实施性行为

**公共秩序犯罪**:对在公共场所进行的有害行为进行规定的犯罪类型,如在公共场所当众小便或使用冒犯性语言

**家长式的罪名**:如非法赌博和卖淫等类似的罪名,直接以道德原因为由对相关行为进行规制

**杀人**:非法杀害他人

**谋杀**:故意或不计后果地杀害他人

**过失杀人**:非故意或过失杀害他人

**攻击**:与他人之间的不合法接触,或者引起他人对可能遭受严重伤害的恐惧的行为

**殴打**:与他人之间的不受欢迎的接触

**性侵**:未经他人同意侵入其生殖器

**猥亵**:不受欢迎的具有性意味的接触

**实际身体伤害**:真实的但并非微不足道的伤害

**严重身体伤害**:造成毁容、残疾或者未经治疗可能危及生命的非常严重的伤害

**受伤**:用刀片或其他工具割伤一个人的皮肤内层

**不计后果**:存在造成伤害或其他后果发生的实质风险,但犯罪者继续实施他们正在做的事

**同意**:一个人想要或同意某事,并理解其中所涉内容

**加重攻击罪**:因满足额外的条件导致攻击行为应当受到更严重的惩罚

**持械抢劫**:抢劫罪的加重形式,行为人使用了武器

**欺诈**:一个人不诚实地窃得他人的东西的行为

**持有**:有意将某物置于自己的掌控之中

**推定持有**:某人对某物有着直接的物理控制,但是此物归另一人所有

**供应**:在与毒品有关的犯罪中,指贩卖、分发或运输非法药物

**贩卖**:大规模地向他人供应毒品

**生产**:在与毒品有关的犯罪中,指制造、准备或包装毒品

**即决犯罪**:较轻犯罪,会被判处两年或两年以下监禁

**可公诉犯罪**:一种更严重的犯罪,会被判处三年或三年以上监禁

**循即决程序进行审理**:可公诉犯罪在地区法院由治安官审理

**构成要件**:刑事犯罪的组成部分或要素

**物理要件**:描述犯罪行为的要件

**行为要件**:犯罪物理要件的另一个名称

**犯罪行为**:犯罪的物理或行为要件(指“有罪行为”)

**心理要件**:描述犯罪者心理状态的要件

**过错要件**:犯罪心理要件的另一个名称

**犯罪意图**:犯罪的心理或过错要件(指“犯罪心理”)

**无罪释放:**认定被告人无罪

**犯罪未遂:**一种未完成犯罪的行为,犯罪人即便没有完成犯罪行为,他仍然会因试图实施犯罪行为被判有罪

**未完成犯罪责任:**与犯罪未遂和共谋有关的法律规则(指“未完全成形或成熟”)

**共谋:**两个或两个以上的人可能因为同意实施犯罪行为被判有罪

**协助犯罪责任:**一种延伸的刑事责任形式,某人可能因协助、教唆、怂恿或促成犯罪被判有罪

**共犯:**一个人鼓励、协助、指导或以其他方式帮助犯罪

**抗辩理由:**一种特殊的法律观点,为犯罪行为抗辩或正当化部分犯罪行为

**正当防卫:**在这种情况下,一个人有合理的理由相信另一个人会杀死或严重伤害他(或第三方),因此他以合理必要的武力作为回应

**完全抗辩理由:**一种能够完全正当化犯罪行为的抗辩理由,意味着此种抗辩理由成立的被告人会被判无罪

**挑衅:**一种部分抗辩理由,在这种情况下,一个人是在被激怒并失去自制力后杀害他人的

**部分抗辩理由:**部分地为罪行辩解的抗辩理由,将谋杀指控减轻为过失杀人

**精神错乱:**行为人在不能理解自己所做的事、不能控制自己的行为、不能明辨是非的情况下实施犯罪行为时,可以提出的抗辩理由

**蒙纳格登规则:**与精神错乱抗辩理由相关的普通法规则

**实质性损害:**行为人在处于精神异常状态的情况下实施犯罪行为时,可以提出的抗辩理由

## 第九章　警察权、保释和刑事审判

**裁量权:**在法律允许的多种行动方案之间进行选择的能力

**搜查令:**法官签发的命令,允许警察使用特殊权力(例如,搜查房屋的权力)

**截停盘查:**允许警察在大街上截停某人并对其进行搜查以寻找非法物品的权力

**警告:**一是警察告知某人他有权保持沉默;二是警察签发的官方警告

**认罪:**某人承认实施了全部罪行

**供述:**某人作出的表明自己有罪的陈述

**沉默权:**意味着嫌疑人可以拒绝回答警方的问题且并不会因此在刑事审判中产生负面影响的权利

**禁止自证其罪的权利:**嫌疑人拒绝回答警方提出的可能会暴露出显示其有罪的信息的问题的权利

**逮捕:**为了提起刑事诉讼的目的将某人置于警方的拘禁之下

**传票:**警方签发的正式命令,要求某人在随后的某个日期出庭

**出庭通知:**警方签发的命令,要求某人在随后的某个日期出庭

**诉前拘禁:**逮捕后和指控前警方可以审问犯罪嫌疑人的有限时间

**检察机关:**为政府工作的律师事务所,在法庭上进行刑事指控

**警方检察官:**接受过法律培训的警

察，在法庭上进行刑事指控

**违法通知**：需要支付罚款的罚单

**监察专员**：调查公众对政府部门及其雇员的投诉的机构

**损害赔偿金**：法院下令支付的赔偿金

**侵权行为**：对某人造成的伤害，引起民事责任而不是刑事责任

**在押候审**：某人在被起诉之后、刑事审判之前被关押在监狱里

**保释**：某人在被起诉之后、刑事审判之前有条件的释放

**有条件的**：对某人的释放决定对其施加的限制和义务，例如到警察局报到

**无罪推定**：任何人在被法院判决有罪之前，都不应被视为有罪而被拘禁的原则

**被告人**：在法庭中为刑事指控辩护的人

**审前公开**：在庭审前控方向辩方公开所有相关证据的要求

**交付审判听证**：在地方法院进行的听证，用以决定某个刑事案件是否应当由更高一级的法院审理

**交付**：将一个案件提交给更高一级的法院

**传讯**：法官或治安官向被告人宣读对他的指控

**辩护**：被告人向法庭宣告自己有罪还是无罪

**简易审理程序**：地方（治安）法院进行的刑事案件审理程序，仅由治安官作出裁决

**陪审团审理**：地区或最高法院进行的刑事案件审理程序，由陪审团决定被告人是否有罪

**任命**：挑选和纳入陪审团成员

**强制回避**：控方或辩方对陪审员提出质疑但没有给出理由

**裁决**：治安官或陪审团在某人是否有罪的问题上的决定

**首席陪审员**：被任命为陪审团团长和代表的人

**多数裁决**：由十二个陪审团成员中的十一个同意的裁决

**证明价值**：证据与对被告人是否实施了犯罪行为的合理评估相关的程度

**偏见证据**：不公平地暗示被告人有罪或导致陪审团作出非理性或情绪化决定的证据

**传闻**：听到的二手的陈述

**意见**：认为某事可能发生的信念，该信念并非立基于证据或专业训练

**证人**：向法庭作出证言的人

**目击者**：看到犯罪发生的证人

**证言**：证人向法庭作出的正式陈述，阐述他们对事件的理解

**首要询问**：证人最初的证言，通过传唤证人出庭的律师的一系列问题引出

**交叉询问**：律师提出问题以破坏对方传唤的证人作出的证言的准确性

**再次询问**：询问证人的最后阶段，传唤证人的一方可以澄清交叉询问中产生的混乱

**总结陈词**：律师向法庭作出的最后陈述，总结本方的主要观点

## 第十章　刑事惩罚、量刑和上诉

**社区服务令**：法院签发的命令，要求

被定罪的被告人在社区完成规定的志愿服务时间

**缓刑**:被告人在有条件的情况下被释放,条件包括例如定期向矫正服务官报到

**暂缓行刑**:不立即服刑,但是如果被告人实施了另一项犯罪行为,就可能会被触发的监禁刑

**良好行为保证**:法院签发的命令,要求被告人承诺不再实施犯罪行为

**惩罚的目的**:法院惩罚被告人的原因

**报应**:惩罚的施加是作为对有害行为的回应

**改造**:帮助被告人解决他们犯罪的根本原因

**威慑**:向社会或被告人发出信号,表明实施犯罪行为会招致惩罚,以此告诫他们不要实施犯罪行为

**一般威慑**:法院向社会发出信号,表明实施犯罪行为会招致惩罚,以告诫社会成员不要实施犯罪行为

**特别威慑**:法院向被告人发出信号,表明他们的行为会招致严肃处理,以告诫他们不要再实施犯罪行为

**谴责**:宣告行为在道德上是错误的

**剥夺再犯能力**:将某人投入监狱,以避免社区受到进一步伤害

**量刑的原则**:解释法官应当如何确定适当刑罚的一般规则

**罪责刑相适应**:惩罚应当与被惩罚的行为之间有着适当关系的原则

**谦抑**:法官应当倾向于适用适当的刑罚中最轻刑罚的原则

**整体性**:当被告人因多项罪名被判刑时,法官应当判处在整体上公平的刑罚的原则

**一致性**:量刑法官对类似案件应当以类似的方式进行处理的原则

**平等**:当多名罪犯因同一罪行受到惩罚时,这些罪犯应当被判处类似刑罚的原则

**个别化司法**:根据个案的所有情况,惩罚应当是公平的原则

**加重惩罚的因素**:任何一条表明处罚应当更加严厉的信息

**减轻惩罚的因素**:任何一条表明处罚应当不那么严厉的信息

**受害人影响陈述**:向法庭提交的事先准备好的陈述,解释犯罪行为对被害人或被害人家庭的影响

**直觉综合**:量刑法官对所有相关因素进行权衡的整个过程

**指导性判决**:量刑法官签发的判决,解释对一项犯罪通常应当判处何种惩罚

**量刑咨询委员会**:进行研究、提供建议和教授社区量刑知识的州机构

**强制性最低刑罚规定**:议会规定的一个人被定罪时必须适用的最低刑罚

**假释**:在服刑期间有条件地获释

**矫正服务**:刑事司法体制中负责管理监狱的核心部门

**假释委员会**:与监狱相独立的一个机构,负责决定罪犯是否应当获得假释

**上诉管辖权**:法院审理从低层级法院提起的上诉的权力

**法律问题**:为上诉提供理由的法律问题

**法庭的许可**:法庭允许审理上诉

**证据不足的**:描述被陪审团错误裁

决的案件的短语

**司法不公**:存在错误定罪的案件

**允许**:在上诉过程中,法官同意被告人的观点

**无罪**:发现被告人无罪

**明显过重**:用来描述量刑判决在上诉过程中被发现过于严厉的短语

**明显过轻**:用来描述量刑判决在上述过程中被发现过于宽大的短语

## 第十一章　网络犯罪

**色情短信**:发送和接收私密图片

**报复色情**:传播私密图片骚扰或羞辱他人

**网络欺凌**:骚扰、戏弄或其他重复、故意和残忍的在线行为

**虚拟专用网络**:与网络之间的加密连接

**加密**:对文本或数据进行加密的数学技术,因此只有拥有被称为“密钥”的特殊密码的人才能够读取文本或数据

**尼日利亚王子骗局**:在线骗局,受害人受他人欺骗提供金钱或银行账户详细信息

**419 骗局**:尼日利亚王子骗局的另一个名称

**技术犯罪**:由于互联网的存在,使得犯罪行为更加容易实施,但是此类犯罪法律已经较为熟悉

**身份盗窃**:盗窃他人的个人信息,如用户名、密码、银行账户详细信息和信用卡号码

**网络钓鱼**:欺骗某人提供个人信息(通常通过电子邮件)

**网络安全**:计算机和计算机网络免于遭受恶意行为影响的程度

**恶意软件**:流氓软件,包括特洛伊木马、病毒和蠕虫病毒

**特洛伊木马**:一种看似合法但一旦运行就会造成损害的计算机程序

**病毒**:将自身附加到宿主文件或程序上的自我复制的计算机代码

**蠕虫病毒**:独立于其他文件和程序运行的自我复制的计算机代码

**内存**:计算机为了同时处理多个任务可以存储信息的大小

**带宽**:在一个固定时间段内,计算机系统传输的数据总量

**关键基础设施**:为民众提供必要服务(例如天然气、水和电)所需的计算机网络、工程系统和设施

**超级工厂**:一个非常复杂的蠕虫病毒,对伊朗核电站项目造成了巨大破坏

**勒索软件**:一种恶意软件,使用户无法访问计算机系统,并要求用户支付金钱以重新获得访问权限

**“想哭”**:一款复杂的恶意软件,感染了 23 万多台计算机,给英国的医院系统造成了巨大影响

**比特币**:一种数字货币

**拒绝服务攻击**:一种网络攻击,使计算机、服务器或网络的请求过载,导致其速度大幅下降或停止工作

**服务器**:一台计算机或一个计算机程序,通过网络为其他计算机提供服务

**僵尸网络**:被特洛伊木马或其他恶意软件破坏的计算机网络

**僵尸**:在僵尸网络中,被破坏的一台计算机

**垃圾邮件**:不需要的电子邮件

**分布式拒绝服务攻击**:由多台计算机、通常通过僵尸网络实施的拒绝服务攻击

**协调**:使不同政府颁布的法律互相一致

**数据泄露通报机制**:要求组织和政府机构在个人信息被非法获取时予以报告的机制

**澳大利亚信息专员办公室**:一个独立的办公室,监督对《隐私法》的遵守情况,并调查有关错误处理个人信息的投诉

**儿童色情制品**:儿童的性化图像,经常描绘性虐待场景

**通讯服务**:任何电子通讯手段

**性犯罪者登记册**:一份列有被判处实施性犯罪或其他严重侵犯儿童的犯罪的人的名单,这些人必须向警方报告其个人详细情况和下落

**电子安全专员**:2015 年设立的办公室,旨在促进网络安全和处理有关有害网络内容的投诉

## 第十二章　反恐

**哈里发国**:根据伊斯兰法律进行统治的国家

**哈里发**:哈里发国的统治者

**外国战斗者**:前往叙利亚和伊拉克与恐怖组织伊斯兰国并肩作战的人

**本土恐怖主义**:来自一国境内团体和个人的恐怖主义威胁

**独狼**:非恐怖组织的成员,但是受到海外事件或网络宣传的诱导实施恐怖行为的人

**第 1373 号决议**:联合国安全理事会在 2001 年 9 月 28 日发布的决议,要求联合国成员国颁布针对恐怖主义预备和资助的法律

**安全理事会决议**:联合国安全理事会发布的文件,要求联合国成员国采取特定行动

**动机要件**:恐怖主义法律定义中的要件,要求恐怖主义行为应当旨在推动政治、宗教或意识形态目标的实现

**网络恐怖主义**:对电子系统进行网络攻击的恐怖主义

**预备犯罪**:载于 1995 年《刑法典法》(联邦)第 101 条中的系列罪行,针对预备恐怖主义行为

**辅助行为**:与准备恐怖主义行为有关的行为,例如为恐怖主义提供培训或支持

**前犯罪**:用以描述许多反恐法律的术语,因为这些法律因一个人将来可能会做的事惩罚他

**恐怖组织**:参与准备、策划恐怖主义行为或鼓吹恐怖主义的组织

**鼓吹**:建议、推动、鼓励、敦促、赞扬或促进恐怖主义行为的实施

**禁止机制**:禁止恐怖主义组织、惩罚其成员的机制

**被禁止的组织**:被澳大利亚政府正式列为恐怖组织的组织

**禁止**:禁止某个组织

**身份犯罪**:由一个人的身份(例如归属于某个组织)而不是行为构成的犯罪

**已宣布区域**:外国的一片区域,澳大利亚人进入或停留即为非法

**管制令**:为防止恐怖主义行为或防止对恐怖主义的支持或帮助,对某人施

加限制和义务的法院命令

**宵禁规定:**管制令中的要求,要求某人在白天和晚上的特定时间待在家里

**被管制人:**被管制令控制的人

**预防性拘留令:**允许警察为了防止即将发生的恐怖主义行为或保存最近袭击的证据,将一个人最多拘留 14 天的权力

**完全与外界隔离地:**在这种情况下,被拘留者不能联系任何人

**澳大利亚安全情报组织:**澳大利亚国内情报机构,负责保护国家安全

**讯问和拘留令:**允许澳大利亚安全情报组织拘留某人最长不超过一个星期以进行讯问的权力

**特别情报行动:**经检察长批准的一项特别卧底行动,在该行动中,澳大利亚安全情报组织的官员被授予免于民事和刑事责任的豁免权

**元数据:**一个流行术语,用于描述与通讯有关的数据,而不是其实体或内容

# 索 引

（以下页码为原版书页码）

**图书在版编目(CIP)数据**

澳大利亚法律体系/(澳)凯兰·哈迪(Keiran Hardy)著;张玉洁译.—上海:上海人民出版社,2023
书名原文:Law in Australian Society: An Introduction to Principles and Process
ISBN 978-7-208-17739-0

Ⅰ.①澳… Ⅱ.①凯… ②张… Ⅲ.①法律体系-研究-澳大利亚-现代 Ⅳ.①D961.1

中国版本图书馆CIP数据核字(2022)第110041号

**责任编辑** 冯 静
**封面设计** 一本好书

**澳大利亚法律体系**
[澳]凯兰·哈迪 著
张玉洁 译

**出　　版** 上海人民出版社
(201101 上海市闵行区号景路159弄C座)
**发　　行** 上海人民出版社发行中心
**印　　刷** 上海商务联西印刷有限公司
**开　　本** 720×1000 1/16
**印　　张** 19
**插　　页** 2
**字　　数** 233,000
**版　　次** 2023年3月第1版
**印　　次** 2023年3月第1次印刷
ISBN 978-7-208-17739-0/D·3961
**定　　价** 85.00元

*Law in Australian Society*：*An Introduction to Principles and Process*/
By Keiran Hardy/ISBN：978-0367718572

上海人民出版社·独角兽

## “人工智能与法治”书目

**一、“独角兽·人工智能”系列**

第一辑 《机器人是人吗?》
《谁为机器人的行为负责?》
《人工智能与法律的对话》

第二辑 《机器人的话语权》
《审判机器人》
《批判区块链》

第三辑 《数据的边界:隐私与个人数据保护》
《驯服算法:数字歧视与算法规制》
《人工智能与法律的对话2》

第四辑 《理性机器人:人工智能未来法治图景》
《数据交易:法律·政策·工具》
《人工智能与法律的对话3》

第五辑 《人脸识别:看得见的隐私》
《隐私为什么很重要》
《课税数字经济》

**二、“独角兽·未来法治”系列**

《人工智能:刑法的时代挑战》
《人工智能时代的刑法观》
《区块链治理:原理与场景》
《权力之治:人工智能时代的算法规制》
《网络平台治理:规则的自创生及其运作边界》
《数字素养:从算法社会到网络3.0》
《大数据的巴别塔:智能时代的法律与正义》
《元宇宙:技术、场景与治理》

**三、“独角兽·区块链”系列**

《人工智能治理与区块链革命》
《区块链与大众之治》
《加密货币、区块链与全球治理》
《链之以法:区块链值得信任吗?》

## “法学精品”书目

《辛普森何以逍遥法外?》
《费城抉择:美国制宪会议始末》
《改变美国——25个最高法院案例》
《无罪之罚:美国司法的不公正》
《告密:美国司法黑洞》
《辩护的无力:美国司法陷阱》
《法律还是情理?——法官裁判的疑难案件》
《死刑——起源、历史及其牺牲品》
《制衡——罗伯茨法院里的法律与政治》
《弹劾》

《美国法律体系(第4版)》
《澳大利亚法律体系》

《推开美国法律之门》
《正义的直觉》
《失义的刑法》
《刑事对抗制的起源》
《货币的法律概念》
《哈特:法律的性质》
《美国合同法案例精解(第6版)》

《德国劳动法(第11版)》
《德国资合公司法(第6版)》
《监事会的权利与义务(第6版)》

《中华法系之精神》
《民法典与日常生活》
《民法典与日常生活2》
《数字货币与日常生活》
《个人信息保护法与日常生活》
《家庭教育促进法与日常生活》

阅读,不止于法律,更多精彩书讯,敬请关注:

微信公众号　微博号　视频号